청년프레임

청년프레임

초판발행 2018년 7월 27일
초판 2쇄 2020년 2월 10일

지은이 김기헌
펴낸이 채종준
기 획 양동훈
디자인 김정연
마케팅 송대호

펴낸곳 한국학술정보(주)
주소 경기도 파주시 회동길 230 (문발동)
전화 031 908 3181(대표)
팩스 031 908 3189
홈페이지 http://ebook.kstudy.com
E-mail 출판사업부 publish@kstudy.com
등록 제일산-115호(2000. 6. 19)

ISBN 978-89-268-8491-1 03330

청년
프레임

노력하면 된다면서요?

○ 김기헌 지음

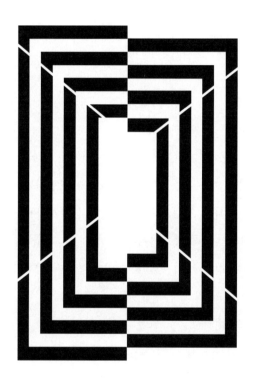

노력의 대가로 실업(失業)을 얻은 청년들. 문제는 사회구조다!

『청년프레임』은 청소년기에서 성인기로 넘어가는 이행단계인 청년기에 대해서 다루고 있다. 청년기는 학교를 졸업하고 취업하는 시기이자 부모로부터 독립해 분가하고 인생의 반려자를 만나 결혼하여 새로운 가정을 꾸리는 전환기이다. 그런데 청소년기에서 성인기로의 이행이 원활하게 이루어지지 않으면서 청년 문제는 중요한 사회적 화두로 부상하였다. 특히 1997년 이후 청년들의 취업이 매우 어려워지면서 청년기는 부러움의 대상에서 안쓰러움의 대상으로 바뀌었다. '청년' 하면 연상되는 첫 번째 단어가 실업이 되었고 인터넷 포털 사이트에서 청년을 검색어로 입력하면 청년취업, 청년실업, 청년창업, 청년 일자리대책 등 청년 고용 문제에 국한된 연관 검색어들만 이어진다. 이러한 현실과 관련하여 청년들의 아픔에 대한 위로가 한때 큰 반향을 불러일으키기도 했다. 그런데 청년을 치유(healing)의 대상으로 바라보던 시각은 오래가지 않았다. 정치적으로 세대 간 갈등이 조장되고 경제적으로 세대 간에 대립적인 상황이 발생하면서 기성세대가 청년세대를 바라보는 시선은 어느새 부정적이고 비판적인 입장으로 바뀌어 왔다.

"프레임"이라는 표현을 쓴 것은 기성세대가 바라보는 시선, 나아가 청년 스스로 받아드릴지 모르는 평가 혹은 편견으로부터 연구가 시작되었기 때문이다. 요즘 젊은 사람들을 힐난하거나 안쓰럽게 바라보는 시선은 세 가지 대비되는 용어로 정리해 볼 수 있다. 첫 번째는 요즘 젊은이들이 가장 부지런해야 할 시기에 노력하지 않는다는 것이다. 두 번째는 어쩌면 가장 빈번하게 제기되는 문제로 꿈에 도전하기보다 현실에 안주한다는 것이다. 세 번째는 스스로 삶을 개척해야 할 시기에 부모나 주변에 의존하려고만 든다는 것이다.

『청년프레임』은 이러한 진단에 대한 확인 작업이자 더 정확하게는 이를 반박하기 위해 쓰였다. 현재 우리나라 청년들의 삶에 대한 정확한 현실 진단은 기성세대가 생각하는 청년에 대한 이미지가 과연 적절한가를 파악하는 데 필수적이다. 동시에 청년 스스로 현재의 상황을 정확하게 판단하는 데 있어서 현실 진단은 없어서는 안 되는 과정이기도 하다.

필자가 청년기에 겪었던 두 가지 개인적인 체험이 이 책을 쓰게 된 계기가 되었다. 박사과정에 입학하고 1996년 26살 나이에 뒤늦게 군대에 입대하였는데 신병훈련을 받던 시기에 전투경찰로 차출되었다. 나를 포함하여 대다수 신병 동기들은 전투경찰이 되지 않기를 희망했지만 동기들 두 명 중 한 명은 전투경찰로 차출되었다. 대구지역의 전투경찰대에 배치된 후 1997년 1월 노동관계법 개정을 반대하는 노동자 시위가 빈번하게 발생해 군대 이병에 해당하는 이경 계급을 달고 대구백화점 주변에서 열렸던 시위 진압에 여러 차례 투입되었다. 항상 시위대와 마주하는 첫 줄에 신병들이 배치되었다. 미숙한 이경들이 가장 앞에서 내치하는 형국이니 당사자로서 힘들 수밖에 없었다. 밀폐된 통조림 깡통 안에 몸을 끼워 넣듯 욱여넣어 걸친 진압복을 입고 시위대와 한바탕 전쟁을 치르고 나면 온몸이 최루가스와 범벅이 되어 땀에 절었던 기억이 지금도 생생하다. 당시 힘든 전투경찰 생활을 벗어나고 싶은 생각뿐으로 노동법 날치기 통과, 노동자 총파업, 대기업의 부도 사태와 주가폭락, 국제통화기금(IMF) 구제금융 신청 등 1996년부터 1997년 사이에 벌어진 일련의 사건들이 한국사회에 미칠 파장을 고민하지 못하였다. 제대 후에 이 시기가 이후 청년의 삶을 완전히 바꾸어 놓은 역사적인 전환점임을 알았고 청년들의 성인기 이행 문제를 정확히 진단해 보는 책을 쓰는 것이 필요하다고 생각하였다.

또 다른 체험은 박사과정 중에 정부출연연구기관인 한국노동연구원에 입사하는 개인적 행운을 얻게 된 것이다. 대학원 졸업자의 취업이 어려운 것은 현재만이 아니라 당시에도 마찬가지였다. 게다가 군대를 제대했던 1998년은 외환위기 여파로 고용 여건이 말 그대로 최악이었다. 이러한 상황에서 1999년 직업 연구 분야에 대한 한국노동연구원의 채용 공고를 보게 되었다. 당시 직업사회학과 노동사회학을 전공하고 있던 터라 어렵지 않게 연구원에 입사할 수 있었다. 1997년 외환위기로 우리 사회의 고용 여건이 악화된 것이 역설적이게도 관련 분야 연구자의 취업에 도움이 된 것이다.

지인들에게 자랑할 정도로 한국노동연구원에 입사한 것이 기뻤지만 지금 생각해 보면 쓸쓸한 면도 있다. 당시 비정규직이라는 고용신분이 한국사회에 큰 영향을 미치기 시작했던 시기였다. 개인적으로 심각하게 이 문제를 받아들이지 않았으나 한국노동연구원 입사 후 2년 동안 계약직 신분으로 지내면서 어려운 비정규직 생활을 직접 체험하였다. 처음에는 직업분류 관련 프로젝트의 계약직 연구원으로 일했는데 연구 사업이 종료되면 고용계약이 해지되는 신분이었다. 그 뒤 1년 단위로 고용계약을 다시 하는 기간제 계약 연구원으로 지내다가 3년 만에 연구원 공개 채용에 응시해 서류전형과 필기시험, 면접을 거쳐 정규직 연구원이 될 수 있었다. 계약직 연구원과 정규직 연구원을 뽑을 때 필기시험만 제외하고 채용 절차는 동일했지만 3년 전과 후의 고용 여건은 완전히 달라졌다. 임금 상승은 물론 다양한 복지 혜택이 이어졌고 개인적으로 좋았던 것은 같은 연구원 신분이면서도 참여하지 못했던 연구원 모임에 참석하게 된 점이다. 이처럼 비정규직을 경험하게 되면서 청년 고용 문제는 단순히 일자리 부족문제에 머무는 것이 아니라 취업 후에도 불안정한 신분이 유지되는 문제로 연결된다는 사실을 알 수 있었다. 이 부분은 이 저서에서 매우 중요한 쟁점으로 다루고자 한다.

『청년프레임』이라는 책에 대한 구체적인 구상은 청년과 관련된 두 차례의 학술회의에 참석하면서 이루어졌다. 2009년에 유네스코(UNESCO) 한국위원회에서 "청년의 힘으로 세상을 바꾸자!"라는 주제로 청년포럼을 개최한 바 있는데 이 포럼을 준비하는 회의에 참여한 적이 있다. 이 회의는 본격적인 포럼 개최에 앞서 우리나라 청년들의 핵심의제가 무엇인지, 어떤 내용으로 포럼을 이끌어 갈 것인지를 논의하는 자리였다. 이 자리에서 사회적 기업을 운영 중인 한 대학생 참여자의 발언이 이 책의 주제를 잡는 데 도움을 주었다. 이 학생은 정치인들이 청년 실업 문제를 개인적으로 해결해야 한다고 발언한 것을 문제 삼으며 청년 취업을 다이어트에 빗대어 설명하였다. 사람들이 살을 빼기 위해 다이어트를 하게 되는데 다이어트의 성공 여부는 개인의 노력 여하에 달려 있다. 다이어트에 성공하지 못했다면 다른 누군가를 탓할 수 없고 전적으로 본인의 책임이듯 청년들의 취업은 개인이 해결해야 할 문제로 보고 있다는 것이다.

이 학생의 이야기를 들으면서 당시 "청년들이 겪는 어려움에 대한 사회적 책임은 없는가?"라는 생각이 들었고 이를 진단하는 책을 쓰는 것이 필요하다고 생각했다. 취업과 관련하여 개인적 책임 문제는 대기업이나 공공기관 취업을 선호하는 청년들의 눈높이 문제를 해소하는 것이 필요하다는 주장으로 이어진다. 눈높이 문제는 정부 정책으로 보기 어렵다고 생각한다. 정부가 할 일이 아무것도 없기 때문이다. 정책 추진을 위해 인력이나 예산이 투입될 필요가 없고 예산이 들지 않는 법, 제도도 개선할 필요가 없다. 단지 필요한 것은 청년들의 생각을 바꾸는 것뿐이다. 이러한 정책은 정부가 청년 고용 문제 해소를 위한 해법을 찾기 어렵다고 변명하는 것보다 나을 것이 없다.

두 번째 계기는 2013년에 수도대학 동경의 이누이 아키오(乾 彰夫) 교수 초청으로 이루어진 심포지엄의 한국사례 발표자로 참여했을 때 느꼈던 것이다. 이 심포지엄은 "어떻게 청소년들의 이행과정에서 불안정성이 증가하였는가?"라는 주제로 한국을 비롯하여 일본, 영국, 스위스 등 4개국의 발표자들이 각 국가의 상황을 소개하고 논의하는 자리였다. 종합토론 시간에 발표자 모두 청년들의 불안정한 고용이 심각하다는 점에 대해서 공유하였다. 동시에 청년고용위기가 전 지구적인 현상임을 인정하였는데 쟁점 중 한 가지는 청년들의 정치적 세력화가 왜 이루어지고 있지 않은가에 대한 것이다. 영국 사례를 발표한 글래스고대학교의 앤디 퍼롱(Andy Furlong) 교수는 가이 스탠딩(Standing, 2011)의 저서인 『프레카리아트

(*The Precariat*)』를 토대로 전통적인 노동자계급과는 달리 불안정한 고용 상태에서 조직적인 대응을 할 수 없는 청년층들이 분노를 내면화하거나 개별화하고 있다고 지적하였다. 이에 대해 일본 사례를 발표한 동경대학교의 혼다 유키(本田 由紀) 교수는 최근의 경제적인 문제를 단지 개인적인 차원으로 받아들이는 일본 청년의 현실을 "분노가 없다(No anger)"고 표현하였다. 이 심포지엄을 통해서 "왜 청년들은 분노하지 않는가?"라는 의문을 가지게 되었고 청년 문제를 풀기 위한 정치적인 해법에 대한 모색이 필요하다고 생각하였다. 이것은 구상 중이던 책의 집필 방향을 정하는 데 있어서 중요한 시사점을 제공해 주었다.

『청년프레임』은 모두 6개의 장으로 구성되었다. 1장에서는 도입부문으로 기성세대가 바라보는 청년에 대한 시각을 진단해 보고자 한다. 이 장에서는 동시에 청년 본인의 문제에 대한 의제설정이 청년 스스로 정했다기보다는 사회적으로 주어지게 된 배경은 무엇인지 살펴본다. 2장부터 5장까지는 원활하지 못한 청년기 이행 문제에 있어서 사회적 책임에 대한 물음을 경제, 사회, 교육, 정치 등 4가지 측면에서 고찰해 보았다. 2장에서는 본론의 첫 번째로 현재의 청년 문제를 가져온 경제구조를 분석하였다. 신자유주의와 경제 불평등은 모든 연령에 관한 문제이지만 특히 청년층의 일과 삶에 지대한 영향을 미쳤으며 그 출발점으로 여기에서는 1997년 IMF 경제 위기 전후와 현재까지 변화 과정을 다루어 보았다. 3장에서는 본론의 두 번째로 현재의 청년 문제를 가져온 사회구조를 분석하였다. 특히 이 장에서는 연령에 따른 사회적 역할 구조가 우리 사회에서 어떤 양상을 보여 주고 있으며 이것이 현재 청년 문제에 어떤 영향을 미쳤는지 살펴보았다. 4장에서는 현재의 청년 문제를 가져온 교육구조를 분석하였다. 이 장에서는 우리나라 교육이 입시경쟁이라는 기본적인 특성을 유지한 채 어떻게 바뀌어 왔으며 이러한 변화가 청년들의 삶에 어떤 영향을 미쳤는지를 살펴보았다. 5장에서는 본론의 네 번째로 현재의 청년 문제를 가져온 정치구조를 분석하였다. 뭉치면 산다는 단순한 논리와 다양성과 다변화로 대변되는 현재 상황에서 진정한 의미의 민주주의 실현은 가장 큰 난제이며 이 장에서는 이러한 모순적 상황에 가장 직접적으로 노출되어 있는 청년층의 문제를 다루어 보았다. 마지막으로 6장에서는 결론부문으로 청년 스스로 자신의 문제에 대한 의제설정의 주체가 되기 위해 필요한 것은 무엇인가에 대해서 제시해 보았다.

이 책은 10대 청소년과 20대 청년에 대한 3부작 중 첫 번째로 구상한 것이다. 생애주기라는 맥락에서 볼 때『청년프레임』은 청소년기에서 성인기로 이행하는 과정에 주목한 것이다. 두 번째로 준비하는 책은 성인기로의 이행 이전의 문제, 특히 청소년기의 핵심적인 화두인 교육에 관한 것이다. 두 번째 작품은『시험인간』이라는 제목으로 우리 사회의 걸림돌로 지목되고 있는 교과중심의 주입식 교육의 실체를 해부하고 핵심역량(key competencies)중심 교육의 실현 가능성을 살펴볼 것이다. 마지막 작품은 성인기 이행 이후의 문제로 비정규직뿐만 아니라 경계직업(marginal job)에 종사하는 청년들의 단면을『뒷골목사회』라는 제목으로 준비 중이다.

이 책을 구상하고 집필하는 데 오랜 시간이 걸렸던 이유는 개인적인 게으름 탓도 있지만 청년들이 직면한 사회 환경의 변화가 급변하여 이를 정확하게 포착하기가 쉽지 않았고 청년 문제에 대한 해법을 찾기가 매우 힘들었기 때문이다. 청년들의 원활하지 못한 이행 상황은 매우 분명해지고 있으며 어찌 보면 매우 견고한 양상을 보여 주고 있다. '위기'라는 말로 압축해 볼 수 있는 현재 상황을 보여 주는 증거는 이미 널려 있다. 청년 문제를 해결하기 위한 해법 마련은 그만큼 힘들어졌다. 원활하지 못한 이행기에 직면한 현 상황을 극복하기 위한 정책적 제안은 마지막 장에서 제시해 보았다.

차례

제1장

늙은 아담

하루 3시간은 우리 안의 늙은 아담을 진정시키기에 충분하다!

존 메이너드 케인즈(John Maynard Keynes, 1883~1946)

영국의 경제학자인 존 메이너드 케인즈(Keynes, 1930)는 손자와 손녀 세대가 살아가는 미래사회에 하루 3시간이면 먹고사는 문제를 해결할 수 있다고 예견한 바 있다.[1] 그러나 현대사회에서 이는 실현되지 않았고 현대인들은 여전히 8시간 이상 일을 한다.

비슷한 시기에 철학자인 버트런드 러셀(Russell, 1935)은 경제학적인 예측이 아니라 철학적인 성찰로 하루 4시간만 일하라고 권한다.[2] 일하는 시간을 최소화하고 나머지 시간은 학문을 통해 안목을 키우며 자신이 좋아하는 여가시간을 즐기고 좋아하는 사람들과 교류하라고 말한다. 그래도 시간이 남으면 다른 사람을 도우라고 지적한다. 현재 훨씬 더 경제적으로 풍족해졌지만 게으름을 찬양했던 철학자의 제안은 바빠진 현대인들에게 공염불이 되었다.

경제학자의 예측과 철학자의 성찰은 인간의 숙련수준 향상과 노동 분업, 과학기술의 발전, 경영 혁신이나 효율화 등에 의해 노동생산성이 크게 향상되었다는 점에서 역설적이다. 과거에 옷을 한 벌 만들기 위해 일주일이 꼬박 걸렸다면 현대에 와서 옷 한 벌을 만드는 시간은 하루 1시간이면 충분해졌기 때문이다. 다른 한편, 자전거 한 대를 구입하기 위해서 19세기에는 6개월 치의 임금이 필요했다.[3] 20세기 초가 되자 한 달 치 월급이면 자전거 한 대를 충분히 구입할 수 있게 되었다. 21세기에 이르러 제품의 품질과 안정성이 개선된 자전거 한 대를 일주일 치 임금이면 살 수 있게 되었지만 현대인들은 여전히 바쁘게 살아간다.

이러한 변화가 왜 현대인들에게 더 많은 시간적 여유를 가져다주지 못했을까? 이에 대한 첫 번째 이유는 직업의 본질이 바뀌었기 때문이다.[4] 직업이라는 용어는 원래 공간적인 의미만을 갖고 있었다. 이에 따라 일하는 공간이 중요했지만 산업혁명 시기에 초 단위로 정밀하게 시간을 측정할 수 있는 시계가 등장하면서 일하는 시간에 대한 측정이 용이해졌고 이제는 일하는 시간이 일하는 공간을 대신하게 되었다.[5] 이와 함께 일하는 시간을 결정하는 주체가 개인으로부터 재화와 서비스를 생산하는 과정에서 이루어지는 사회적 관계로 변모하였다. 이러한 변화는 노동 생산성의 향상을 고스란히 일하는 양을 줄이는 결과로 이어지지 못하게 했으며 노동시간을 줄이려는 노동자단체와 경영자단체, 정치권의 사회적 합의는 쉽게 이루어지지 않았다.

현대사회에서 개인들이 바쁘게 살아가는 또 다른 이유는 소비주의의 등장 때문일 것이다. 개인에게 있어서 소비가 개인적인 선호이든, 다른 사람에 대한 과시의 수단이든 상관없이 기업에 있어서 이윤을 창출하는 핵심적인 수단이다. 현대사회에서 소비는 필요한 수요를 넘어서서 과소비로 이어지며 과소비가 가능해지기 위해서는 구매 욕구를 극대화하는 것이 필요해진다. 삶의 행복이 소비를 통해 이루어질 수 있다는 환상은 광고를 통해 끊임없이 재생산되고 있으며 과소비를 위한 과로가 당연시되었다.

삶의 행복을 가져다주는 원천에 있어서 소비는 시간을 소모하는 정도가 다른 것과 극명한 차이가 존재한다. 좋은 친구와 명품 가방은 모두 삶의 행복을 가져다줄 수 있다. 그런데 좋은 친구는 마치 포도주가 오래될수록 높이 평가받듯이 많은 시간을 함께할수록 돈독해진다. 반면, 명품가방 중 마음에 드는 제품을 고르는 시간은 아무리 길다고 해도 하루면 충분할 것이다. 친구를 사귀는 것은 노동시간으로 대체해서 가능하지 않지만 명품을 사는 것은 순간이며 만약 부자가 아니라면 많은 노동시간을 통해 소득을 높여야 원하는 명품을 살 수 있다.

우리나라는 이러한 현실을 보여 주는 대표적인 사례이다. 왜냐하면 한국의 노동시간은 여전히 전 세계적으로 가장 긴 수준을 보여주고 있기 때문이다. 최근 몇 년간 우리나라의 연간 노동시간은 경제개발협력기구(OECD)에 참여한 국가들보다 평균적으로 300시간 내외로 길었다.[6] 놀라운 것은 19세기 서구의 노동시간과 21세기 한국의 노동시간의 차이가 거의 없다는 점이다.[7]

한국이 대표적인 사례인 또 다른 이유는 경제성장에도 불구하고 삶의 질이나 일·가정의 양립을 중시하는 탈물질주의 경향을 뚜렷하게 보여주고 있지 않다는 점이다. 이는 삶에 있어서 노동을 얼마나 중시하는지를 통해 살펴볼 수 있다.[8] 「세계가치조사(world values survey)」의 결과[9]를 살펴보면, 우리나라 사람들의 60% 이상은 삶에 있어서 노동이 "매우 중요하다"고 응답하고 있다. 한국의 결과는 영미권이나 유럽 국가들보다 두 배이상 높은 수준이다. 유사한 결과를 보여 주는 대만을 제외하고 대부분의 아시아 국가들보다도 노동을 더 중요하게 생각한다. 이와 관련 로널드 잉글하트와 웨인 베이커(Inglehart & Baker, 2002)는 전 세계 국가들의 가치관 지도를 제시한 바 있는데 물질주의적인 생존가치와 전통적 가치를 중시하는 특성을 보여 주는 국가로 한국을 분류한 바 있다.[10]

전통적인 가치로 일을 중시하는 태도는 우리나라에서 청년들의 취업난을 개인적인 문제로 바라보는 시각의 밑바탕을 형성한다. 한국인의 부지런함은 최장 노동시간과 더불어 노동의 가치를 중시하는 태도, 노동(勞動) 대신 근로(勤勞)라는 용어를 사용하고 있다는 점[11] 등을 통해 확인해 볼 수 있다. 한국인의 부지런함에 대해 로렌스 해리슨과 새뮤얼 헌팅턴(Harrison & Huntington, 2000)은 『문화의 문제(*Culture Matters*)』에서 1960년대 이후 한국의 비약적인 경제성장을 아프리카 가나와 비교하면서 한국인들의 근면, 성실, 교육, 규율을 중시하는 문화가 중요한 영향을 미쳤다고 지적한 바 있다.[12]

부지런함은 산업화시대의 문화예술 작품들에서도 흔하게 발견되는 가치로 1960년대 「로맨스 빠빠(신상옥 감독, 1960)」나 「마부(강대진 감독, 1961)」 등 대표적인 영화 속의 등장인물들을 통해 확인해 볼 수 있다.[13] 두 작품에서 배우 김승호는 가족을 위해 헌신적으로 일하는 아버지상을 보여 주었다. 젊은 자녀들 역시 방황하는 모습을 보여 주고 있지만 귀결은 다르지 않다. 예를 들어 늙고 가난한 마부의 딸 옥희는 부잣집 딸 행세를 하며 방탕한 생활을 하다가 마지막에 이르러 제과공장의 노동자로 열심히 일한다.

청년들에 대한 기성세대의 질문은 한국인의 부지런함과 관련이 있다. 이에 대한 지적들은 매우 많다. "사회 탓만 하고 만사에 노력하지 않는다.", "젊었을 때 고생을 사서도 한다는데 너무 고생을 모른다.", "세상이 좋아져서 게을러졌다." 만약 청년들이 과거보다 부지런하지 않고 노력하지 않는다면 현재 취업의 어려움에 대한 책임에서 자유로울 수 없을 것이다. 반면, 과거보다 현재의 청년들이 노력하지 않는다는 증거가 없고 오히려 더 열심히 살아가고 있다면 현재 고용위기에 대한 사회적·제도적 원인을 명확히 파악하는 것이 필요할 것이다. 이와 관련해 '노력'이라는 단어에 '오'를 붙여 표현하는 신조어가 등장하였다. '노오력'이라거나 '노오오력', '노오오오력' 등이 그것인데 과거보다 현재 훨씬 더 노력해야만 살아갈 수 있는 현실을 풍자한 것이다.

노력 문제와 더불어서 청년들의 자질 부족에 대한 두 가지 담론을 추가적으로 살펴볼 필요가 있다. 첫 번째는 '청년' 하면 떠오르는 이상이나 꿈, 도전, 열정, 패기와 같은 단어 대신 현실, 포기, 냉정이 연상된다는 점이다. 두 번째는 청년들이 자립해야 할 시기에 스스로 자신의 삶을 개척하지 않고 부모나 주변에 의존하거나 의지하려 든다는 점이다. 이처럼 요즘 젊은 사람들을 힐난하거나 안쓰럽게 바라보는 시선 저변에는 노인의 연로함이 가지는 장점보다는 단점 측면에서 청년을 평가하는 관점이 자리 잡고 있다.

이 장에서는 세 가지 측면에서 청년 자신의 책임 문제 여부를 살펴보았다. 현재 청년들은 덜 부지런한가? 이상이나 꿈에 도전하기보다는 현실에 안주하고 있는가? 과거보다 더 부모나 주변에 의존적인가? 이 세 가지에 대한 진단 결과는 어떤 프레임으로 청년 문제를 바라보아야 하는가를 말해 줄 것이다.

노력의 문제

　　우리나라 청년들은 과거보다 게으른가? 세대별로 이에 대한 진단은 판이하다. 기성세대들은 자신들이 젊었을 때 좋지 않은 여건을 떠올리며 매우 풍족한 환경에서 자라고 있는 젊은 세대를 부러워하면서 왜 우리 때처럼 노력하지 않는지 의아해한다. 대체로 자녀를 둔 부모의 경우 이런 생각을 할 때가 많은데 "나 때는 안 그랬어."라는 한마디로 요약해 볼 수 있다. 반면, 젊은 세대들은 대학만 나와도 취업 걱정이 없었던 기성세대들이 더 열심히 살라고 지적하는 게 도무지 이해가 되지 않는다. 김영하의 소설 『퀴즈쇼』(2010)의 등장인물 지원이 얘기하듯 젊은이들은 "단군 이래 가장 많이 공부하고 제일 똑똑하고 외국어도 능통하고 첨단 전자제품도 레고블록 만지듯 다루는 세대"[14]이기 때문이다.

　　이처럼 개별적으로 느끼는 결과는 판이하지만 객관적인 사실은 어느 쪽의 해석이 더 정확한지를 말해 줄 수 있다. 통계를 활용할 수 있다면 보다 객관적인 입장에서 과거와 현재를 비교해 살펴볼 수 있다. 노력의 문제와 관련하여 현재 분석이 가능한 자료는 통계청에서 실시한 「생활시간조사」이다. 이 조사는 1999년부터 5년 주기로 조사가 이루어져 비교적 장기간에 걸쳐 개인들이 24시간 동안 어떤 활동에 시간을 투자했는지 파악할 수 있게 해 준다.[15] 제한된 시간을 어떻게 투자하고 배분했는지는 개인들이 얼마나 열심히 살아왔는지를 판별할 수 있도록 돕는다.

　　여기에서는 4가지 생활시간에 주목해 보았다. 일과 학습은 생활시간에서 의무생활시간으로 불리는데 일과 학습시간이 짧아졌다면 현재 청년들이 덜 열심히 생활한다고 해석할 수 있다. 동시에, 교제 및 여가활동시간이 최근 들어 길어졌다면 같은 결론에 도달할 수 있다.

먼저 의무생활시간을 살펴보자. 20대 청년들의 일과 학습시간은 평일 기준으로 지난 20년간 하루 중 8분가량 감소하였다. 이 결과로 최근 청년들이 덜 부지런해졌다고 말할 수 있을까? 세부적인 내용을 살펴보면 정반대의 해석이 가능하다. 증가한 부분과 감소한 부분을 나누어 살펴보면 그 이유를 알 수 있다. 청년들의 일하는 시간은 감소한 데 반해 학습하는 시간은 증가하였다. 이것은 사교육 증가와 더불어 대학에 진학하는 젊은이들이 늘면서 나타난 현상이다. 우선 이 결과로 최근 세대가 덜 부지런하다고 볼 수 없는 이유는 일자리에서의 노동시간과 학교에서의 수업시간이 대체관계에 있지 않기 때문이다. 정규 노동시간은 8시간 이상이지만 정규 수업시간은 여기에 훨씬 미치지 못한다. 곧 노동자가 아닌 학생 신분일 때 의무생활시간은 자연스럽게 감소할 수밖에 없다. 게다가 평일 하루 24시간 중 불과 8분가량 감소하는 데 그쳤다면 오히려 최근 젊은이들이 더 열심히 살아가고 있다고 해석해 볼 수 있다.

두 번째로 살펴볼 문제는 노력 여부를 해석할 때 노동시간과 학습시간의 성격이 다르다는 점이다. 노동시간의 길이는 당사자보다는 외부에 의해 결정되는 데 반해 학습시간은 당사자의 의지가 좌우하는 정도가 더 크다. 노동시간은 과학기술의 발전이나 노동 분업, 경영효율화, 주5일제 근무나 유연근무제 확대 등에 의해서 영향을 받는다. 이는 개인의 노력 여부와는 무관한 것이다. 전 세계적으로 절대적인 노동시간의 감소는 공통된 결과이다. 게다가 거의 최장 수준을 보여 주는 우리나라도 노동시간이 감소하였다. 이러한 현실을 고려해 볼 때 현재 청년들의 일하는 시간이 감소했다고 해서 덜 열심히 살아가고 있다고 보기 어렵다. 반면, 학습시간은

주5일 수업제 도입을 제외하고 영향을 미치는 외부요인이 거의 없었다. 게다가 주5일 수업제는 초등과 중등교육과정에만 적용되므로 20대의 학습시간에 영향을 미치는 요인도 아니다. 우리나라에서 학습시간이 증가한 것은 사교육이나 개인적인 학습시간, 대학 진학에 따른 교육 연장 등에 따른 것이다. 이는 제도적인 문제가 아니라 개인적인 선택에 따른 것이며 노력의 결과물이라고 볼 수 있다.

세 번째로 세대 간의 비교 결과를 살펴보면 다른 해석이 가능하다는 점이다. 일하는 시간은 20대만이 아니라 30, 40대도 감소하였다. 만약 전 세대에 걸쳐 특정 생활시간이 길어졌거나 짧아졌다면 단순히 해당 시간이 줄거나 늘었다고 해서 특정 세대가 노력을 덜 한다고 해석할 수 없다. 왜냐하면 이러한 결과는 특정 세대가 특별히 열심히 살아가고 있지 않기 때문이 아니라 사회적·경제적 환경 변화에 따라 공통적으로 나타난 현상으로 볼 수 있기 때문이다. 그런데 학습시간의 경우 노동시간과는 달리 30대와 40대는 20대처럼 증가하지 않고 약간 줄거나 그대로였다. 이처럼 다른 연령집단과는 달리 20대만이 특정 생활시간이 증가했다면 요즘 청년들이 더 열심히 생활하고 있다고 해석할 수 있다.

이어서 교제 및 여가시간을 살펴보자. 이 결과는 의무생활시간과 정반대로 해석할 수 있다. 20대 청년들의 교제 및 여가시간은 2000년대 중반 이후 지속적으로 감소하였다. 이 시간을 "노는 시간"으로 간주한다면 요즘 젊은 세대가 더 열심히 살고 있다고 해석해 볼 수 있다. 그런데 이는 비단 20대만의 문제가 아니라 전 연령 세대에 걸쳐 동일하게 나타나고 있다. 20대 청년은 물론 10대 청소년과 30, 40대 중년층 모두 2004년 이후 교제 및 여가시간이 뚜렷하게 줄어들었다. 곧, 우리나라에서 일, 학습과 같은 의무생활시간의 감소가 교제 및 여가시간의 증가로 이어지지 않은 셈이다. 정작 늘어난 시간은 수면을 취하거나 세수를 하고 단장을 하고 외출을 준비하는 자기관리 시간이나 통근, 통학하는 시간이었다.

시간이라는 객관적인 잣대로 볼 때 요즘 젊은이들은 과거보다 부지런하다. 그렇다면 부지런함에 대한 젊은이들의 태도는 부정적으로 바뀌어 왔을까? 이를 살펴보는 이유는 두 가지이다. 첫 번째로 노력은 행동으로 파악할 수 있지만 정서적인 태도로도 파악할 필요가 있다. 열심히 살아가는 것은 삶에 대한 가치관에서 비롯되기 때문이다. 두 번째로 가치관의 변화는 미래를 예측하는 안내자의 역할을 담당하기 때문이다. 젊은이들이 행동으로 옮기지는 못했지만 부지런한 태도를 갖고 있지 않다면 향후 게으른 행동이 표면으로 드러날 개연성이 있다.

여기에서는 일에 대한 가치의 변화를 살펴보자. 예상과는 달리 「세계 가치조사」는 한국의 젊은 세대가 과거보다 일의 가치를 덜 중시하고 있지 않다는 결과를 보여 준다.[16] 1990년에 실시한 조사에서 한국 청년들 중 61%가 삶에 있어서 노동이 "매우 중요하다"고 응답하였다. 이는 이 질문에 대한 모든 연령층의 결과와 거의 동일한 수준이다. 게다가 가장 최근 조사 결과에서 60%가 같은 답변을 해 20년이 지난 후에도 청년들이 노동을 중시하는 경향은 그대로임을 알 수 있다.

지금까지 살펴본 통계 수치들은 청년세대가 기성세대보다 덜 열심히 산다는 증거가 없음을 보여 준다. 기성세대는 물론 청년세대 역시 인생에서 일을 매우 중시하고 있으며 생활시간 중 최장에 가까운 시간을 노동시간이나 학습시간에 할애하고 있다. 그렇다면 왜 한국에서 유달리 부지런함을 중시하게 된 것일까?[17]

한국인의 부지런함은 몇 가지 원인이 복합적으로 작용한 결과로 보인다. 우선 한국전쟁으로 인한 전후 복구 과정에서 먹고사는 문제를 해결하기 위해 열심히 일했다고 볼 수 있다. 남북 간의 대치 상황에서 상사의 명령에 복종하고 일사불란하게 업무를 처리하는 군사 조직의 원리가 사회생활로 이어진 것도 영향을 미쳤을 것이다. 유교 자본주의가 맞든 틀리든 부지런함을 강조하는 문화적 가치는 남다른 노력형 생활양식에 영향을 미쳤을 것이다.

무엇보다 한국인의 부지런함이 가능했던 것은 전례가 없을 정도로 압축적으로 이루어진 경제성장에 대한 기대감으로 잔업이나 철야를 마다치 않고 열심히 살아왔기 때문으로 보인다. 게다가 흘린 땀의 대가를 어느 정도 보상받아 왔다는 점도 강력한 동기부여를 제공했을 것이다. 우리나라는 1인당 국민소득이 2만 달러 이상으로 인구가 5,000만 명 이상인 20~50클럽에 전 세계적으로 7번째로 가입하여 선진국이라고 불러도 손색이 없을 정도이다. 경제성장의 과실이 전 국민에게 골고루 분배되지는 않았지만 가난을 극복하고 먹고사는 문제에 매진해야 할 상황에서 벗어난 것은 분명해 보인다.

그런데 여기에서 주목해야 할 것은 한국인의 부지런함에 대한 전제조건들이 바뀌었다는 점이다. 한강의 기적으로 불리는 빠른 경제성장은 선진국 대열에 합류하면서 더딘 성장으로 바뀌어 고성장에 대한 기대를 갖기 어려워졌다. 이에 따라 열심히 일한 대가를 과거처럼 보상받기 힘들어졌으며 소득 격차 역시 확대되면서 일할 의욕을 잃게 만드는 상황에 직면해 있다. 여전히 휴전 상황이지만 전후 복구 시기처럼 행동할 필요도 없어졌으며 민주화와 인권 수준의 향상으로 무조건 복종하고 일사불란하게 움식이는 군대문화를 사회 원리로 적용하는 시대도 끝이 났다.

이러한 시대적 변화는 노력의 정도가 아니라 노력의 대상에 주목할 것을 요구한다. 노력의 대상은 일만이 아니라 유토피아와 같은 이상향을 실현하거나 행복한 가정을 꾸리는 일, 인생을 함께할 좋은 배우자나 친구를 만나는 일, 심지어 재미있는 놀이도 될 수 있다.

우리 사회의 전통적인 가치와 관련해 유교 문화에서 강조하는 근면함은 사실 일이나 노동에 국한된 것이라기보다는 삶의 전반에 걸친 미덕이며 특히 배우고 익히는 학문에 정진하는 것을 가장 중시하였다.[18] 공자가 살았던 동시대에 고대 그리스 아테네에서도 여가를 통해 학문을 닦고 시민으로 살아가는 삶을 지향하는 시각을 발견하게 된다.[19] 아리스토텔레스는 『정치학(*Politics*)』에서 일과 여가를 확연히 구분하면서 인간의 행복은 학문을 배우고 예술을 즐기며 다른 사람들과 어울리는 여가 속에서 실현될 수 있으며 여가를 누릴 수 있도록 여건을 만드는 일이야말로 입법가의 의무요, 교육의 목적이자 훌륭한 통치의 의지라고 주장하였다. 이런 그리스인들의 사고는 영어나 독일어의 학교(school, schule)라는 단어가 그리스어로 여가를 뜻하는 단어(schole)에서 나왔다는 사실을 통해 확인할 수 있다.

공자나 아리스토텔레스로부터 공통으로 확인해 볼 수 있는 것은 일이나 일의 결실보다는 학문과 예술, 사회적 관계 형성이 이루어지는 삶을 더 중시하고 있다는 점이다. 한나 아렌트(Arendt, 1958)는 『인간의 조건(*Human Condition*)』에서 인간의 신체를 사용하여 이루어지는 활동을 중심으로 삼는 삶의 방식인 활동적인 삶(via activa)과 이와 대립되는 개념으로 순수 정신 능력에 의존하여 탈세속적으로 살아가는 삶의 방식인 성찰적인 삶(vita contemplativa)을 구분한 바 있다.[20] 동서양의 고전들은 동일하게 후자의 삶을 더 높이 평가하고 있다고 볼 수 있다.

그런데 우리나라 청년들은 성찰적인 삶보다는 활동적인 삶에 너무 치우쳐 있다. 청소년에게 "꿈이 뭐지?"라고 질문하면 아직 정하지 않은 경우를 제외하고 열에 아홉은 희망하는 직업을 대답한다. 이처럼 꿈과 직업의 동일시는 너무나 일상화되어 버렸지만 왜 그런가를 곰곰이 생각해 볼 필요가 있다. 이는 경제적인 성공이라는 가치가 현대사회에서 중시되고 직업이 이를 판가름하는 가장 중요한 단일 지표이기 때문으로 보인다. 직업 선택의 자유가 없었던 신분제 사회에서 하고 싶은 일이 있어도 좌절할 수밖에 없었던 시대에 직업은 꿈일 수 있다. 그런데 누구나 노력하면 얻을 수 있는 것이 직업인 현대사회에서도 여전히 강력한 희망사항의 위상을 직업이 차지하고 있는 것이다.

특히, 1997년 외환위기 이후 청년 실업 문제가 사회문제로 등장하고 나서 청년들의 삶에서 경제적 성공은 더 절박한 문제로 부상하였다. 통계청에서 실시하는 「사회조사」에 따르면, 2012년 19세에서 24세 청년들이 가장 고민하는 문제는 직업으로 응답비중이 40%를 넘어섰다.[21] 취업을 앞두거나 사회초년생인 20대가 취업을 고민하는 것은 자연스러운 현상으로 보이지만 이전 조사 결과를 보면 놀라운 변화를 보여 준다. 1998년 같은 통계자료를 통해 살펴보면, 예상과는 달리 청년들은 공부나 신체, 용모, 건강, 가정환경 등을 직업보다 더 고민한다고 응답하였다. 이 기간 동안 취업이 주된 고민거리라는 청년들의 응답은 4배나 증가한 것이다.

사실 취업은 청소년기에서 성인기로 이행하는 과정에서 중요한 전환점이다. 하지만 전부가 아닌 일부라는 점을 상기할 필요가 있다. 그런 점에서 우리나라 청년들에게 주어진 사회적 의제(agenda)인 근면한 노동은 근면한 삶으로 바뀔 필요가 있다. 동시에 청년 본인들에 대한 의제설정은 최소한 다른 누군가가 아닌 청년들 스스로의 몫이어야 한다. 이러한 이유에서 노력의 문제는 "얼마나 노력할 것인가?"가 아니라 "무엇을 위해 노력할 것인가?"에 관한 것이며 이에 대한 사회적 공감대를 형성하는 것이 무엇보다 중요하다고 할 수 있다.

포기의 반대말

노력이 부족하다는 지적은 주로 산업화를 이끈 노년층이 청년을 바라보면서 느끼는 감정을 대변한다. 노년층은 일제강점기와 한국전쟁을 겪었거나 어린 시기에 지켜봤던 세대로 노력하면 무엇이든 이룰 수 있다는 신념을 가질 정도로 전후 황무지와 같은 상황에서 빠르게 이루어진 경제성장을 경험하였다.

반면, 열정이나 패기가 없다는 지적은 40~50대의 중·장년층이 요즘 청년들에게 제기하는 문제에 가깝다. 특히 86세대로 불리는 기성세대는 산업화세대와는 다른 성취감을 맛본 세대이다. 이 세대는 스스로 적극적으로 참여했든 아니든 부당한 국가권력에 대항해 목숨을 걸었던 청년들의 용기와 희생이 민주화를 이루는 데 기여했다는 점을 경험한 세대이다. 이는 자신의 성공을 위한 도전을 넘어서 사회의 발전을 위한 희생이 낳은 결과라는 점에서 스스로에 대한 자긍심을 불러일으켰을 것이다. 이런 경험을 공유하고 있는 기성세대들에게 요즘 젊은이들은 사회적인 저항은 고사하고 개인적인 도전보다는 현실에 안주하는 모습을 보여 준다고 생각할 수 있다.

90년대 초반 청년기를 보낸 젊은이들은 민주화 이후 자유분방함, 낡은 것에 대한 저항과 새로운 유행을 주도하는 세대라는 점에서 신세대나 X세대로 불렸다. 이들은 86세대처럼 사회변혁이라는 거창한 이야기에서 벗어나 매우 개인적이지만 새로운 변화에 도전하는 세대라는 점에서 이전 세대와 유사한 특성을 공유하고 있다. 이제는 기성세대가 된 신세대들은 자신들의 젊은 시기를 떠올리며 요즘 젊은이들이 새로운 것에 도전하지 않고 너무 무기력하게 살아간다고 생각할 수 있다. 이처럼 86세대든 X세대든 현재의 기성세대들은 '청년' 하면 연상되는 단어가 이상, 도전, 열정에서 현실, 포기, 냉정으로 바뀌고 있다고 걱정하고 있다.

현재 젊은이들이 이러한 지적에 대해서 대응하는 방식은 노력 문제와는 차이가 있다. '노오력'에서 드러나듯 젊은이들은 노력하지 않는다는 지적에 대해 과거보다 어려운 상황에서 더 열심히 살아가고 있다고 반박한다. 반면, "요즘 젊은이들은 왜 도전하지 않는가?"라는 지적에 대해 직접적으로 반박하기보다 스스로를 포기 세대로 규정한다. 연애와 결혼, 출산이라는 세 가지를 포기한 세대라는 의미에서 등장한 신조어인 '삼포세대'는 포기할 것이 너무 많아졌다는 의미에서 'N포세대'로 확장되었다. 청년들이 받아들이는 포기란 도전할 수 있는 기회조차 주어지지 않는다는 항변이라는 점에서 기성세대가 바라보는 포기와는 다른 것이다. 청년들은 결혼, 취업, 분가 등 인생의 중요한 결정을 미루거나 포기할 수밖에 없는 현실적인 사회 여건을 비판하고 있는 것이다.

도전의 문제는 노력의 문제만큼 누구의 견해가 더 맞는지 결론을 내리기가 쉽지 않다. 이는 노력의 문제처럼 객관적인 지표로 파악하기 어려운 가치관의 문제이기 때문이다. 다만, 「세계가치조사」나 「사회조사」에서 관련 문항들을 통해 최대 30년간의 변화 추세를 살펴볼 수 있다.

「세계가치조사」에서는 1980년대부터 최근까지 인생의 의미와 목적에 대해서 얼마나 자주 생각하는지와 투지(determination)나 끈기(perseverance)를 자녀의 중요한 자질로 보는지를 질문하였다.[22] 무엇인가에 대해 포기하지 않고 도전하면서 현실보다는 이상을 추구하는지 여부는 목표설정이 매우 중요하다고 할 수 있다. "무엇에 도전하는가?"라는 문제는 인생의 목적을 정하는 데서부터 출발하기 때문이다. 이와 관련한 첫 번째 질문은 청년들이 얼마나 인생의 의미나 목적을 고민하는가에 대한 장기적인 변화추세를 살펴볼 수 있게 된다. 두 번째 질문은 누군가가 더 도전적인지를 직접적으로 파악할 수 있는 문항은 아니지만 자녀의 문제에 빗대어 목표로 삼은 것을 포기하지 않고 끝까지 추진하는 것을 얼마나 중시하는지 파악할 수 있게 해 준다.

먼저 첫 번째 질문에 대한 결과를 살펴보자. 인생의 의미와 목적에 대해서 "자주 생각한다"고 응답한 결과를 살펴보면, 우리나라의 20대 젊은이 중에서 40%가 자주 생각한다고 응답해 다른 국가들과 비교해 매우 높은 응답률을 보여 주었다. 중국 젊은이들의 응답률은 한국의 절반에도 미치지 못하고 있으며 일본이나 싱가포르와 같은 아시아 국가들과 독일, 스웨덴 같은 유럽 선진국들도 한국보다 10% 낮은 응답률을 보여 주었다. 한국과 유사하게 높은 응답률을 보여 주고 있는 국가는 미국 정도이다. 이러한 결과는 한국의 젊은이들이 인생의 의미나 목적에 대해 더 자주 생각한다는 점을 말해 준다.

그런데 이 질문에 대해 우리나라를 포함하여 대체로 일관된 경향을 보여 주고 있는 것은 최근으로 올수록 낮아지는 응답률이다. 이는 20대 젊은이에 국한된 결과가 아니라 전 연령층에서 나타나고 있는 현상이다. 자본주의의 발전은 돈이라는 수단이 목적이 되는 전도 현상이라는 부작용을 낳을 수 있는데 이러한 특성이 보다 본질적인 문제인 삶의 의미와 목적을 덜 고민하게 만들었을 가능성이 있다. 이와 관련해 자본주의사회로 급속도로 편입된 중국의 경우 1990년 조사에서 30%가 넘었던 응답률이 2012년 조사에서 10% 미만으로 크게 낮아졌다. 우리나라도 낮아지는 경향을 보여 주고 있다. 1990년과 2000년 조사에서 응답자의 절반 이상이 자주 생각한다고 응답했으나 2010년 조사에서 40% 미만으로 낮아졌다.

이어서 두 번째 질문에 대해서 살펴보자. 29세 이하 우리나라 청년층은 다른 연령층보다 10% 이상 자녀의 중요한 자질로 투지나 끈기를 갖는 게 필요하다고 응답하였다. 처음 조사가 이루어진 1990년과 비교해 보면, 투지나 끈기를 강조하는 경향은 모든 연령층에서 공통적으로 증가하고 있지만 특별히 청년층의 경우 1990년에서 2010년까지 두 배 이상 응답비중이 늘었다. 이러한 경향을 어떻게 해석해야 할까? 젊은 세대일수록 투지나 끈기를 중요하게 본다고 해석할 수도 있으나 동시에 이러한 자질이 부족해서 이를 강조하고 있다고 해석할 수 있다. 어떤 쪽이 더 적절한 해석인지를 파악하기 위해 이에 대한 응답비중이 유사하게 높은 국가들을 확인해 보았다.

이 질문에 대해 60% 이상의 응답비율을 보여 준 국가들은 한국을 포함하여 독일과 일본이었다. 독일과 일본의 공통점은 여러 가지가 있겠지만 이 질문과 관련해 생각해 보면, 장인을 중시하는 문화라는 공통점을 갖고 있다. 투지와 끈기는 '장인' 하면 떠오르는 연상어로 손색이 없다.

중세시기 길드제도(guild system)는 유럽 전역에 존재했는데 산업혁명 이후 도제(apprentice)에서 출발해 직인(journeyman)을 거쳐 장인(master)에 이르는 엄격한 신분질서에 대한 불만과 시장경제에 맞지 않는 폐쇄적이고 비효율적인 운영으로 거의 사라지는 운명에 처하였다. 유럽 국가들 중에서 산업화가 늦게 시작된 독일은 19세기에 사라져 가던 길드제도를 부활시켜 공식적인 학교교육과 접목해 이원화제도(dual system)라는 새로운 교육훈련제도를 정착시켰다. 이후 독일은 마에스터(maester)로 불리는 장인을 존중하는 문화를 형성해 왔다.

일본은 독일과 유사한 시기인 19세기에 장인을 강조하는 문화를 다른 차원에서 갖기 시작하였다. 모노즈쿠리(ものづくり)는 혼신의 힘을 다해 최고의 물건을 만들어 낸다는 일본식 문화를 지칭한다.[23] 모노즈쿠리는 한자나 외래어가 아닌 일본 고유어(和語)로 원래 논이나 밭을 경작하는 것을 지칭했으나 메이지유신(明治維新) 이후 산업화에 따라 제조업이 발달하면서 공장에서 물건을 만드는 과정을 포함하기 시작하였다. 이것은 일본의 전통을 계승하고 서양의 문물을 받아들여 독창적인 물건을 만들어 낸다는 화혼양재(和魂洋才)와도 관련이 있다. 무엇보다 이것은 한 번 취업한 직장을 평생토록 다닌다는 일본식 종신고용제의 밑바탕에 깔린 문화적 특성이라고 할 수 있다.

투지와 끈기를 강조한다는 점에서 한국은 독일이나 일본과 유사하지만 두 국가와는 달리 장인기질을 강조하는 전통을 갖지 못하고 산업화의 길로 들어섰다. 그렇기 때문에 한국의 결과는 장인을 중시하는 문화로 설명하기 어려워 보인다. 다만, 한국도 장인문화는 아닐지라도 일과 노동의 가치를 중시하고 성실함을 강조한다는 점에서 유사한 문화적 특성을 공유하고 있다고 볼 수 있다.

그렇다면 다른 측면에서 국제비교 결과를 살펴보자. 연령집단별로 이에 대한 응답률을 비교해 보면, 우리나라를 포함해 대다수 국가에서 젊을수록 투지와 끈기를 중시하는 경향이 나타났다. 이는 모든 가능성이 열려 있고 매사에 적극적으로 임하는 청년기의 특성을 반영한 결과로 보인다. 이러한 해석이 적절하다면, 젊을수록 투지와 끈기를 강조하는 것은 보편적인 현상이라고 할 수 있다. 한국 역시 이 응답이 젊은 층에서 높게 나온 것은 투지와 끈기가 부족해서라기보다는 이를 중요하게 생각해서 나온 결과로 보인다. 이를 고려해 볼 때 기성세대가 우려하는 것처럼 우리나라의 젊은 세대가 쉽게 포기하거나 좌절하는 세대로 보기 어려울 것이다.

한국 청년들이 도전적인지, 아닌지를 살펴볼 수 있는 두 번째 자료는 직업관에 관한 것이다. 이와 관련해 대학생을 대상으로 직업관에 대한 조사를 몇 차례 진행한 바 있다.[24] 2005년에 한국과 일본 대학생 100명을 대상으로 심층면접 조사를 진행하였다. 2011년도에도 서울과 부산, 광주, 대전 등 4개 지역의 대학생 39명을 대상으로 실시한 집단면접(focus group interview)에서 같은 질문을 던졌다. 2003년부터 직업사회학과 관련한 교과목 수업 시간에도 수업을 듣는 학생들에게 직업관에 대한 같은 질문을 던졌다.

대학생을 대상으로 진행된 면접에서 직업관에 대한 다양한 질문들을 하고 답변을 들었는데 "직업 선택에 있어서 얼마나 도전적인가?"라는 질문이 포함되었다. 질문 내용은 "실현되기는 어렵지만 하고 싶은 일에 도전할 것인가, 큰 어려움 없이 할 수 있는 일을 선택할 것인가?"였다. 청년

취업이 힘든 상황이었기 때문에 후자를 선택한 청년들이 많을 것으로 예상했으나 대다수는 '할 수 있는 일'보다는 '하고 싶은 일'을 선택하였다.

이것은 소수를 대상으로 수행된 면접조사의 결과이므로 요즘 청년들이 도전적이라는 사실을 명확히 뒷받침해 주는 결과로 보기 어렵다. 대표성을 갖는 자료를 이용해 이를 입증할 필요가 있는데 통계청의 「사회조사」에서 직업선택 요인 중에서 무엇을 중요하게 생각하는가를 물어본 결과를 통해 장기적인 변화 추세를 살펴볼 수 있다.[25]

직업선택 요인 중에서 보람이나 자아성취, 발전 가능성은 도전적이고, 이상적인 선택 기준이라고 할 수 있다. 반면, 안정성과 수입은 현실적인 선택 기준에 가깝다. 이에 대한 질문은 2002년부터 조사 결과를 확인할 수 있다. 가장 최근 조사인 2015년 20대의 응답 결과를 살펴보면, 안정성과 수입을 직업선택 요인으로 선택한 비율은 보람·자아성취나 발전 가능성보다 5배 내외로 높았다. 가장 오래된 2002년과 비교해 보면, 보람·자아성취나 발전 가능성에 대한 응답은 절반 이하로 감소한 반면, 수입에 대한 응답은 10% 이상 늘어났다. 특히 발전 가능성의 결과가 두드러진다. 2002년 조사에서 발전 가능성을 주된 직업선택 요인으로 응답한 젊은이는 5명 중 1명으로 수입이라는 응답보다도 높았다. 그런데 2015년 조사에서 수입이라는 응답비율은 발전 가능성보다 6배나 높아졌다. 이러한 결과만 놓고 보면, 젊은이들이 점차 현실적인 선택을 하고 있다고 해석해 볼 수 있다.

그런데 연령별로 응답 결과를 살펴보면 조금 다른 해석이 가능하다. 안정성과 수입을 직업선택 요인으로 선택한 비율은 청년층보다 30대 이상에서 높게 나타나고 있다. 이러한 경향은 매우 일관된 것으로 지난 10여 년

간 이루어진 조사에서 동일한 결과를 보여 준다. 반대로 보람·자아성취나 발전 가능성은 청년층의 응답비율이 기성세대보다 높았다. 이 역시 역대 조사에서 대체로 동일한 결과를 보여 주고 있다. 이는 젊은 층일수록 현실적인 선택보다는 이상적인 선택을 할 가능성이 높다는 점을 말해 준다.

지금까지 살펴본 조사 결과들은 최근의 젊은이들이 이상보다는 현실을 추구하고 도전적이지 못한지 여부를 판별하는 데 있어서 제한적이다. 연령별로 볼 때 20대는 여전히 가장 이상적인 선택을 하고 도전적인 성향을 보여 주고 있다. 반면, 이러한 특성은 최근으로 올수록 감소하고 있다. 이를 어떻게 봐야 할까? 이상을 추구하고 도전적이며 열정적인 청년기의 고유한 특성과 현실적인 선택을 강요하는 사회적 여건이 충돌하고 있는 것은 아닐까? 사회계층이 고착화되어 상승이동 가능성이 점차 없어지고 사회, 경제적인 성공에 있어서 부모의 영향력이 점점 커지고 있다. 청년들의 소득수준은 정부에서 통계치를 제시한 이후 처음으로 이전보다 낮아졌고 비정규직은 감소하고 있지만 청년 비정규직은 늘어나고 있다. 이러한 사회적 변화가 가장 활발하고 열정적이며 도전적인 청년들의 고유한 특성을 잃어 가게 만들고 있는 건 아닐까?

청년들에게 희망을 북돋아 주기 위한 말 중에 성공을 어떻게 정의할 것인가에 관한 것이 있다. 이는 성공의 반대말이 실패가 아니라 포기, 도전하지 않는 것이라는 지적이다. 곧 실패를 두려워하지 말고 열심히 도전한다면 원하는 것을 얻을 수 있을 것이라는 조언이다. 그런데 거꾸로 포기의 반대말이 도전이 아닌 성공이 될 수 있을까. 이는 청년들에게 도전할 수 있는 기회가 주어지고 한 번의 패배가 모든 것을 결정하지 않고 승자가 모든 것을 취하지 않는 사회일 때 가능하다. 만약 이러한 사회적 여건이 갖추어져 있지 않다면 도전하지 않는 젊음에 대한 질타는 부적절한 것이다. 우리는 2장 「1997년 체계」에서 한국사회가 어느 쪽에 가까운지 구체적으로 살펴보고자 한다.

캥거루에게 묻다

노인에 대한 고정관념(stereotype) 중에서 청년에게 향하고 있는 마지막 질문은 요즘 청년들이 너무 의존적인 존재가 되었다는 점이다. 이를 상징적으로 표현하는 말이 '캥거루족'이다. 이것은 캥거루가 새끼를 배에 있는 주머니에 넣고 기르는 모습에서 착안하여 생긴 신조어이다. 캥거루족이라는 표현이 우리나라에서 등장한 것은 1997년 IMF 외환위기로 청년 고용 문제가 사회적 화두로 등장했던 시기였다.[26] 초기의 캥거루족은 대학생 중에서 졸업을 미루거나 졸업 후에도 오랫동안 대학교 주변을 맴도는 젊은이를 지칭했다. 최근에는 대학생에 국한하지 않고 나이가 들어도 취업을 하지 않거나 취직을 해도 부모에게 얹혀사는 젊은이 전체를 지칭하는 용어로 쓰이고 있다. 이러한 맥락에서 '민폐족'이나 '빨대족' 같은 유사한 신조어도 등장하였다. 여기에 한 걸음 더 나아가 독립해서 살다가 육아나 경제적인 이유로 부모에게 돌아가는 '연어족', '리터루족', '신캥거루족'과 같은 새로운 용어도 나왔다.

노력이나 도전의 문제와는 달리 청년들의 의존 문제는 덜 논쟁적이다. 왜냐하면 청년들의 분가가 명백하게 줄어들고 있으며 캥거루족을 추정한 연구 결과들도 일관되게 부모에게 의존하는 젊은이들이 늘고 있다고 지적하고 있기 때문이다.

비교적 장기간에 걸쳐 청년들의 분가 실태를 분석한 이병희 외(2010)는 1997년 외환위기를 전후로 커다란 변화가 발생했음을 보여 주었다.[27] 15세에서 34세의 청년들의 분가 비중은 1995년까지 지속적으로 증가해 40%를 넘어섰으나 이후 급감해 30% 초반 수준으로 낮아졌다. 이러한 청년들의 분가 추세는 성별로 별반 차이가 없었다.

그런데 분가 여부만으로 요즘 청년들이 이전보다 부모에게 더 의존적인지를 판별하는 데 한계가 있다. 왜냐하면 부모로부터 도움을 받는 자녀가 분가하지 않고 부모와 함께 살고 있는 사례도 있지만 반대로 부모를 부양하기 위해 함께 사는 경우도 있기 때문이다. 이러한 부분을 고려해 분석한 연구 결과를 살펴보자. 우선 최형아 · 이화영(2013)은 청년들을 대상으로 경제적 의존 여부를 고려해 캥거루족 추세를 분석하였다.[28] 이 연구에서는 경제적 의존 여부를 미취업 상태에 있거나 평균 생활비 혹은 최저임금 수준에 못 미치는 일자리에 취업한 경우로 보고 이들 중에서 부모와 동거 중인 청년들을 캥거루족으로 정의하였다. 30세에서 34세 청년들 중에서 캥거루족의 비중은 2000년보다 2010년 2배 이상 늘어났다. 연령을 확대해 20대 후반과 30대 후반, 40대 초반의 추세도 살펴보았는데, 정도의 차이는 있지만 모든 연령대에서 캥거루족 비중이 증가하였다.

통계청의 「사회조사」에서는 2005년부터 2015년까지 60세 이상 부모를 대상으로 자녀와의 동거 여부와 이유를 물어보고 있다.[29] 최근까지 조사 결과를 살펴보면, 본인의 독립생활이 불가능해 자녀로부터 부양을 받고 있다는 응답은 최근으로 올수록 감소하였다. 반면, 자녀의 독립생활이 불가능해 함께 살고 있다는 응답은 20% 후반에서 30% 중반으로 증가하였고 부양받는 비중보다 높아졌다. 부양의 대상이라고 볼 수 있는 노인층의 자녀 동거의 이유가 이제는 부양이 아닌 양육으로 바뀌고 있는 것이다.

이러한 결과들을 종합해 볼 때 자립해야 할 시기에 부모와 함께 사는 청년들이 늘어나고 있다는 점은 명백해 보인다. 그런데 청년들이 부모에게 의존적인지 여부는 분가 여부나 분가하지 못하는 이유만으로 설명되지 않는다. 이와 관련해 청년들의 정서적인 태도가 더 의존적으로 바뀌었는지를 살펴볼 필요가 있다.

「세계가치조사」에서는 독립이나 자립에 대한 태도를 확인해 볼 수 있는 조사 결과를 제시하고 있다.[30] 첫 번째 질문은 자신의 삶에 있어서 선택의 자유와 삶에 대한 통제가 높은지, 낮은지에 관한 것이고 두 번째 질문은 자녀의 중요한 자질로 자립(independence)을 얼마나 중시하는지에 관한 것이다.

먼저 첫 번째 결과를 살펴보면, 한국의 20대는 다른 국가들의 젊은이들과 비교해 볼 때 선택의 자유와 통제 수준이 높았다. 아시아 국가들은 유교문화의 특성으로 개인보다는 가족을 강조하는 경향 탓인지 대체로 낮은 수준을 보여 주는 것과 대조적이다. 그런데 여기에서 주목해야 할 것은 연도별 조사 결과이다. 다른 아시아 국가들과는 달리 한국은 1990년과 2010년 조사 결과가 크게 달라졌다. 1990년 조사에서 한국의 20대는 10명 중 7명이 선택의 자유와 삶에 대한 통제수준이 높다고 답변했다. 반면, 2010년 조사에서 같은 질문에 대해 큰 폭으로 낮아져 10명 중 4명만이 그렇다고 응답했다.

이어서 자녀의 중요한 자질로 자립을 얼마나 강조하는지 살펴보면, 우리나라의 20대 응답률은 멕시코, 러시아보다는 높지만 비교적 낮은 수준을 보여 주었다. 중국, 일본, 싱가포르 등 아시아와 비교해도 낮은 수준을 보여 준다. 연도별 조사 결과를 비교해 보면, 한국의 응답률은 1980년부터 2000년 조사까지 높아지다가 이후 20% 이상 낮아졌다.

이상의 결과들은 우리나라 청년들이 과거보다 객관적으로, 나아가 정서적으로도 의존적으로 바뀌어 가고 있다고 해석해 볼 수 있다. 그런데 여기에서 우리가 해석상 고려해야 할 부분이 있다. 한 가지는 가족의 문제이며, 다른 한 가지는 사회의 문제이다. 이를 비유의 대상이 된 캥거루와 비교해 보면서 풀어 보자.

캥거루는 사람과 달리 태반이 없다. 태반은 엄마와 아이를 연결하여 필요한 영양분을 공급하고 노폐물을 배출하는 역할을 담당한다. 캥거루는 태반이 없기 때문에 자궁 내에 오래 머무를 수 없고 어쩔 수 없이 일찍 조산을 하게 된다. 캥거루 새끼는 외부에서 생활할 수 없을 정도로 작은 크기로 태어나기 때문에 새끼를 보호하기 위해 육아낭이라는 독특한 공간에 머물며 성장한다. 반면, 인간의 양육은 생물학적으로 주어진 것이 아니라 사회적으로 형성된 것이다. 특히 부모에게 의존하는 경향은 자녀에 대한 과보호의 결과일 수 있다. 이는 자녀의 수가 점차 줄어드는 저출산 경향과도 관련된다. 자녀가 둘 이상일 때와 비교해 하나뿐이라면 부모의 관심과 배려가 집중될 수밖에 없기 때문이다.

캥거루와 인간의 또 다른 차이는 양육과 부양이 연결되어 있다는 점이다. 캥거루에게는 부모의 역할인 양육이 자연스럽게 주어지지만 자녀의 역할인 부양이 본능적으로 형성되어 있지 않다. 양육과 부양은 부모와 자식 간에 역할과 책임이라는 무겁고 부담스러운 표현이지만, 바꾸어 생각해 보면 부모와 자녀 간의 상호 배려와 관심일 수 있다. 한국을 비롯하여 아시아 국가들은 서구와는 달리 정서적으로 자녀와 오랫동안 함께하는 것을 선호하는 경향이 있다. 이와 관련해 앞선 자료에서 60세 이상 노인 중에서 자녀와의 동거 이유로 "독립생활이 가능하지만 같이 살고 싶어서" 라는 응답은 꾸준히 늘고 있다. 젊은 층에서도 정서적인 측면을 읽어 볼 수 있는 조사 결과들이 있다. 부모들 스스로 부양 문제를 해결해야 한다는 응답은 예상 밖으로 10대와 20대에서 가장 낮았다.[31] 청년과 부모 관계를 조사한 결과에서 부모 중 대다수가 자녀의 부양을 기대하지 않는다고 답변했지만 청년층인 자녀들은 상당수가 부모를 모시고 싶다는 의견을 제시하였다.[32] 이는 분가를 하지 않는 것이 단순히 경제적 이유나 높은 의존심 때문만이 아니라 가족주의적인 정서에서 비롯된 측면이 있음을 말해 준다.

또 다른 고려사항은 사회적 변화이다. 청년들의 의존 경향은 두 가지 사회적 변화가 복합적으로 작용한 결과이다. 한 가지는 가정으로부터 자립하는 과정에서 경험하는 전환점인 학교 졸업, 취업, 결혼 등이 늦어지고 있는 현상이다. 과거 젊은이들이 삶을 유예하는 경향은 대학입시에 실패해 재수를 하는 정도였지만 이제 취업 때문에 졸업을 유예하고 졸업 후에도 취업이 늦어지고 있으며 30대 이후에나 결혼을 할 정도로 모든 부분에서 유예 현상이 보편적으로 나타나고 있다.

사회적 변화와 관련해 다른 한 가지는 부모의 도움을 받지 않고 독립하기가 쉽지 않을 정도로 청년들의 경제 여건이 점차 취약해지고 있다는 점이다. 청년들의 취업은 갈수록 어려워지고 있고 취업을 하더라도 비정규직이거나 낮은 임금을 받는 경우가 많아 노동 빈곤층(working poor)으로 빠질 위험이 커졌다. 어려운 것은 취업만이 아니다. 대학 등록금이 최근 낮아지고 있으나 이미 매우 높은 수준이어서 학비 부담이 크고 집값이 청년층이 감당하기에는 너무 높아 주거 빈곤층(house poor)으로 살아가는 젊은이들이 늘어나고 있다. 이러한 사회적 변화가 청년 본인의 책임이 아니라면 의존적으로 살아갈 수밖에 없는 상황을 청년들의 탓으로만 돌릴 수 없을 것이다.

지금까지 청년들에 대한 세 가지 사실 혹은 편견에 대해서 살펴보았다. 종합해 보면, 청년들이 과거보다 게으르거나 노동의 가치를 덜 중시한다는 증거를 찾을 수 없었다. 오히려 한국의 근면함은 여전히 한국 청년들의 중요한 가치로 자리 잡고 있으며 요즘 청년들도 열심히 살아가고 있다. 청년들이 이상이나 꿈을 추구하지 않고 너무 현실적이며 도전하지 않는다는 지적은 과도한 것이다. 지금 청년들도 도전적인 청년기의 고유한 특성을 동일하게 보여 준다. 더 정확하게는 사회적으로 상승이동을 할 가능성이 점차 낮아지고 청년들이 도전할 수 있는 기회가 점차 줄어들고 있다고 할 수 있다. 요즘 청년들이 부모로부터 독립하지 못하고 함께 거주하며 경제적으로 의존한다는 주장은 그 자체로 사실이다. 다만, 이러한 해석은 가족과 사회라는 제도적 문제를 고려해 제한적으로 이루어질 필요가 있다.

이러한 결과를 놓고 볼 때 청년 스스로, 혹은 청년을 바라보는 기성세대의 시각을 바꿀 필요가 있음을 알 수 있다. 오히려 문제는 정도의 문제가 아니라 대상의 문제이다. "얼마나 청년들이 노력하는가?, 도전하는가?, 독립하는가?"가 아니라 "무엇을 위해 노력하고, 도전하고, 독립해 살아가는가?"로 바뀌어야 한다. 우리 사회가 청년들에게 인생의 목표를 성공적인 취업이나 경제적인 성공으로 정하도록 강요하고 있는 것은 아닐까. 현재 청년들에게 필요한 것은 인생의 목표가 무엇인지를 진지하게 성찰하는 것이다. 경제학자인 케인즈는 70년 후 후손들이 살아가는 시대에 하루 3시간의 노동만으로 충분하다고 예측했지만 현실로 이어지지 않았다. 철학자인 러셀은 적정한 노동시간으로 4시간을 제시하고 있으며 성찰적인 삶을 살아가기를 당부하고 있지만 현실은 점점 삶과 일의 균형추가 한쪽으로 기울어 가고 있다. 정말 문제가 되고 있는 것은 우리나라 청년들이 케인즈가 지적한 먹고사는 문제인 늙은 아담[33]에 갇혀 살고 있는 현실이 아닐까?

제2장

1997년 체계

문명이 기적을 행사하자 문명인은 거의 야만인으로 바뀌게 된다.

알렉시 드 토크빌(Alexis de Tocqueville, 1805~1859)

청년 고용 위기는 전 지구적인 현상이다. 국제노동기구(ILO)에서 발표한 청년고용 실태에 관한 보고서는 이 같은 사실을 뒷받침해 주고 있다.[1] 서구 선진국들은 이미 오래전부터 청년 실업 문제로 골머리를 앓아 왔다. 이 보고서는 전 세계 청년 인구의 대다수를 차지하는 개발도상국들도 2009년 글로벌 경제 위기 이후 서구 선진국과 마찬가지로 심각한 청년 고용 위기에 직면해 있다고 지적한다.

이처럼 청년 고용 위기가 전 세계로 펴져 나간 이유는 무엇일까? 이는 세계화의 확산과 관련이 있다. 우선 세계경제가 노동 및 자본집약적인 산업중심에서 지식기반 산업으로 재편되었다는 점이다. 이러한 변화는 국가의 경쟁력 강화를 위한 불가피한 선택이었지만 소수의 인재중심으로 기업 경영 전략이 변하게 되면서 고용 없는 성장이라는 대가를 지불하게 되었다. 전 세계적으로 이루어진 이러한 산업구조의 변화는 경직적인 기존의 고용 인력보다는 탄력적인 신규 인력채용에 영향을 미쳤다. 신규 채용을 통해 취업할 수밖에 없는 청년층은 이에 따라 지독한 일자리 경쟁에 직면하게 되었다.

두 번째는 시장에 대한 국가의 개입보다는 시장 방임을 강조하는 자유주의적 경제 모델이 세계경제 전반에 확산되었다는 점이다. 영국의 대처리즘(Thatcherism)이나 미국의 레이거노믹스(Reaganomics)로 대변되는 신자유주의는 1990년대 이후 세계경제의 기본적인 원리로 자리 잡았다. 신자유주의 모델은 정부재정 규모 축소, 공무원 감축, 민영화로 대변되는 작은 정부론과 노동의 유연화 확대, 법인세를 비롯한 감세, 각종 규제 완화를 통해 기업이 경영하기 좋은 환경을 조성하는 것을 목표로 내걸고 있다. 이러한 경제 모델이 확산되면서 청년층에게는 공공부문이라는 괜찮은 일자리가 줄어들었으며 노동의 유연화에 따라 비정규직이 늘어나면서 취업 후에도 소득이 줄고 안정적이지 않은 불안한 상황으로 내몰리게 되었다.

그렇다면 청년 고용 문제에 있어서 우리나라의 특수성은 무엇일까? 이에 대한 답변은 1997년 전후로 이루어진 국가정책, 법과 제도의 변화에서 찾을 수 있다. 1997년은 단순히 일시적인 경기위축을 보여 준 시기가 아니라 신자유주의적인 경제정책이 한국에 전면적으로 도입된 시기이자 한국이 전 세계적으로 이루어지고 있는 청년 고용 위기에 편입된 시기이다. 이후 청년층은 이전에 경험해 보지 못했던 새로운 사회, 경제적 여건에 직면하게 되었다. 그런 의미에서 여기에서는 '1997년 체계'라는 표현을 사용하였다.

1835년 영국을 방문한 알렉시 드 토크빌(Alexis de Tocqueville)은 맨체스터의 공장지대를 살펴보면서 인류가 가장 완벽한 발전을 이룩하였지만 어찌 보면 가장 무자비한 모습을 보여 주고 있는 것은 아닌지 반문한 바 있다.[2] 만약 토크빌이 우리나라를 방문했다면 같은 우려를 표명했을지도 모른다. 토크빌의 우려가 산업혁명을 거친 영국에서 본격화되었듯이 한국 사회에서 1997년 이후 구체화 되었고 그 한복판에 청년들이 서 있게 되었다. 산업혁명이 전 세계를 자본주의사회로 바꾸어 놓았다면 1997년 체계는 우리나라 청년들의 삶 전반을 송두리째 바꾸어 놓았다.

이 장에서는 청년의 일과 삶에 영향을 미친 시장주의와 신자유주의의 영향을 다루어 보고 향후 청년들의 고용 상황에 대한 전망을 해 보았다. 첫 번째는 전 세계 젊은이들이 공통적으로 겪고 있는 문제의 원인에 대한 진단으로 최근의 경제적인 변화가 청년들에게 미친 영향을 살펴보았다. 두 번째는 노동 유연화가 노동관계법 개정 작업과 맞물리면서 우리 사회에 어떤 변화를 초래했고 이것이 청년들에게 어떤 영향을 미쳤는지를 살펴보았다. 마지막으로 청년들의 고용에 영향을 미치는 요인들의 변화 추세를 통해 향후 우리나라 청년 고용 실태가 어떻게 변모할지에 대한 전망을 제시해 보았다.

저성장과 승자독식

이상한 전쟁이 벌어지고 있다. 200년간 이어졌다는 십자군 전쟁도 끝이 났듯이 모든 전쟁은 결말이 있지만 이 전쟁은 끝이 없다. 전쟁에서 젊은 군인들은 많을수록 좋지만 이 전쟁은 굳이 젊은이들이 많을 필요가 없다. 이 전쟁은 경제라는 영역에서 신자유주의정책에 힘입어 세계를 무대로 활약하는 거대 다국적 민간 기업들에 의해 이루어지고 있다. 스위스의 사회학자인 장 지글러(Ziegler, 2005)는 다국적 민간 기업들을 프랑스 혁명기에 투쟁의 대상이었던 봉건 영주들과는 차원이 다른 코스모크라트(cosmocrate)라는 새로운 봉건 군주들로 묘사한다.[3] 왜냐하면 이들은 자국 영지 내에서만 영향을 미치는 것이 아니라 세계를 무대로 영향을 미쳐 부의 상당수를 차지하고 있을 뿐만 아니라 정치적 영향력을 행사하고 있기 때문이다.

전쟁의 결과는 생각보다 충격적이다. 세계의 거의 모든 국가에서 더 이상 과거와 같은 빠른 경제 성장을 기대할 수 없게 되었지만 이들 기업 중에서 유례없는 속도로 성장하는 사례를 흔하게 발견할 수 있다. 2003년 한 하버드대 학생이 학내에서 사적인 의견을 주고받을 목적으로 개발한 서비스 프로그램인 페이스북(facebook)은 10년 후 전 세계 6억 명 이상이 이용하는 120조 원에 이르는 상장회사로 성장하였다. 만약 시장이 자국이라는 경계에 머물러 있었다면 상상도 할 수 없는 일이다.

이 전쟁의 또 다른 결과는 부의 편중이다. 전 세계 상위 1% 부자들은 전 세계 자산 총액의 절반 가까이 차지하고 있다.[4] 전 세계 인구의 70%는 세계 자산 총액의 3%를 차지하고 있을 뿐이다. 대륙 간 부의 편중도 심각해 부자들 5명 중 2명은 미국에 거주하고 있으며 유럽과 동아시아를 제외한 나머지 국가들의 백만장자들은 10명 중 1명에 불과하다.

이처럼 다국적 민간 기업들이 종횡무진 활약하고 있지만 세계경제는 더딘 성장에 빠져들었다.[5] 경제협력개발기구(OECD)에 포함된 선진국들은 1960~1970년대 4~6%의 경제성장률을 보여 주다가 최근 1~2% 수준의 낮은 경제성장률을 보여 주고 있다. 특히 2009년에 발생한 글로벌 경제 위기 여파로 세계경제는 마이너스 성장을 보여 주었다. 그동안 세계경

세성장을 주도한 개발도상국들의 성적표도 나빠져 1981년 공식 집계 이후 처음으로 2009년엔 전년보다 경제성장률이 감소하였다.

세계경제가 저성장 상황으로 바뀌면서 고용 시장은 큰 변화를 겪고 있다. 전 세계적으로 일자리가 줄어들었으며 1980년대 이후 고용 창출 효과가 크지 않은 지식기반 산업중심으로 산업구조가 급속히 재편되었다. 동시에 저임금 노동력을 제공받기 위해 선진국들은 자국 내의 일자리를 저개발국들로 이전하기 시작하였다. 이러한 변화에 직격탄을 맞은 연령 계층은 당연히 청년층이다. 이미 취업을 한 기성세대들은 고용 유지를 위한 다양한 법적 보호를 받고 있으며 가족 부양을 책임지는 위치에 있으므로 가급적 고용 안정이 필요했기 때문에 일자리를 지킬 수 있었다. 반면, 청년층은 신규 취업이 필요한 상황에서 기업들이 채용을 줄이면서 일자리를 잡기 어려워졌다.

이에 따라 전 세계적으로 청년 실업자가 크게 늘어난 것은 어찌 보면 당연한 결과라고 할 수 있다.[6] 글로벌 경제위기 이전인 2007년 전 세계 청년 실업자는 6천9백만 명이었으나 2009년 7천5백만 명으로 늘어났고 경제회복이 이루어진 이후에도 크게 달라지지 않았다. 전 세계 청년 실업률은 2008년 12%에서 꾸준히 증가하는 추세를 보여 주고 있다.

그렇다면 우리나라의 상황은 어떠한가? 1997년은 우리나라가 일본이나 독일과 같이 청년 고용 문제를 겪지 않는 예외적인 국가에서 제외되기 시작한 해이다. 당시 세계화를 강조했던 한국은 역설적이게도 세계적인 저성장 추세에 합류하면서 10%를 넘나들던 경제성장률은 5%에 미치지 못하는 수준으로 급락하였고 고용 없는 성장을 보여 주는 국가로 바뀌었다.[7] 대다수 국가들은 2009년 글로벌 경제위기 때 마이너스 성장을 경험하였지만 우리나라는 이미 1998년 최악의 경제 성적표를 받았다.

1997년 이후 한국의 청년 고용지표들은 어떻게 바뀌었을까?[8] 15세에서 29세 청년층 중에서 경제활동에 참여하는 비율은 1995년 40% 후반대에서 2000년대 들어서는 초반대로 낮아졌다. 해당 연령 중 취업자의 비율을 의미하는 고용률도 40% 후반대에서 한때 30%대로 낮아진 데 비해 실업률은 5%대에서 9%가 넘는 수준으로 증가하였다.

전 세계적으로 청년층 일자리의 감소와 청년실업률의 증가는 공통된 현상이지만 우리나라의 상황은 다른 어떤 국가들보다 심각한 수준을 보여 주고 있다.[9] 고용률을 보면 한국은 OECD 국가들의 평균보다 10% 이상이나 낮은 수준이다. 이는 일하는 청년들이 다른 국가들에 비해 매우 적다는 의미이다. 중장년층과 청년층의 실업률을 비교해 보면, 전반적으로 청년층의 실업률이 높지만 한국은 중장년층보다 3배 이상이나 높아 큰 격차를 보여 주고 있다. 게다가 일도 하지 않고 학교에도 다니지 않으며 직업훈련도 받지 않는 젊은이를 의미하는 니트(NEET)는 청년 5명 중 1명을 차지해 이미 붉은 신호등이 켜진 상황이다.

선진국 중에서 프랑스는 대표적인 청년 실업 국가인데 실업률을 제외하고 다른 고용지표들은 한국보다 양호한 수준이다. 1997년 이전에 한국과 더불어 좋은 고용지표를 보여 주던 독일과 일본은 모든 고용지표에서 한국보다 좋은 결과를 보여 주고 있다. 두 국가는 청년 취업자도 많은 편이고 실업률은 한국보다 낮으며 중장년과 청년의 실업률 차이도 크지 않다. 청년 니트(NEET)의 규모도 우려할 만한 수준이 아니다. 미국과 영국은 청년 고용지표가 우리나라만큼 나쁘지만 많은 청년 일자리를 제공하고 있다는 점에서 위안을 삼을 수 있다. 한국은 1997년 이전 경제성장뿐

반 아니라 고용여건에 있어서도 모범사례였지만 이제 청년층의 고용 상황에 있어서 아무것도 배울 것이 없는 나라가 되어 버렸다.

한국 청년층의 고용 사정이 왜 이렇게 안 좋아졌을까? 우선 경제성장의 둔화로 과거처럼 많은 일자리가 제공되고 있지 않다는 점을 들 수 있다. 1970년대 '오일 쇼크'로 불리며 기름값 상승으로 비롯된 두 차례의 경기 침체는 외부 요인이 진정되면서 오래지 않아 끝이 났지만 1997년 외환위기는 우리나라의 청년 일자리를 집어삼켜 버렸다. 특히 10%의 고성장 가도를 달리며 완전 고용을 꿈꾸던 한국사회에서 일자리 감소는 큰 충격이 아닐 수 없었다. 신규 취업은 사라졌고 멀쩡하던 직장도 문을 닫아 많은 직장인들이 거리로 내몰렸다. 초기의 공황상태는 점차 진정되었고 우선 가족 생계를 부양해야 하는 기성세대를 중심으로 지원이 이어졌다. 반면, 청년층은 취업준비생으로 직접적인 피해 여부를 논할 상황이 아니었으므로 이들에 대한 대책은 후순위로 미루어졌다.

그런데 문제는 고용정책의 최우선순위로 올라선 현재까지도 청년층의 고용 사정이 나아질 기미를 보여 주고 있지 않다는 점이다. 많은 기업들이 신규채용을 억제하고 기존 인력을 유지하고자 했으며 상당기간 지속된 채용 감축을 신규채용 확대보다는 경력채용으로 채우면서 결과적으로 청년층의 일자리는 더 감소하게 되었다. 1997년 외환위기 전후의 주요 대기업들 채용 방식의 변화를 분석해 보면, 1996년 신규채용이 전체 채용규모에서 절반 이상을 차지했으나 2002년엔 5분의 1로 감소하였고 그 자리를 경력채용이 차지하였다.[10]

동시에 경제성장의 동력을 지식기반 산업에서 찾기 시작하면서 고용 없는 성장이 본격화된 시점도 1997년이다.[11] 10억 원 규모의 생산에 필요한 일자리 수를 의미하는 취업유발계수는 2000년 평균 26명에서 2010년 절반이나 줄었다. 기업들의 투자가 늘어도 창출되는 일자리 수는 이전보다 적어진 셈이다. 동시에 한국적 현실을 고려할 필요가 있는데 고용창출 효과가 큰 서비스업의 비중이 낮고 대기업중심의 제조업의 비중이 높기 때문에 일자리가 늘어나지 않고 대기업들이 신규채용을 억제하면서 고용 없는 성장이 가속화되었다. 만약 우리 사회가 대기업중심의 제조업에서 벗어나지 못하고 보다 기술집약적인 산업으로 재편된다면 일자리 창출은 그만큼 기대하기 어려울 것이다.

이처럼 고용 없는 성장이 지속되면서 가장 큰 피해를 본 연령계층 역시 청년층이다. 취업자들의 고용 조정은 경직적인 데 반해서 신규 채용에 대한 조정은 상대적으로 유연하기 때문에 대기업을 중심으로 신규 채용 규모를 줄여 왔던 것이다. 이와 관련 한국고용정보원의 청년패널 자료를 이용해 청년층의 첫 일자리 취업 비중을 살펴본 결과, 300인 이상 대기업의 고용 비중은 1995년 이전에 전체 일자리 중 23%를 차지하고 있으나 2004년 이후 12%로 절반 이상 감소한 것으로 나타나고 있다.[12] 고용노동부(2014)가 발표한 고용성장지수 결과도 이를 뒷받침해주고 있다.[13] 고용보험 자료를 활용해 분석해 본 결과, 1,000인 이상 대기업 중에서 청년 고용을 늘린 기업 수는 줄어들었고 청년층 고용 증가는 저임금의 시간제 노동 일자리인 음식·숙박업에서 주로 이루어졌다.

청년층의 고용 사정이 악화된 것은 공공부문의 신규 채용이 감소한 데 일부 원인이 있다. 국가공무원을 살펴보면, 외환위기 시에 신규채용이 크게 감소하였고 한때 3만 명에 육박할 정도로 많은 수를 뽑기도 했으나 이명박 정부 출범 이후 작은 정부의 기조에 따라 2만 명 수준으로 낮아졌다.

문재인 정부 출범 이후 공공부문 일자리 확대를 적극 추진하고 있지만 반대여론도 커서 앞으로 지속적으로 늘리기는 어려워 보인다.[14]

공공부문의 문제는 일자리가 충분하지 않다는 점보다는 1997년 이후 너무 많은 젊은이들이 지원을 하고 있다는 점에 있다. 고시나 공무원 시험을 준비 중인 청년층이 어느 정도 되는지에 관한 정확한 통계는 없으나 경제활동인구조사의 청년층 부가조사에서 비경제활동인구에 한 해 규모를 추정해 볼 수 있다.[15] 일반직 공무원 시험을 준비 중인 청년들은 25만 명이며 교원임용이나 고시 및 전문직 자격시험을 포함할 경우 공시, 고시생은 30만 명 이상으로 전체 취업준비생의 절반을 차지하고 있는 것으로 나타나고 있다. 2014년부터 공무원 시험 일정이 변경되면 변경된 달의 실업률이 1% 상승하는 기현상이 발생하고 있다. 이는 비경제활동인구에 포함되는 공시생이 시험 참여로 인해 일시적으로 실업자가 되기 때문에 나타난 현상이다.

이처럼 청년층의 고용 기회가 줄어든 것만이 문제일까? 그렇지 않다. 더 큰 문제는 부의 편중과 승자독식 구조에 있다. 이것이 왜 청년층의 고용 문제와 관련되는지는 나중에 다루어 보도록 하자. 조금은 복잡한 설명이 등장하기 때문이다. 우선 아주 간단한 사실을 확인하는 것에서부터 출발해 보자. 물가상승을 고려하여 40대 초반의 임금을 표준화해 이를 100%라고 가정할 때 청년층이 받은 상대적인 임금은 어떻게 바뀌었을까? 고용노동부의 고용형태별 임금실태조사 자료를 보면, 20대 후반의 임금은 1995년에 40대 임금의 74%를 받았으나 5년 후 68%를 받는 데 그쳤고 지난 20년 동안 이전 수준으로 회복되지 않았다.[16] 이러한 결과는 청년층의 임금 수준이 기성세대보다 1997년 이후 감소하였음을 말해 준다.

이것은 어찌 보면 참고 넘어갈 수 있는 문제이다. 연령세대 간 격차가 무시할 수 있는 수준으로 크지 않고 기성세대의 경우 가족 부양에 따른 소비 부담이 더 커졌다고 생각할 수 있기 때문이다. 게다가 청년들도 나이가 들면 기성세대가 되기 때문에 결과적으로 자신의 몫으로 돌아올 수 있다고 생각할 수 있다. 문제는 자본과 노동 중에서 누구의 몫이 커졌는가 하는 점이며 동시에 부를 창출하는 공식이 바뀌었다는 점이다.

첫 번째는 분배의 문제이다. 이것은 '일을 시키는 사람'과 '일을 하는 사람' 간에, 나아가 기업과 가계 간에 분배의 문제이다. 잘 알려져 있다시피 이들 간의 불균형 관계는 지난 몇 년간 전 세계적으로 심화되었다. 이를 살펴볼 수 있는 통계지표 중에 노동소득분배율이 있다. 이것은 생산과정에 투입된 자본과 노동 중에서 노동에 대한 보상이 얼마나 이루어졌는지를 말해 주는 것이다. 최근 기존 방식과는 달리 자영업자의 소득 중 일부를 노동소득으로 보정한 통계 결과가 제시되었다.[17] 이를 통해 노동소득분배율의 추세를 살펴보면, 외환위기가 발생한 1997년 노동소득분배율은 76%였지만 2011년 68%로 낮아졌다. 이러한 결과는 생산과정에서 발생한 부가가치 중에서 노동자들에게 돌아가는 몫이 줄어들었다는 것을 의미한다. 다시 말해 기업소득은 증가한 반면, 가계소득은 줄어들었다.

그렇다면 모든 사람들의 가계소득 전반에 걸쳐서 소득 감소가 이루어졌는가? 그렇지 않다. 국제협력개발기구(OECD)의 자료를[18] 살펴보면, 한국의 최상위 소득집단은 최하위 소득집단보다 2002년 4배 높은 소득을 올리는 것으로 나타났으나 2012년 격차가 5배로 늘어났다. 최상위와 최하위 10%의 비교 결과에 있어서 한국은 미국, 이스라엘 다음으로 격차가 큰 국가로 올라섰다. 곧 부자와 가난한 자 간의 격차가 그동안 더 벌어졌고 국제적으로 볼 때 한국은 매우 우려할 만한 수준을 보여 주고 있다.

이것은 10% 수준에서 최상위와 최하위를 비교해 본 것이라면 2014년 공개된 세계 상위소득 데이터베이스(World Top Income Database)를 통해 각 국가별로 납세 자료를 활용해 고소득자들이 전체 소득 중에서 차지하는 비중이 어떻게 변했는지를 살펴볼 수 있다.[19] 앞서 백만장자들이 전 세계 부의 40% 이상을 차지하고 있다는 점을 제시한 바 있는데 국가별로 어떤 양상을 보여 주고 있을까? 먼저 한국은 최상위 소득 1% 인구가 1995년 전체 소득의 7%를 차지하였으나 2012년 13%로 비중이 두 배 이상 증가하였다. 최상위 소득인구를 10%로 넓혀 보면 이들은 전체 소득의 45%를 차지하고 있는 것으로 나타난다. 국제적으로 볼 때 거의 모든 국가에서 상류층의 소득점유율이 증가해 왔으며 비교 연도에 차이가 있으나 한국은 전체 19개 국가들 중에서 미국과 영국 다음으로 1% 상류층의 소득 점유율이 높게 나타나고 있다.

이러한 결과는 부유층이 전체 부를 차지하는 비중이 증가해 왔다는 것을 말해 주고 있으며 동시에 부유층 자체도 크게 증가해 왔음을 보여 주는 것이기도 하다. 부유층의 증가는 중간층의 증가와 빈곤층의 감소로 이어지지 않았고 반대로 중산층은 감소하고 빈곤층은 증가하는 이른바 양극화 현상으로 이어졌다. 소득 집단을 정확하게 반으로 나누었을 때 해당 소득을 중위 소득이라고 부르는데 흔히 빈곤층은 중위 소득의 절반에 미치지 못하는 경우로, 중산층은 중위소득의 150%에서 50% 사이인 경우로 측정한다. 이 기준으로 볼 때 한국의 빈곤층은 도시지역의 2인 이상 가구들을 대상으로 1995년 8%에 불과했지만 2012년 12%로 크게 증가하였다.[20] 반면, 한국의 중산층은 1995년 75%였으나 2012년 69%로 줄어들었

다.[21]

사회초년생이거나 취업을 준비 중인 청년층에게 있어서 노동자에게 돌아가는 몫이 감소하고 소득 불평등이 강화된 것은 매우 우울한 소식이 아닐 수 없다. 왜냐하면 청년들 중에서 대다수는 미래에 중산층이 될 가능성이 높고 빈곤층으로 전락할 수도 있으며 아주 소수만이 기업가나 부자가 될 수 있기 때문이다.

두 번째로 부를 창출하는 공식이 바뀐 것은 보다 근본적인 문제이며 청년들에게 미치는 영향 역시 더 크다고 할 수 있다. 부를 창출하는 공식이 바뀌면서 누구나 부자가 되고 싶어 하지만 청년들은 부모로부터 상속을 받지 않는 이상 부자가 되기 어려워졌다. 토마 피케티(Piketty, 2013)는 『21세기 자본(*Le Capital Au XXI SIÈCLE*)』이라는 저서에서 몇 가지 공식을 이용해 여러 국가들과 100년간에 걸친 소득세나 재산세, 상속세와 같은 방대한 납세 자료를 활용해 이를 증명하고 있다.[22] 먼저 돈이 돈을 버는 것(자본)과 일을 해서 돈을 버는 것(노동)을 비교해서 전자가 후자보다 더 빠르게 이루어진다면 그만큼 부자가 되기 어렵고 소득 불평등은 심화될 가능성이 높다. 이것은 자본수익률(r)이 경제성장률(g)보다 크다($r > g$)면 나타나게 되는데 앞서 살펴보았듯이 점차 현대 자본주의는 느리게 성장하고 있기 때문에 이 공식이 현실화될 가능성이 높아졌다. 다시 말해 상속을 통해 부를 쌓을 수 있는 사람은 생산이나 노동을 통해 부를 쌓는 사람보다 유리해졌다는 것이다.

이어서 소득을 구성하는 자본과 노동 간의 분배에 관한 공식이 등장한다. 소득에서 자본이 차지하는 몫(α)은 자본수익률과 소득 중에서 자본이 차지하는 비율(β)에 의해서 결정($\alpha = r \times \beta$)된다. 앞서 노동소득분배율을 살펴보았는데 이것은 반대로 자본소득분배율을 의미한다고 할 수 있다. 한국을 포함하여 대부분의 국가에서 노동소득분배율이 감소하였는데 이는 자본소득분배율의 증가를 의미하며 이것은 이윤이나 부가가치라는 과실에 대한 배분이 노동보다는 자본의 몫으로 옮겨 가고 있다는 사실을 말해 준다.

피케티는 자본을 생산과정에 투입되는 의미를 넘어서 자산 등을 포함하는 것으로 폭넓게 정의하고 있다. 현금 저축이나 부동산, 토지, 주식, 채권 등 자산에 대한 보유 정도가 커질수록 자본소득분배율은 증가하게 되는데 대다수의 청년들은 은행에 저축한 현금이 충분하지 않고 부동산이나 토지는 고사하고 주식이나 채권을 가질 여력이 없다. 청년들은 일을 통해 부를 축적하기에도 벅차다. 그런데 자본의 몫이 커지고 수익률이 갈수록 증가한다면 청년들의 몫은 상대적으로 그만큼 감소하게 된다. 열심히 일을 해도 부를 축적하기 힘들다면 청년들에게 있어서 세습을 통해 신분이 정해지고 상속을 통해 부를 축적했던 봉건시대와 현대 자본주의는 다를 바 없는 것이 되어 버린다. 이러한 변화는 청년들의 열정이나 노력이 긴 한숨이나 신세 한탄으로 바뀔 수밖에 없는 이유를 말해 주고 있다.

유연과 차별

신자유주의로 재편된 세계경제는 세계화와 더불어 국가의 경제 개입을 최소화하고 다양한 규제 완화를 통해 기업하기 좋은 환경을 조성하는 방향으로 나아갔다. 기업하기 좋은 환경과 관련하여 주목해야 할 사실은 노동의 유연화이다. 노동 유연화는 시장 환경의 변화에 기업이 신속하게 대응하기 위해 노동자의 고용과 임금, 직무, 노동시간 등을 유연하게 바꾸는 것을 의미한다. 경기호황기에 고용을 쉽게 늘리고 경기불황기에 쉽게 줄이기 위해서는 해고에 대한 규제를 완화할 필요가 있다. 동시에 근로시간을 늘리고 줄이는 데 제약이 없어야 하며 계약제, 파견제, 시간제 등과 같이 고용형태를 다양화할 필요가 있다. 노동자의 임금 역시 호황기에 많이 지급하고 불황기에 적게 지급하기 위해서는 근속연수에 따라 자동적으로 임금을 인상하기보다 성과급과 같은 능력중심의 평가와 임금 지급이 이루어져야 한다.

신자유주의를 추구하는 정책 담당자들은 노동 유연화를 경제성장 둔화와 기업의 투자 감소를 해소하는 해법으로 제시하였다. 이들은 노동 유연화가 고용 불안을 야기할 수 있지만 경제성장을 가져와 일자리가 늘어나고 기업투자가 확대되며 이를 바탕으로 고용이 늘어나는 선순환구조를 구축할 수 있다고 주장하였다. 이들은 노동 유연화가 기업만을 위한 정책이 아니라고 항변한다. 취업을 준비하는 청년층이나 실업자들에게 있어서 노동 유연화는 늘어난 새로운 일자리에 보다 쉽게 취업할 수 있는 기회를 제공하게 된다. 노동 유연화는 청년만이 아니라 취업자들에게 있어서 보다 원활하게 직장을 옮길 수 있고 은퇴 이후에도 새로운 일자리를 손쉽게 얻을 수 있도록 돕는다. 그런데 신자유주의적 경제 정책이 추진된 지 30년이 흐른 지금, 이들의 약속은 실현되지 않았으며 우려했던 부작용은 현실이 되었다. 경제협력개발기구(OECD)에 포함된 국가들의 통계를 살펴보면, 주당 30시간 미만의 시간제 고용률은 물론 실업자 중 1년 이상 장기 실업률도 크게 증가해 고용 불안정성이 커졌다.[23] 반면, 신자유주의 확산

이후 선 세세에서 청년 고용 여건이 좋아졌다는 사례를 찾아보기 어렵다.

1997년은 외환위기로만 기억되어서는 안 된다. 우리나라에서 신자유주의는 고용 분야에서 노동 유연화정책으로 먼저 선을 보였고 1996년부터 1998년까지 우여곡절 끝에 이루어진 노동관계법 개정 과정에서 실현되었다. 김영삼 정부는 노동 유연화와 관련하여 정리 해고제와 변형시간근로제, 근로자 파견제도 도입 등을 담고 있는 노동관계법 개정안을 발의하였고 한 해가 마무리되는 시점인 1996년 12월 26일 정부 여당 단독으로 법안을 처리하였다. 이에 대해 노동계가 대규모 총파업으로 맞서게 되는데 1995년 새롭게 출범한 민주노총은 물론 한국노총도 동참하여 3백만 명 이상이 총파업에 참여하였다. 이에 따라 정부 여당은 노동계의 주장을 수용해 노동관계법 개정을 한 달 만에 철회하였다. 그런데 법안은 간단한 문구 수정만 이루어졌고 법 적용을 2년 동안 유예하는 것으로 마무리되었다. 이 또한 외환위기가 발생하면서 1998년 법 적용을 앞당기는 노사와 정부의 합의가 이루어졌다. 이에 따라 기업들은 경영상의 이유로 노동자들을 해고할 수 있게 되었고 일하는 곳에 고용되지 않고 파견업체에 고용된 파견 노동자들이 생기게 되었으며 탄력적이고 선택적으로 노동시간을 조정할 수 있게 되었다.

경제협력개발기구(OECD)는 각 국가별로 노동 유연화를 비교하기 위해 고용보호입법지수(EPL: Employment Protection Legislation)를 개발하였다.[24] 한국의 정규직 노동자 해고에 대한 보호 정도는 덜 유연한 수준이지만 집단해고에 대한 규제는 세 번째로 유연한 국가이며 임시고용에 대한 규제 역시 전체 평균보다 낮아 유연한 국가로 분류된다. 1997년을 전후로 이루어진 노동관계법 개정은 한국사회를 노동이 유연한 나라로 만들었다.

노동 유연화에 대한 검증은 시간제 노동이나 장기실업률을 통해 살펴볼 수 있다.[25] 최장 노동시간이 말해 주듯 한국은 온종일 일하는 전일제 노동을 매우 선호하는 국가였는데 1997년 이후 시간제 노동이 큰 폭으로 증가하였다. 1990년 전체 취업자 중 시간제 노동 비율은 5%에 불과했지만 2010년 이후 2배 이상 증가하였다. 시간제 노동 비율이 증가하고 있다는 것은 그만큼 노동이 유연해졌다는 것을 증명한다.

시간제 노동과는 달리 장기실업률은 노동 유연화와 관련해 좀 더 설명이 필요하다. 장기실업률이 낮다면 그만큼 노동이 유연한 것으로 해석한다. 그 이유는 기존 취업자에 대한 고용보호가 강한 사회일수록 현재의 일자리를 유지할 가능성이 높고 자연스럽게 노동이동이 줄어들게 된다. 노동이동이 줄어들면 실업자들이 취업할 수 있는 일자리가 줄어드는 것이고 실업자들은 장기간에 걸쳐 실업상태를 유지할 가능성이 높아진다. 이러한 맥락에서 장기실업률은 노동 유연화의 정도를 파악할 수 있는 지표로 활용되고 있다. 그렇다면 한국의 현실은 어떨까. 한국의 장기실업률은 2000년 2%였으나 2010년 이후 1%에도 미치지 못할 만큼 낮아졌다. 이 결과는 시간제 노동비율과 마찬가지로 한국의 노동 유연화가 진전되었음을 말해 준다.

그렇다면 노동 유연화는 청년층에게 어떤 영향을 미칠까? 이 문제는 고용의 양과 질이라는 두 가지 측면을 나누어 살펴볼 필요가 있다. 노동 유연화는 청년층 입장에서 일자리가 늘어날 개연성이 있으므로 유리하다고 볼 수 있다. 노동이 유연해지면 기존 취업자들의 노동이동이 늘어나고 경기 활성화에 따른 고용 창출 이외에 새로운 일자리가 청년층에게 주어질 가능성이 생긴다. 만약 고용주가 기존 직원의 결원이 생겼을 때 젊은 청년층을 신규 채용한다면 청년층 일자리는 경기와 무관하게 늘어난다. 그렇다면 우리나라 현실은 어떨까? 논리적으로 보면 노동 유연화가 청년층에게 더 많은 일자리를 제공해 주는 것이 맞지만 앞서 살펴보았듯이 청년층 일자리는 늘어나지 않았다.

이것은 두 가지로 해석해 볼 수 있는데 노동 유연화로 노동이동이 활성화되었지만 빈자리를 청년층이 차지하지 못했을 가능성이 있다. 다른 해석은 노동 유연화를 통해 청년층에게 어느 정도 일자리 창출이 이루어졌지만 경기 침체로 일자리가 줄어들면서 청년층의 상황이 호전되지 않았을 가능성이 있다. 결론적으로 둘 다 맞다. 먼저 공석이 된 일자리는 청년층에 대한 신규 채용이 아니라 다른 직장에서 옮겨온 경력 채용으로 대부분 채워졌기 때문에 청년층에게 돌아갈 몫이 크지 않았다. 결국 기존 취업자들 간의 순환이동으로 노동이동이 이루어지게 되면 노동 유연화는 청년층에게 아무런 도움이 되지 못한다. 이어서 부분적으로 노동이동의 수혜를 청년층이 얻을 수 있었지만 매우 미약한 수준으로 청년 고용 위기 상황을 역전시키지 못하였다.

이처럼 고용 유연화는 청년층에게 고용 기회를 확대하는 데 있어서 제 역할을 하지 못했다. 반면, 고용의 질은 어떻게 됐을까? 노동 유연화는 고용상의 유연화, 곧 해고를 자유롭게 할 수 있도록 관련법의 규제를 완화하고 경기변동에 따른 고용조정을 위해 노동시간이나 직무, 노동여건을 유연하게 바꿀 수 있도록 하는 것이므로 필연적으로 노동형태의 다양화를 초래한다. 노동형태의 다양화는 대부분 정규직인 기존 취업자 입장에서 해고 문제와는 달리 저항을 덜 받아 노조나 노사협의회의 반대 없이 확대

될 수 있었다. 유연한 일자리의 노동자들은 전통적으로 여성이나 노인의 몫이었으며 새롭게 청년층들이 유입되기 시작하였다. 이제 청년층 역시 취업하는 일자리의 노동형태를 걱정해야 하는 상황으로 바뀌었다.

이것은 1997년 외환위기 이후 청년층에게 있어서 가장 큰 고용상의 변화라고 해도 좋을 것이다. 물론 노동 유연화와 관련하여 창출된 비정규 일자리와 청년층이 과거부터 무관했다고 주장하는 것은 아니다. 청년들은 흔히 아르바이트로 불리는 시간제 노동을 오래전부터 경험해 왔고 추석과 같이 일시적으로 소비와 유통이 활발해지는 시기에 투입되는 인력의 대부분도 청년들이었다. 그런데 이 경우에 대다수 청년들은 학생 신분으로 용돈이나 등록금의 일부를 보태기 위해, 더러는 일에 대한 경험을 쌓기 위해 아르바이트를 한 것이다. 이들은 학교를 졸업한 후 정규직이 아닌 시간제나 계약제, 파견제와 같은 불안정한 일자리에 취업할 생각을 하지 않았으며 실제로 대다수는 정규직 일자리로 취업하였다. 이제 취업을 하는 청년들 2명 중에 1명꼴로 비정규직에 취업을 한다. 고용의 질과 관련하여 청년층들은 취업 후에도 다시 일자리를 알아보아야 하는 신세로 전락한 것이다.

동시에 또 다른 박탈감은 이들 손에 쥐어진 임금수준이다. 노동 유연화는 기업가 입장에서 노동 비용의 절감을 목적으로 삼기 때문에 시간당 임금을 낮출 뿐만 아니라 각종 복지 혜택을 줄여 노동자에게 돌아가는 몫을 낮추는 방향으로 이끌었다. 게다가 잘 알려져 있다시피 동일 노동을 하는 경우에도 정규직에 비해 비정규직의 임금 수준은 낮은 수준을 보여 준다. 당연히 비정규직으로 출발하는 사회 초년생들은 기존 기성세대보다 생애소득이 줄어들게 되고 다행히 정규직으로 전환되었다고 해도 기존 비정규직 경력을 인정받지 못하는 문제와 직면하게 된다.

이쯤에서 비정규직 문제를 본격적으로 다루어 보도록 하자. 비정규직은 1997년 외환위기가 낳은 신조어 중 하나다. 정부에서는 비정규직이라는 용어보다는 비정형 근로라는 용어를 더 선호했지만 일반적으로 유통된 용어는 비정규직이다. 국내는 물론 국제적으로 "비정규직을 어떻게 정의할 것인가?"라는 논쟁이 이루어졌다. 왜냐하면 과거에 존재했던 일부 일자리가 새롭게 정의한 비정규직에 포함되는지를 따져야 했으며 새롭게 등장한 다양한 고용 형태 중에서 무엇이 비정규직인가를 고민해야 했기 때문이다.

전통적으로 임금노동자의 고용형태를 구분하는 방식은 흔히 종사상 지위로 고용계약기간을 고려해 상시노동자와 일용노동자로 나누었다. 1989년부터 이를 세분화해 1년 이상이면 상용직으로, 1년 미만에서 1개월 이상이면 임시직으로, 1개월 미만이면 일용직으로 구분해 왔다. 이 구분은 1997년 외환위기 이전부터 사용해 왔으므로 현재의 비정규직을 대표하지는 못하지만 계약기간이라는 기준을 전제로 변화추이를 살펴볼 수 있다.[26] 임시 및 일용직의 비중은 1997년 외환위기 시점에서 크게 증가한 후 2000년부터 지속적으로 감소하는 추세를 보여 주고 있다. 이 결과만 놓고 보면, 비정규직이 감소하는 양상으로 해석할 수 있지만 이는 새롭게 등장한 다양한 고용형태를 반영하지 못한 것이어서 제한적이다.

비정규직의 규모 추정은 경제활동인구조사에서 3월과 8월에 부가조사를 실시해 2000년부터 통계청에서 공식통계로 제시하고 있다. 특히 2002년 노사와 정부로 구성된 노사정위원회에서 비정규직 정의에 대해서 합의하였고 이에 기초해 공식통계를 집계하고 있다. 노사정 합의에서 비정규직은 세 가지 범주로 나뉜다. 먼저 한시적 비정규직은 고용계약 기간이 1년 미만이거나 고용계약기간을 정하지 않았으나 1년 이상 근무할 것으로 예상되지 않는 경우를 의미한다. 이것은 통상적인 임시, 일용직과 유사하지만 그 범위를 넘어선다. 두 번째는 시간제 비정규직으로 주당 노동시간이 30시간 미만인 경우이거나 고용계약서상에 시간제인 경우이다. 세 번째는 비정형 비정규직으로 근로제공방식이 전통적인 방식에서 벗어나는 파견노동, 용역노동, 가내노동, 호출노동, 특수고용형태 등을 포함한다. 이를 기준으로 우리나라 비정규직의 변화 추세를 살펴보면,[27] 2004년부터 2007년까지 37%로 높은 수준을 보여 주다가 2008년부터 다소 감소하기 시작하여 30% 초반 수준을 현재까지 유지하고 있다.

이처럼 비정규직이 감소한 것은 한시적 비정규직이 감소한 데 따른 것이다. 왜 한시적 비정규직이 2007년 이후 감소한 것일까? 한시적 비정규직의 감소는 2004년 제정되어 2007년부터 시행된 비정규직 보호법의 영향이라고 할 수 있다. 비정규직 보호법 제정 이후 2008년 한 해에만 정규직은 76만 명 증가하였고 비정규직은 39만 명 감소하였다. 비정규직 보호법은 기간제 노동자의 사용기간을 제한하는 방식으로 채용 후 2년이 지난 시점에서 계속 고용을 할 경우 정규직으로 전환하도록 규정하고 있다. 기간제 노동자에 대한 사용기간을 제한하는 방식은 이명박 정부와 여당에서 법 시행 시점에서 대규모 해고 사퇴가 발생할 것이라는 주장과 함께 시행시점을 유예하기 위한 법 개정 작업이 추진됐으나 야당과 노동계의 반발로 그대로 시행되었다. 실제로 대규모 해고 사퇴는 발생하지 않았는데 그 이유는 상당수의 기업들이 기간제 노동자들을 정규직으로 전환하는 비용이 신규 채용을 하는 비용보다 적다고 보았기 때문이다. 곧, 2년 가까이 근무하면서 숙달된 업무능력을 갖춘 기존 기간제 노동자를 계속 고용하는 것이 유리하다고 판단한 것이다.

이처럼 비정규직의 증가 추세가 다소 진정되었으나 여러 가지 문제점을 여전히 안고 있다. 우선 비정규직 규모에 있어서 기존의 임시, 일용직 노동자이면서 한시적 비정규직에 포함되지 않는 노동자들이 존재한다. 대략 2백만 명에 이를 정도로 규모가 큰데 김유선(2014)은 이를 장기한시근로로 정의하면서 비정규직에 포함해야 한다고 지적하고 있다. 장기한시근로는 1년 미만의 계약이 지속될 것으로 기대되지만 어쨌든 계약기간이 1년이 안 되는 노동자를 의미한다. 실제로 많은 기업에서는 단 하루라도 계약기간에서 제외해 1년 미만의 계약체결을 하는 경우가 많고 고용계약을 계속하는 것이 아니라 중간중간에 필요에 따라 고용해 정규직 전환 시점을 연장하고 있다. 동시에 경영자가 계약 연장에 대한 언질을 하고 있지만 실제로 고용 연장을 하지 않고 중단하는 사례도 존재한다. 이러한 현실을 고려한다면 장기한시근로 역시 비정규직으로 볼 수 있는데 그 이유는 불안정 고용이라는 본질에서는 크게 다르지 않기 때문이다. 이러한 기준에 따르면 비정규직은 대략 10% 이상 증가해 전체 취업자 중 절반에 육박하게 된다.[28] 다른 한편, 조사통계의 결과와 행정통계의 결과가 매우 다르다는 지적도 존재한다.[29]

비정규직의 또 다른 문제는 정규직과 비정규직의 임금 격차가 클 뿐만 아니라 점차 커지고 있다는 점이다.[30] 취업자 중에서 정규직의 월평균 임금은 비정규직보다 100만 원 이상 많아 정규직의 절반에도 못 미치고 있다. 정규직과 비정규직의 임금 격차는 갈수록 더 벌어지고 있다.

그렇다면 노동시간은 정규직이 비정규직보다 길까? 그렇지 않다. 정규직의 주당 노동시간은 비정규직보다 3시간 정도 길어 절반 이상의 임금 격차가 발생할 정도로 노동시간의 차이가 없다. 게다가 주당 52시간을 초과해 근로기준법상 허용한 노동시간을 넘어서서 일하는 장시간 노동은 정규직보다 두 배 이상 높게 나타나고 있다. 반면, 시간제 노동이 비정규직에 포함되어 있어 비정규직은 양극단의 노동시간을 보여 주고 있다. 다른 한편, 국민연금이나 건강보험, 고용보험과 같은 사회보험 가입률은 비정규직의 경우 40%를 넘지 못하고 있으며 정규직이면 받는 퇴직금이나 상여금, 시간외수당, 휴가를 받는 경우도 40%에 미치지 못한다.

그렇다면 청년층의 실태는 어떨까. 먼저 임시, 일용직의 비율을 살펴보면, 20세 미만은 1989년 59%만이 임시, 일용직이었으나 2012년 85%가 임시, 일용직으로 크게 늘었다. 20대 초반 역시 증가하였는데 같은 기간 45%에서 51%로 증가했으며 1997년 외환위기 직후인 2000년 61%로 최대치를 보여 주었다. 그나마 20대 후반이 양호한 편으로 같은 기간 38%에서 27%로 임시, 일용직 비율이 줄어들었다. 전체 취업자의 임시, 일용직 비율이 같은 기간 낮아진 것과 비교해 보면 외환위기가 청년층의 고용불안에 더 큰 영향을 미쳤음을 알 수 있다.

청년층의 비정규직 규모를 살펴보면, 전체 임금노동자와 비교해 비정규직 비율이 더 높다. 최근 들어 전체 비정규직 규모는 줄어들고 있으나 청년층의 비정규직 규모는 오히려 증가하고 있다. 전체 임금노동자 중 정규직 대비 비정규직의 상대임금도 2007년과 비교해 2014년 7%가량 낮아졌으나 청년층은 같은 기간 13% 이상 낮아져 임금 격차가 더 크게 벌어졌다.

이러한 현실은 비단 우리나라만의 상황이 아니다. 가이 스탠딩(Standing, 2011)은 프레카리아트(precariat)라는 새로운 위험계급의 등장을 경고하였다.[31] 프레카리아드는 불안정헌(precarious)과 프롤레타리아 (proletariat)를 합성한 신조어로 불안정한 고용 상황에 놓인 비정규직·파견직·실업자·노숙자들을 지칭하며 특히 이들 중 다수를 차지하는 청년층을 지칭하는 용어로 활용되기도 한다. 스탠딩은 2001년 이탈리아 밀라노에서 기존 노동절 행사와는 별도로 5천여 명의 학생과 청년들이 참여한 대안적인 노동절 행진을 프레카리아트의 등장을 알리는 출발점으로 제시하고 있다. 이 행사는 2005년부터 유로메이데이(Euro May Day)라는 명칭으로 매년 개최되고 있으며 대다수 참여자들은 노동조합원이 아니라 불안정한 고용 상태에 있는 대다수 젊은 시간제 노동자, 계약직 노동자, 이민자, 여성들로 자유로운 이민노동이나 기본 소득(basic income) 보장과 같은 새로운 요구를 제기하였다.

이들의 등장 원인에 대해서 스탠딩은 신자유주의로 재편된 '지구화가 낳은 아이'이며 노동 유연화와 공공 영역까지 확산된 상품화로 인해 성장하고 있다고 지적한다. 프레카리아트는 이미 형성된 계급이 아니라 만들어져 가는 계급이며 시민으로서 보장받아야 할 다양한 노동 안정으로부터 소외된 계층이다. 이들은 고용 기회가 적고 적절한 소득을 받기 힘들며 해고로부터 자유롭지 못하고 자신의 직무를 유지하기 힘들다. 동시에 이들은 자신의 역량이나 능력을 얻을 기회는 물론 발휘할 기회조차 갖지 못하며 사회나 직장에서 충분한 발언권을 갖지 못한다.

이러한 특성들로 인해서 프레카리아트는 분노, 아노미, 걱정, 소외 등 네 가지의 감정을 경험하게 된다. 프레카리아트의 분노는 의미 있는 삶으로 나아가지 못하는 상황에 대한 불만과 상대적인 박탈감에서 비롯된다. 이들은 자신들에게 불안정한 상태를 가져온 노동의 유연화뿐만 아니라 직무를 통해 신뢰할 수 있는 관계형성과 네트워크를 구성할 수 없다는 점 때문에 불만을 갖게 된다. 또한 이들은 상승이동을 위한 사다리가 없다는 점에 대해 분노한다. 프레카리아트의 아노미는 추구할 만한 가치가 있다고 생각되는 규범 없이 표류하는, 절망으로부터 도출된 소극적이고 무기력한 감정을 의미한다. 이것은 상류층이나 기성세대들 입장에서 게으르고, 방향 없고 사회적으로 무책임한 특성으로 비쳐지게 된다. 프레카리아트의 걱정은 경계에 위치한 상황에 대한 불안감을 비롯하여 아무것도 가질 수 없고 현재 가진 일자리를 지킬 수 없다는 패배자로서의 두려움에서 비롯된다. 프레카리아트의 소외는 자신이 하는 일이 본인 스스로의 목적에 의해서 이루어지지 않는다는 사실을 아는 것으로 이것은 일반적인 임금 노동자의 특성이며 이들은 일을 하면서 헌신이나 몰입을 통해 얻게 되는 행복을 놓치고 있다는 점에서 소외된다.

한국의 청년들 역시 지구적 현상으로 나타난 프레카리아트의 특성을 공유하고 있다. 현재 많은 정부에서 이들의 분노가 사회적 혼란을 야기하지 않을지 우려하고 있다. 2006년 프랑스에서 26세 미만인 경우에 기업의 해고권한을 부여하는 최초고용계약을 반대하는 대규모 시위가 벌어졌고 2011년 미국에서 월가의 금융자본을 반대하는 시위(Occupy Wall Street)가 전 세계로 파급되었다. 2011년 스페인에서는 45%에 이르는 살인적인 청년 실업 문제를 해결하라는 시위가 벌어져 분노세대(movimientos de indignados)라는 새로운 용어가 등장하기도 했다. 2012년 영국 런던에서 학생조합(National Union of Students) 주도로 대학 등록금 인상 반대, 학생 지원금 삭감 반대, 청년 실업 대책을 요구하는 대규모 시위가 발생하였다. 청년층의 분노는 이제 언제 터질지 모르는 뇌관으로 전 세계를 긴장시키고 있다.

반면, 우리나라 청년들은 프레카리아트의 특성을 갖고 있지만 분노를 표출하고 있다는 징후가 뚜렷하지 않다. 한국 청년들은 당사자인 청년 문제를 중심으로 정치적 행동에 나서기보다 광우병 미국산 쇠고기 수입반대나 대통령 탄핵을 위한 촛불집회처럼 모든 연령을 포괄하는 보편적인 문제에 적극적으로 동참하고 있다. 청년들의 정치적 참여와 활동에 관한 문제에 대해서는 5장에서 좀 더 자세히 살펴보기로 하자.

내리막길의 기울기

청년들의 고용 여건은 향후 어떻게 될까? 여기에서는 몇 가지 중요한 단서들을 통해서 청년들의 고용 상황을 예측해 보고자 한다. 청년들의 고용 문제는 노동공급과 노동수요로 나누어 살펴볼 필요가 있다. 노동공급은 인구 변화와 교육환경의 변화를 통해서, 노동수요는 경제 성장과 기업 여건의 변화를 통해서 살펴보았다.

우리나라 인구의 변화는 아이를 적게 낳고 오래 사는 저출산·고령화로 요약해 볼 수 있다. 먼저 저출산 경향은 얼마나 빨리 이루어지고 있을까?[32] 연간 태어난 출생아가 몇 명인지를 통해 살펴보면, 1970년 초반에는 100만 명 이상 태어났으나 1990년대 들어 60만 명으로 낮아졌고 2000년 이후 50만 명 이하로 떨어져 출생아 수가 반 토막이 났다. 처음 결혼을 하거나 출산을 하는 연령은 20대 중반에서 30대 초반으로 늦어졌고 35세 이상의 고령 산모가 전체 산모의 4분의 1을 차지할 정도로 많아졌다. 임신이 가능한 여성이 낳을 것으로 예상되는 평균 출생아 수로 출산율을 계산해 보면, 같은 기간 5명 가까이 되던 것이 2명 이하로 낮아졌고 2000년대 들어 1명이 약간 넘는 수준으로 현재까지 이어져 한국은 출산율이 가장 낮은 국가가 되었다.

인구 감소는 고용에 있어서 양면성을 갖는다. 구직자 입장에서 보면, 인구 감소는 일자리를 두고 벌어지는 경쟁이 약화되므로 취업에 유리할 수 있다. 반면, 기업 입장에서 보면, 인구 감소는 물건이나 서비스를 구매해야 할 소비자가 줄어드는 것이므로 불리하다. 동시에 소비자의 감소는 내수를 약화시키고 경기침체를 가져올 수 있다. 이렇게 되면 경기 위축에 따라 청년 일자리가 줄어드는 것이니 청년 취업이 어려울 수밖에 없다. 그렇다면 그동안 청년 고용에 있어서 저출산은 어떤 영향을 미쳤고 앞으로 어떻게 작용이 가해질 것인가?

주로 20대에 사회초년생으로 취업이 이루어지기 때문에 20대 인구의 변화 추세를 통해 저출산의 영향을 살펴보자.[33] 20대 청년 인구는 1993년까지 계속 늘어 870만 명을 넘어섰으나 이후 꾸준히 감소하기 시작하면서 2012년도에는 200만 명이나 줄어들었다. 이 기간 동안 매년 10만 명씩 20대 인구가 줄어든 셈이다. 앞서 살펴보았듯이 20대 인구가 큰 규모로 줄어든 시기에도 청년 고용지표는 더 나빠졌다. 이는 인구 감소가 아무리 커도 취업이 바로 좋아지지 않는다는 사실을 말해 준다.

20대 청년 인구는 묘하게도 2013년부터 정반대의 양상을 보여 준다. 인구가 감소하지 않고 늘고 있는 것이다. 이는 20대의 부모세대가 2차 베이비붐 세대(1968~1974년생)이며 저출산 경향에도 불구하고 부모세대의 인구 규모가 워낙 크기 때문에 자녀수도 많은 데다 산아제한을 풀기 시작하면서 발생한 현상이다. 이들은 부모처럼 자녀도 많다는 점에서 산이나 골짜기에서 지른 소리가 메아리로 되돌아오는 현상에 빗대어 2차 에코붐 세대(echo boomers, 1991~1996년생)로 불리고 있다. 2차 에코붐 세대가 나이가 들어가면서 2013년부터 2017년까지 20대 초반 인구가 늘었고 2018년부터 20대 후반 인구가 증가하고 있다. 인구가 급격히 줄어도 청년 고용지표가 좋지 않았는데 인구가 늘어나니 이 시기에 청년 고용지표의 개선을 기대하기가 어려워 보인다. 다만, 이 기간 동안 늘어나는 20대 인구는 불과 7만 명 수준이다. 이는 고용 절벽이니 해서 이 시기에 인구 증가에 따른 고용 악화를 과도하게 해석할 필요가 없음을 말해 준다.

청년 인구의 변화에서 우리가 주목해야 할 것은 저출산 파고가 사회초년생 연령에 영향을 미치기 시작하는 2020년 이후이다. 특히 2023년부터 2027년 사이에 청년 인구가 역대 경험해 보지 못한 수준인 매년 20만 명씩 줄어들 것으로 예상된다. 이 정도 규모라면 저출산의 영향이 본격적으로 나타날 가능성이 높다. 30대를 포함한 청년층 전체에 해당하는 상황은 아닐지라도 20대에 사회 진출을 앞둔 청년들은 불과 5년 전에 비해 절반이나 줄어든 경쟁자와 취업을 다투게 될 것이다. 동시에 5년 동안 구매력과 세금을 지불할 능력을 갖춘 사회초년생의 4분의 1일이 사라진다면 내수시장과 국가재정의 위축은 불을 보듯 뻔해 보인다.

이쯤에서 고령화의 문제를 다루어 보자. 저출산이 인구의 규모와 관련된 문제라면 고령화는 인구의 구성에 관한 것이다. 둘 다 인구의 변화에 해당하지만 두 가지 인구 경향이 가지는 함의는 전혀 다르다. 전자는 선택의 문제이자 이성의 영역이지만 후자는 필수적이며 본능의 영역이다. 당연하게도 아이를 더 낳으라는 정책은 있어도 오래 살지 말라는 정책은 없다. 곧, 고령화는 정책적 개입과 같은 특별한 브레이크 없이 이루어질 가능성이 높다.

실제로 고령화 추세는 저출산에 비해 훨씬 가파르게 이루어져 왔다. 15세에서 64세까지를 통상 일을 할 수 있는 연령으로 보고 65세 이상의 인구수가 어느 정도인지, 어떤 추세를 보여 주는지 살펴보자. 생산가능인구 100명당 65세 이상 인구가 몇 명인지를 의미하는 인구부양비는 1960년대와 1970년대에는 5명에 불과했지만 2000년 들어서 10명 이상으로 늘었고 2020년에 2배 이상 상승할 것으로 보인다. 이후 추세는 더욱 가파르게 상승해 2030년에 40명 수준에 육박하고 2040년에는 절반을 넘어설 것으로 보인다.

그렇다면 고령화가 청년들의 고용에 미치는 영향은 어떨까? 노인 인구가 늘면 경제활동을 연장할 필요가 커지고 고령층이 더 일을 한다면 청년들의 일자리 진입 기회는 줄어들 것이다. 이러한 해석은 청년층 일자리와 고령층 일자리가 대체 관계에 있을 때 가능하다. 곧, 고령층의 고용지표가 좋아지면 청년층의 고용지표가 나빠져야 한다. 과연 그런가?[34] 지난 30년에 걸쳐 20대 후반과 60대 초반을 비교해 본 결과, 고령층의 고용률이 높아질 때 청년층도 높아졌고 반대로 낮아질 때 청년층도 낮아졌다. 이러한 결과는 경기가 좋아지거나 나빠져 고용 여건이 좋아지거나 나빠지면 청년층이든 노년층이든 상관없이 취업이 원활하거나 좋아지지 않았다는 이야기이다. 경제협력개발기구(OECD)에 포함된 34개 국가는 물론 선진 7개국(G7)으로 대상을 좁혀 보더라도 결과는 같았다. 이것은 고령화가 청년 고용에 부정적인 영향을 미친다고 단정할 수 없음을 보여 준다.

그렇지만 청년 인구가 줄지 않고 늘어나며 정년 연장에 따라 은퇴 시기가 늦어지는 2016년과 2017년에 청년 고용 사정을 악화시키는 데 영향을 미쳤을 가능성이 있다. 청년 고용에 미치는 인구 효과가 진입과 퇴장 양쪽에서 이루어졌기 때문이다. 반대로 청년 인구가 20만 명씩 줄어드는 2023년 이후에 베이비붐 세대가 생산가능인구에서 대규모로 빠져나가면서 청년고용지표가 개선될 여지도 있다. 15세에서 64세의 생산가능인구는 2023년부터 28년까지 매년 30만 명씩이나 줄어들기 때문이다. 20대 사회 초년생에 국한해 볼 때 취업 경쟁자는 절반이 줄고 베이비붐 세대가 본격적으로 주된 일자리에서 은퇴하기 시작하면서 취업 기회가 개선될 여지가 있다는 것이다.

노동공급과 관련해 마지막으로 검토할 부분은 고학력화이다. 고학력화 문제는 전체 청년 일자리보다는 대졸 노동시장에 영향을 미치며 흔히 일자리의 불일치(job mismatch) 문제로 이어진다. 청년 인구가 줄지만 대학에 진학하는 젊은이들이 늘어난다면 일자리가 협소한 대졸 노동시장을 두고 벌어지는 취업경쟁은 심화될 수밖에 없다. 동시에 자신의 교육수준보다 낮은 학력을 요구하는 일자리에 취업하는 하향취업 문제가 발생할 수 있다.

고학력화 경향은 한국사회에서 매우 이례적으로 빠르게 이루어졌다.[35] 1965년 전문대학과 4년제 일반대학교의 학생 수는 10만 명을 조금 넘는 수준이었다. 그런데 1985년 고등교육 학생 수는 1백만 명을 넘어섰고 1995년에는 2백만 명을, 2000년 이후 3백만 명을 넘어섰다. 불과 20년 만에 고등교육 학생 수가 3배 이상 증가한 것이다. 대학 진학률로 보면, 1970년에 30%에 못 미치는 수준이었으나 1980년대에 이를 넘어섰고 2000년 이후 80% 가까이가 대학에 가는 외국에서 전례를 찾아볼 수 없는 고학력 국가가 되었다. 고학력화는 지난 10년간 빠르게 이루어진 청년 인구의 감소에도 불구하고 고용지표가 악화된 주된 이유로 보인다. 청년 중 대다수가 대학을 나온 상태에서 대졸 노동시장에서의 취업경쟁이 심화되었기 때문이다.

향후 고학력화가 청년 고용에 미치는 영향은 어떤 모습을 보여 줄까? 우선 대학 진학률이 생각보다 빠른 속도로 낮아지고 있다. 응시기준이 아닌 대학에 등록한 학생들을 기준으로 대학 진학률을 살펴보면, 2009년을 정점으로 계속 낮아져 대학 진학률이 70%에 미치지 못하는 상황까지 이르렀다. 저출산과 더불어 대학 진학률이 낮아지면서 대학생 수는 빠르게 감소하는 중이다. 2015년만 보더라도 전년보다 6만 명이나 대학생 수가 줄어들었다. 나아가 인구추계를 활용해 추정한 대학수학능력시험 응시 인구는 2018년부터 대학입학 정원보다 줄어드는 기현상이 발생할 것으로 예측된다. 이러한 결과는 전체 청년 노동시장은 아닐지라도 대졸 노동시장에 있어서 청년 취업경쟁이 2023년 이후 완화될지 모른다는 기대감을 갖게 한다.

노동공급 측면에서 살펴본 저출산, 고령화, 고학력화는 청년고용에 있어서 환호와 탄식이 교차하는 양상을 보여 주고 있다. 반면, 노동수요 측면에서 살펴볼 우리나라의 경제 성장이나 기업 여건은 긍정적인 예측을 찾아보기 어려운 실정이다.

먼저 경제성장률에 대한 예측 결과부터 살펴보자.[36] 한국은행이나 국회예산정책처, 한국개발연구원을 비롯한 국책기관들과 민간 경제연구소들은 매년 경제성장률 예측치를 제시하고 있다. 3%는 우리나라 경제성장률의 마지노선으로 자리 잡고 있지만 단기적인 전망은 3%에 미치지 못할 것으로 예상된다. 국회예산정책처의 장기 전망에 따르면, 저출산에 의해 인구가 급격히 줄어들면서 2040년 이후 경제성장률이 1%에 그칠 것이라는 예측도 나왔다.

경제동향을 소비와 생산, 내수와 수출입으로 구분해 살펴보면, 경제성장에 대한 부정적인 전망이 대부분을 차지하고 있다.[37] 소비판매액은 2011년부터 2015년까지 세월호, 메르스와 같은 대형 악재가 발생하면서 매년 반 토막이 났다. 설비 투자 역시 2012년 이후 둔화되어 마이너스 성장을 보여 주고 있다. 향후 소비 여력도 제한적이라는 전망이 우세하다. 우선 소비의 원천이라고 할 수 있는 가계소득이 지난 10년간 줄어들었고 저축을 비롯하여 세금이나 사회보장비와 같은 비소비지출은 늘었기 때문이다.

이러한 내수 부진과 더불어 수출도 상승과 하락을 반복해 예측이 어려운 상황이다. 반도체, 휴대폰, 선박, 승용차 등 우리나라의 7대 수출품목별로 수출 증감률을 보면, 최근 들어 반도체가 수출 증가를 견인하고 있지만 전년 같은 달과 비교해 크게 감소한 사례들도 늘어나고 있다. 수출품에 있어서 과거처럼 조선, 반도체, 자동차, IT와 같이 새로운 성장 동력을 찾지 못한다면 수출 증가를 기대하기 어렵다는 진단도 있다. 이와 함께 남북 관계나 미국의 금리인상, 중국의 경기 둔화 가능성, 영국을 비롯한 유럽연합 탈퇴 등 경제성장에 영향을 미칠 수 있는 변수들이 많아 수출 호조가 지속적으로 유지될지는 미지수이다.

이어서 기업 여건을 살펴보자.[38] 경기가 좋지 않으니 기업 여건도 나쁠 수밖에 없다. 한국은행(2015)에 따르면, 기업의 매출액이 2011년까지 10% 이상 증가하다가 2013년에 1%에 미치지 못하였으며 급기야 2014년부터 감소로 돌아섰다. 매출액 감소와 부채 증가로 인해 기업 운영이 한계에 도달한 기업들은 매년 꾸준히 증가하고 있으며 신용등급이 높아진 기업들은 급감하는 대신 신용등급이 떨어진 기업들은 급격히 늘어나고 있다. 기업의 건전성이 약화되고 있는 것이다. 특별히 조선업과 해운업, 그리고 철강업 등은 최악의 경영 성적을 보여 주고 있어 구조조정이 불가피하다. 이처럼 기업 운영이 어려워진다면 고용 확대는 고사하고 고용 유지도 힘들어진다는 점에서 전체 고용은 물론 청년 고용에 빨간불이 켜졌다고 볼 수 있다.

우리나라 기업 여건과 관련해 주목해야 할 것은 창업 실태이다. 창업을 통해 젊은 기업이 증가하고 있다면 기업 여건이 전반적으로 좋지 않지만 청년 고용 가능성을 높일 수 있기 때문이다. 취업은 현재 존재하는 기업에 입사하는 것이므로 일자리 창출에 있어서 제한적이다. 경기변동에 따라서 신규채용을 늘릴 수 있지만 최근 경제 사정이 좋지 않기 때문에 직원이 이직을 하거나 퇴직을 해 일자리 공석이 생길 경우에만 채용이 이루어질 수 있다. 반면, 창업은 기존에 없던 일자리를 만드는 것이며 종사자 모두 새롭게 충원한다는 점에서 일자리 창출에 있어서 유리하다. 젊은 기업일수록 청년들이 종사자의 대부분을 차지한다는 점에서 창업은 청년 고용 문제를 해결하는 한 가지 수단이라고 할 수 있다. 다만, 창업은 소수만이 성공을 하고 실패할 가능성이 높은 데다 안정적이지 못한 일자리로 출발하기 때문에 고용 여건을 개선하는 데 있어서 차선책으로 고려하는 것이 필요하다.

창업은 넓게 보면 고용주나 자영업자가 되는 것이며 좁게 보면 기업을 새로 설립하는 것이다.[39] 지난 25년간 전체 자영업자 중에서 29세 이하 청년들의 비중은 3분의 1 수준이나 낮아졌다. 30대 자영업자 비중도 2005

년 20%를 넘어섰으나 10% 초반대로 낮아졌다. 자영업자로 넓혀 본다면 청년 창업은 줄어들었다고 볼 수 있다. 청년층을 대상으로 실시한 경제활동인구 부가조사 자료를 이용해 청년들 중에서 첫 일자리로 자영업을 시작하는 비중이 어느 정도인지 살펴보았다. 자영업자로 첫 출발하는 청년들은 전체 취업 경험자 중에서 2%가 채 되지 않는 수준이며 자영업 비중은 지난 7년간 거의 비슷한 수준을 유지하고 있다.

자영업자로 본 창업 추세는 새로운 사업을 처음으로 시작하지 않는 경우도 포함하고 있다는 점에서 창업을 측정하는 정확한 방법이라고 볼 수 없다. 좀 더 대상을 좁혀 기업을 새로 설립한 청년들이 늘었는지, 줄었는지를 살펴보자. 여기에서는 비영리기업을 제외하고 영리기업 중에서 설립한 해에 매출액이 있거나 상용노동자를 고용한 기업을 대상으로 청년 창업 추세를 살펴보았다. 우선 현재 활동 중인 기업 중에서 대표자의 나이가 39세 이하인 기업은 2006년 전체 중 20% 중반이었는데 최근 들어 10% 초반대로 낮아졌다. 새롭게 출발하는 신생 기업 중에서도 젊은 기업의 비중은 40%에서 30%로 낮아졌다. 활동 중인 기업 중에서 젊은 기업이 줄어든 것은 신생기업의 유입이 줄었기 때문으로 보인다. 개인사업자를 제외하고 신설법인을 대상으로 젊은 기업 추세를 살펴보아도 결과는 크게 다르지 않다. 39세 이하 대표자의 신설법인 수는 2008년 1만 5천여 개에서 2015년 2만여 개로 늘었지만 젊은 기업의 비중은 34%에서 27%로 낮아졌다. 젊은 기업이 줄어들고 있는 것이다.

젊은 기업들이 줄어들고 있는 것은 몇 가지 요인이 복합적으로 작용한 결과로 보인다. 세계은행(World Bank)에서 각 국가의 창업 환경을 평가한 결과를 보면, 한국은 기존 기업들이 사업하기에는 좋은 국가이지만 새로운 기업들이 창업하기에는 힘든 국가로 나타났다. 한국의 벤처 자본 (venture capital) 투자 규모도 높지 않아 가장 높은 이스라엘이 한국보다 6배의 투자를, 미국이 3배의 투자를 하는 것으로 나타나고 있다. 국내 벤처 자본 투자가 낮을뿐더러 신생기업을 대상으로 창업 후 3년 이내 기업에 대한 벤처 투자 비중은 2002년 60% 이상이었지만 최근 3분의 1 수준으로 크게 떨어졌다. 이 결과는 초기에 자금 조달이 절실한 청년 기업에 대한 투자가 미흡하다는 점을 말해 준다. 한편, 중소기업진흥공단의 창업 지원은 꾸준히 늘었지만 청년 전용 창업 비중은 오히려 줄어들었다.

창업에 대해 근본적으로 의문을 갖게 하는 외국의 조사 결과도 있다. 경제협력개발기구(OECD)에서 발표한 자료에 따르면, 한국은 생계형 창업이 60% 이상을 보여 준다. 투자형 창업은 불과 21%로 비교대상 국가 중에서 비슷한 수준을 보여 주는 국가를 찾아볼 수 없을 정도이다. 게다가 한국은 유일하게 투자형 창업보다 생계형 창업이 높은 국가였다. 만약 우리나라에서 이루어지는 창업이 대부분 생계유지를 위한 불가피한 선택으로 이루어진다면 창업을 늘리기보다 취업을 할 수 있는 일자리를 늘리는 것이 더 필요하다고 볼 수 있다.

종합적으로 볼 때 청년들은 오르막길이 아니라 내리막길 앞에 서 있다. 단기적으로 인구가 늘어 경쟁이 더 치열해지고 경제가 살아나 일자리 창출이 늘어날 여지도 높지 않다. 젊은 일자리를 많이 늘릴 수 있는 창업도 호락호락하지 않고 젊은 기업가들은 줄어들고 있다. 그런데 미래에 대한 전망은 항상 틀릴 수 있다. 가장 정확하다는 인구 추계 역시 앞으로 발생할지 모르는 지진이나 전쟁과 같은 돌발 변수를 고려하지 못하니 예측이 어긋날 수 있다. 다음 날 아침이면 확인할 수 있는 날씨 예보도 종종 틀린다. 미래학자들은 미래를 전망하는 이유로 미래를 대비하는 전략을 세우는 데 있다고 지적한다. 미래를 전망하는 과정에서 현재의 문제점을 명확히 하고 보다 바람직한 방향으로 미래를 바꿀 수 있는 전략이 나올 수 있다는 것이다. 청년들의 고용여건에 대한 미래 전망이 말해 주고 있는 것은 명확하다. 단기적으로는 청년 일자리 문제 해결을 위한 모든 정책수단을 동원할 필요가 있다는 점이다. 장기적으로는 일자리 양을 늘리기보다 질을 개선하는 것이 중요하다. 무엇이 올바른 선택인지는 명확하다. 일기예보가 맞으면 우리는 비를 피할 수 있으며, 틀리더라도 우산을 들고 나가는 번거로움만 겪을 뿐이기 때문에.

제3장

연령 분절적 사회

청년에게 권하고 싶은 것은 다음 세 마디뿐이다.
즉 일하라. 더욱더 일하라. 끝까지 일하라.
오토 폰 비스마르크(Otto von Bismarck, 1815~1898)

독일 통일을 꿈꾸던 프로이센의 비스마르크(Otto von Bismarck)는 오스트리아와 치른 전쟁에서 승리한 후 마지막 걸림돌이었던 프랑스와 전쟁을 앞두고 있었다.[1] 여전히 독일의 남부 지역은 프랑스가 영향력을 행사하고 있었기 때문에 프랑스를 제압하지 않고서는 통일을 이루기가 요원했다. 비스마르크는 전쟁 승리를 위해서 징병제를 실시하였고 많은 독일의 청년들이 전쟁에 참여하였다. 프로이센과 프랑스의 보불전쟁은 베르사유 궁전에서 독일 제국의 성립을 선포하면서 프로이센의 승리로 끝이 났다.

전쟁은 끝났지만 고향으로 돌아온 많은 청년 군인들은 심각한 청년 실업 문제에 직면하였다. 당시 노동자들은 취업을 하게 되면 병들어 일을 하지 못할 정도가 아니면 계속해서 일을 했기 때문에 전쟁을 마치고 돌아온 젊은 청년들이 새로 취업할 일자리가 없었던 것이다. 게다가 전쟁이 발생하는 시기 동안 빈 일자리들은 전쟁에 참여하지 않은 기성세대들로 채워졌다.

비스마르크는 청년 실업 문제를 해결하기 위해 노동자들의 취업 연령을 제한하는 정년제도를 처음으로 만들었다. 이러한 조치는 기존 취업자들의 큰 반발에 직면하였으며 이를 타개하기 위해서 비스마르크는 65세 정년제 도입과 함께 퇴직자에게 연금을 지급하는 제도를 동시에 시행하였다. 이것이 바로 우리나라의 국민연금과 같은 사회보장제도가 전 세계에서 처음으로 등장한 배경이었다.

이처럼 정년제도는 청년들의 일자리를 확보하기 위한 대책이었지만 역설적이게도 오늘날 노년층이 요구하는 정책 수단으로 바뀌었다. 이제 노년층은 정년을 법적으로 보장받고 최대한 정년을 연장하기를 희망하고 있다. 최근 인구의 고령화가 빠르게 이루어지고 베이비붐 세대가 정년을 맞이하면서 우리나라에서 정년을 법적으로 보장받고 연장하는 문제가 중요한 화두로 등장하였다.

청년층과 노년층 간의 이해관계가 충돌하는 문제는 단지 정년제도에만 국한되지 않는다. 국민연금이나 노령연금 등은 좀 과장해서 표현해 본다면 언제 터질지 모르는 시한폭탄으로 불리기도 한다. 노년층은 기존의 연금혜택을 그대로 유지하기를 희망하는 데 반해서 청년층은 연금혜택이 줄어들지 않으면 연금 재정 고갈의 책임을 고스란히 자신들이 져야 한다는 사실에 분개하고 있다. 기성세대들은 벤자민 버튼과 같이 나이를 거꾸로 먹지 않는다면 점점 늙어가기 때문에 정년이나 연금 문제에 있어서 노년층의 편을 들 수밖에 없다.[2]

이러한 세대 간 갈등은 전쟁으로 불릴 정도로 심화될지 모른다.[3] 그런데 세대 간의 이해충돌 문제를 너무 과장하고 있는 것은 아닌가 하는 의문이 든다. 먼저 잘 알려져 있다시피 세대 간 갈등은 계층 간 갈등과는 완전히 다르다. 시간이 흐를수록 세대 간의 이진이 필연적으로 이루어진다. 개인들은 유아기를 거쳐 아동기와 청소년기, 청년기에 이어서 중·장년기를 지나 노년기로 접어든다. 반면, 아무리 많은 시간이 흐른다고 해도 저소득층이 고소득층으로 옮겨 갈 수는 없다. 오히려 고소득층이 저소득층이 되는 반대 현상이 나타날 수 있으며 소득 불평등이 확대되면 계층의 고착화가 일어나 계층 이동 자체가 없어질 수 있다. 이러한 진단이 정확하다면 계급투쟁은 성립이 되어도 세대투쟁은 성립되지 않는다.

세대 간의 갈등이 불필요하게 조장되고 있다는 사실은 자녀 세대와 젊은 세대를 받아들이는 기성세대와 노인세대의 이중적인 접근을 통해서도 확인해 볼 수 있다. 한 가정이라는 테두리 내에서 부모에게 있어서 자녀는 너무나 소중한 존재이다. 특히 우리나라 부모들은 자신의 노후를 돌보지 않고 자녀를 위해 아낌없이 투자할 정도로 자녀를 위해 살아가는 경향이 있다. 하지만 누군가의 자녀들로 구성된 젊은 세대를 대하는 태도는 완전히 달라진다. 나이 든 세대는 젊은 세대를 자신의 몫을 뺏을지 모르는 경계 대상으로 바라보며 미숙하다거나 버르장머리가 없다거나 희망이 없다거나 하는 비난을 한다. 자녀 세대와 젊은 세대는 특정 시점을 정해서 바라볼 때 동일한 대상이다. 부모 입장에서 어린 자녀도 있고 나이 든 자녀도 있지만 특정 연도라는 동일 시점에서 50, 60대의 자녀는 20, 30대이며 이들은 현재의 젊은 세대이다. 만약 청년층에 대해 불리한 정책 결정이 이루어진다면 그것은 고스란히 자녀들의 문제로 이어진다. 이것은 너무나 당연한 문제지만 대다수가 이러한 사실을 잊고 사는 경향이 있다.

다양한 사회적 쟁점들 중에서 여기에서 연령 문제에 주목하는 이유는 두 가지이다. 먼저 청년층 자체가 특정 연령을 지칭하며 연령집단 간의 관계를 세밀하게 진단해 볼 필요가 있기 때문이다. 또 다른 이유는 세대 차이처럼 오래된 주제도 없지만 세대 간의 갈등이 지금처럼 극명하게 나타난 적도 없기 때문이다. 고용 문제를 푸는 데 있어서 연령 문제는 중요하다. 청년층이라는 이유로 존재하는 진입장벽이 낮아지거나 일자리 나누기와 같은 세대 간 상생이 청년들의 어려운 고용 여건을 풀어낼 수 있는 해법이 될 수 있기 때문이다.

연령 문제에 대한 진단은 주로 연령계층화에 관한 논의에 기대고자 한다. 미국의 사회학자인 라일리(Matilda White Riley)는 연령구조에 있어서 두 가지 측면을 구분하고 있다.[4] 첫 번째는 경제적 · 사회적 · 문화적 · 정치적인 기회를 얻는 데 연령별로 제약이 있는지 여부이다. 나이가 어리다고 시민으로서의 권리가 부여되지 않고 나이가 많다고 해서 일할 권리를 누리지 못한다면 연령에 따른 유연성이 낮은 사회라고 할 수 있다. 두 번째는 연령집단 간의 관계가 활발하고 좋은지 여부이다. 젊은 사람은 젊은 사람들대로, 나이 든 사람은 나이 든 사람들대로 모이는 것이 인지상정이지만 연령집단 간에 상호 교류가 활발히 이루어지고 서로를 존중해 준다면 그 사회는 연령에 따른 이질성이 낮은 사회라고 할 수 있다. 라일리는 연령 유연성이 낮고 연령 이질성이 높은 사회를 연령 분절적 사회로, 그 반대인 사회를 연령 통합적 사회로 지칭하였다.

앞서 계층구조와 연령구조의 차이점을 언급하였지만 라일리는 연령집단 간의 구분이 명확해지는 현상을 연령계층화로 표현하고 있다. 계층구조와는 달리 연령구조는 견고하지 않다. 인간은 누구나 나이가 들어가며 자녀의 역할에서 출발해 자녀가 있다면 부모의 역할을 경험한다. 게다가 세대 간 관계는 가족이라는 테두리로 보면 부모와 자녀의 관계와 다를 바 없다. 그런데 짐차 세대 간에 갈등이 심화되고 서로를 이해하기보다는 불신하는 경향이 나타나고 있다. 다만, 이러한 경향이 얼마나 심각한 수준인지에 대한 정확한 진단은 최근 들어 주목을 받고 있을 뿐 거의 이루어지지 않았다.[5] 이 장에서는 "한국사회의 연령계층화 수준은 어떠한가?"라는 질문에 대한 답을 찾아보았다.

연령장벽의 균열?

세대 간의 역할 분담은, 젊어서 공부하고 가장 왕성한 시기에 일을 하고 나이 들어 여가를 즐기는 전형적인 방식으로 이루어져 왔다. 아동과 청소년, 성인 그리고 노인을 대변하는 시간적·공간적 영역은 흔히 교육과 노동, 그리고 여가로 분명하게 나누어졌다.

교육과 노동, 그리고 여가를 대변하는 공간들을 생각해 보자. 학교에는 교사와 학생이 있다. 배우는 학생이 다수이며 가르치는 교사는 소수이고 거의 예외 없이 교사보다 학생들은 나이가 어리며 대다수는 어린이이거나 청소년들이다. 회사에는 다양한 직위와 역할을 수행하는 직장인들이 있다. 가장 어린 사람들은 학교를 갓 졸업한 사회초년생들인 20대들이고 그보다 어린 사람을 찾아보기 어렵다. 가장 나이 든 사람들은 50, 60대들로 회사의 중역으로 너무 소수라 마주칠 일이 거의 없다. 고령층으로 가끔 접하는 대상은 청소부나 경비원들로 파견 업체 소속이라 회사 직원이 아닐 가능성이 높다. 평일 낮에 공원이나 주택가, 아파트 단지에는 주부나 나이 든 어르신들을 어렵지 않게 발견할 수 있지만 상가에서 일하는 사람들을 제외하고 젊은 사람을 찾아보기 힘들다. 만약 휴가라도 받아 한가로운 주택가에서 평일 대낮에 집에서 편의점에 가는 젊은 사람이 있다면 자신뿐만 아니라 주변 사람들도 어색한 느낌을 받는다.

이러한 생활 패턴은 근대 이후 형성된 것이다. 먼저 교육에 대해서 살펴보자. 근대 이전에는 어린 아이들도 학교에 가기보다 부모님을 도와 일터에서 함께 일하는 경우가 많았고 의무교육이 도입되기 전까지 학교를 다니는 아이들은 부러움의 대상이었다. 현재 저개발국가들 중에서 여전히 학교를 다니지 못하는 아이들이 많은 곳도 있다. 그런데 최근 들어 교육을 아동이나 청소년만의 전유물이 아니라 연령과 상관없이 누구나 교육받을 권리가 있다는 시각이 부상하였다. 평생학습이 그것으로 성인이나 노인들도 학교에서 이루어지는 공식적인 정규교육 외에도 다양한 기관이나 시설에서 이루어지는 비공식적인 교육을 받을 수 있게 되었다. 만약 이러한 경향이 정상적이고 바람직하다면 특정 연령대에 교육을 받기보다는 모든 연령층에서 학습을 향유하는 것이 필요할 것이다.

노동은 교육과는 달리 성인들의 몫으로 좁혀져 왔다. 일을 하던 아동과 청소년들은 의무적으로 교육을 받아야 했고 정년을 마치거나 일을 그만둔 노인들은 여가를 즐길 수 있는 권리를 보장받았다. 그런데 15세 이상이면 누구나 일할 권리가 있으며 강요나 착취가 아니라 개인의 선택이라면 일하고 싶을 때 일할 수 있어야 한다. 노인들의 수명이 길어지고 과거보다 건강해지면서 경제활동을 할 수 있는 연령을 65세라는 나이로 제한하기 어려워졌다. 어린이들이나 청소년들과 마찬가지로 본인이 원한다면 80세라도 일하고 싶을 때 일할 수 있어야 한다.

그렇다면 여가는 어떨까? 이 논의는 이솝우화 중 개미와 베짱이가 떠오른다. '개미'는 부지런함을 상징하며 열심히 일해서 노후의 행복한 삶을 추구하는 모습을 보여 준다. 반면, '베짱이'는 게으름을 상징하며 노후의 삶이 어찌 되었든 현재의 삶을 즐기고 행복하게 살아가는 모습을 보여 준다. 개미와 베짱이의 결말은 잘 알고 있듯이 베짱이의 비극으로 끝난다. 이 이야기는 일과 여가에 대한 연령별 역할 분담을 지지하고 있지만 다양한 직업관 중 한 가지 선택지일 뿐이다(Ciulla, 2000).[6] 직장에서 휴가뿐만 아니라 출퇴근 시간도 유연하게 정할 수 있듯이 연령과 상관없이 여가시간이 보장될 필요가 있다. 한 걸음 더 나아가 러셀과 같은 철학자는 오히려 젊었을 때 성찰적인 삶을 살아가기 위해 게을러야 한다고 주장한다.

자신에게 주어진 24시간을 어떻게 쓸지에 대한 선택은 사회적으로 주어진 것이 아니라 개인의 몫이다. 연령이 개인의 선택을 가로막는 기준이 된다면 이는 차별로 볼 수 있으며 연령 장벽으로 표현할 수 있다. 그렇다면 우리 사회에서 연령 장벽은 더 공고해지고 있을까, 아니면 허물어지고 있을까?

여기에서는 우선 통계청의 「생활시간조사」를 통해 비교적 장기간에 걸쳐 연령별로 24시간을 어떻게 배분해 왔는지를 살펴보았다.[7] 처음 조사가 이루어진 1999년과 가장 최근 조사가 이루어진 2014년 사이에 연령별로 일, 학습 그리고 여가시간이 어떻게 바뀌었을까? 지난 15년 동안 연령별 생활시간은 전형적인 양상을 그대로 유지하였다. 다시 말해 10대에는 공부를 하고 20대부터 일을 시작해 40대에 일하는 시간이 가장 길고 60대부터 여가시간이 길어지는 패턴을 보여 준다.

연령별로 보면, 10대의 학습시간은 줄었지만 그렇다고 일이나 여가시간이 늘지 않았다. 40대는 일하는 시간이 줄었으나 그렇다고 학습이나 여가시간이 늘지 않았다. 60대 역시 마찬가지로 여가시간이 줄었지만 일이나 학습시간이 늘지 않았다. 주된 역할이 아닌 다른 역할과 관련된 시간이 늘어난 유일한 세대는 20대였다. 20대는 학습시간이 늘어났는데 이는 대학에 많이 진학하는 고학력화의 영향으로 보인다. 결과적으로 교육, 노동, 여가라는 세대 간의 역할 분담은 시간의 배분이라는 측면에서 지속되고 있다고 볼 수 있다.

이번에는 교육과 노동, 그리고 여가를 구분해 연령별로 어떤 변화를 보여 주는지 살펴보자. 우선 교육과 관련하여 평생학습에 주목해 보았다. 평생학습이 활성화될수록 연령과 무관하게 모든 사람들의 학습 기회가 늘어나고 있다고 볼 수 있기 때문이다. 2007년부터 평생학습에 대한 공식적인 통계가 제시되고 있는데 결과는 양면적이다.[8] 대학을 마치는 시점인 25세부터 65세까지를 대상으로 평생학습에 참여한 사람들의 비율을 살펴보면, 최근으로 올수록 증가하는 양상을 보인다. 전 연령층에서 거의 3명 중 1명은 평생학습을 받고 있어 모든 사람들의 학습 기회가 늘어났다고 볼 수 있다.

그런데 평생학습에 참여한 시간은 오히려 줄어들었다. 학습시간이 줄어든 것은 모든 연령대에서 공통적으로 나타나고 있으며 특별히 25세에서 34세의 젊은 층에서 두드러졌다. 평생학습을 받지 않던 사람들이 새롭게 받고는 있지만 학습을 받는 시간은 줄어들어 양적 확대가 질적 확대로 이어지지 못했음을 보여 준다. 이는 생활시간조사에서 시간을 배분하는 데 있어서 성인들의 학습시간이 늘어나지 않은 이유를 보여 주는 결과라고 할 수 있다.

평생학습은 정규교육을 받을 나이가 지난 뒤에 초 · 중 · 고 · 대학에서 공식적인 교육을 받는 경우와 학교에서 학위를 취득하는 것과 관련 없이 이루어지는 다양한 학습을 받는 경우로 나누어진다. 이 역시 참여율 변화 추세에서 엇갈린 결과를 보여 준다. 형식교육은 20대부터 60대까지 모든 연령층에서 줄어들었다. 특히 25~34세 청년층에서 감소폭이 가장 컸다. 이는 대학진학률이 최근 들어서 감소하고 대학원 진학이 줄어드는 추세를 반영한 결과로 보인다. 반면, 학위 취득과 관련 없이 이루어지는 평생학습 참여율은 크게 늘었다. 특별히 직업과 관련된 비형식교육 참여율이 모든 연령대에서 3배 이상 늘어 실업자들의 취업을 위한 교육이나 재직자들의 직업훈련이 늘어나고 있음을 확인할 수 있다.

국제적으로 볼 때 한국의 평생학습 수준은 어떨까?[9] 경제협력개발기구(OECD)의 통계를 살펴보면, 한국의 정규교육의 등록률은 정확하게 OECD 평균을 보여 주고 있다. 한국의 10대와 20대의 등록률은 높은 대신, 30대 이상의 등록률은 매우 낮은 수준을 보여 준다. 최근 먼저 취업하고 나중에 진학하는 선취업·후진학이 주목받고 있는데 현실은 여전히 구호에 그치고 있음을 알 수 있다. 이러한 진학시스템이 일상적으로 이루어지는 스웨덴, 핀란드 등의 북유럽 국가들은 30대 등록률이 한국보다 무려 7~8배나 높은 수준을 보여 주고 있다. 한편, 한국에서 기업이 지원해 교육에 참여하는 비율을 살펴보면, OECD 평균에 미치지 못하며 스웨덴, 핀란드의 절반 수준에 그치고 있다. 지금까지 교육과 관련해 살펴본 결과를 종합해 보면, 성인들의 학습 참여는 늘었지만 국제적으로 보면 여전히 부족하고 학습시간은 늘었다기보다 정체상태에 있음을 알 수 있다.

이번에는 연령별로 노동 참여 실태를 살펴보자.[10] 경제활동을 처음 시작하는 15세부터 19세와 경제활동을 마무리하는 60~64세, 그리고 고령화로 경제활동을 지속할 것으로 보이는 65세 이상 인구의 고용률을 먼저 살펴보았다. 고용률은 경제활동인구 중에서 취업자의 비율을 의미한다. 10대의 고용률은 지난 30년간 꾸준하게 줄어들어 10%에 미치지 못하는 수준으로 떨어졌다. 이 기간 동안 대학 진학률이 크게 증가해 교육의 기회가 늘었으므로 긍정적인 변화로 해석할 수 있지만 취업의 기회라는 측면에서 해석하면 10대 취업에 대한 진입장벽이 높아졌다고 볼 수 있다. 반면, 60대의 고용률은 같은 기간 크게 증가하여 절반도 안 되던 수준이 60%에 근접한 수준으로 높아졌다. 65세 이상의 고용률은 고령화에도 30% 전후를 꾸준히 유지하고 있는데 베이비붐 세대의 은퇴가 본격적으로 이루어지면 상승할 가능성이 높다고 볼 수 있다. 노년층의 고용률이 높아지는 현상은 10대와 반대 해석이 가능하다. 취업의 기회라는 측면에서 보면 취업에 대한 진입장벽이 낮아졌다고 볼 수 있지만 고령화로 취업이 선택이 아닌 필수가 되어 점점 노후를 편안하게 맞이하기 어려워졌다고 해석할 수도 있다.

국제적으로 젊은 층과 노년층의 고용률 추세는 어떨까?[11] 젊은 사람들의 고용률이 낮아지는 대신, 나이 든 사람들의 고용률이 높아지는 추세는 국제적인 현상이다. 다만, 감소나 증가하는 폭은 차이를 보여 준다. 독일과 북유럽 국가들은 젊은 층의 고용률이 약간 떨어졌으나 경제적인 어려움을 겪고 있는 스페인, 이탈리아, 그리스 등 남유럽 국가들은 절반 이상 줄어들었다. 한국은 매우 낮은 고용률을 보여 주고 있으나 그나마 감소폭이 크지 않다는 점에서 위안을 삼을 수 있다. 한국과 비슷한 양상을 보여 주고 있는 국가는 대표적인 청년 실업 국가인 프랑스 정도이다. 노년층의 고용률 증가 경향은 예외 없이 모든 국가에서 공통적으로 나타나고 있는

데 한국을 비롯하여 고령화에 직면한 국가일수록 고용률 증가폭이 높게 나타나고 있다.

취업 기회라는 맥락에서 볼 때 좀 더 정확한 자료는 현재 기업에 종사하고 있는 임금 노동자의 연령별 분포를 살펴보는 것이다.[12] 고용노동부에서 실시한 조사 자료를 통해 1980년부터 현재까지 변화 추세를 살펴볼 수 있는데 이 조사는 조사 대상을 10인 이상 종사자에서 5인 이상, 1인 이상으로 바꾸어 왔고 초기에는 농업을 제외하다 전 산업을 대상으로 했기 때문에 해석상 주의가 필요하다. 여기에서는 조사 대상을 변경한 시점별로 끊어서 살펴보았다.

농업을 제외한 10인 이상 종사자가 있는 기업을 대상으로 1980년부터 1998년까지 18년간의 변화 추세를 보면 기업종사자의 평균연령은 20대 후반에서 30대 후반으로 크게 증가하였다. 1980년 10대 임금 노동자의 비중은 15%였으나 1995년 3%로 급락했다. 새롭게 입사하는 사회초년생인 20대는 절반에 육박했으나 30% 초반 수준으로 떨어졌다. 반면, 40대는 2배에 약간 못 미치는 수준으로 증가했고, 50대는 3배 이상 늘어났다.

5인 이상 전 산업에 종사자가 있는 기업을 대상으로 1999년부터 2007년까지 살펴보면, 평균연령은 지속적으로 증가하였지만 증가폭은 2배 내외로 크지 않았다. 농업종사자가 대부분 고령층인 점을 고려해 보면, 농업이 조사 대상에 포함되어 평균 연령 상승을 이끌었을 가능성이 있지만 종사자 비중이 너무 낮아 큰 영향을 미치지 못했던 것으로 보인다.

마지막으로 1인 이상 사업체에 종사하는 임금노동자 전체를 대상으로 2008년부터 2015년까지 추세를 보면, 1980년대에 20대였던 평균연령은 2015년 40세를 넘어섰다. 이제 기업 종사자 중 10대는 1%에도 미치지 못하고 있으며 20대 비중은 20% 남짓으로 5분의 1 수준에 불과해졌다. 저출산 경향을 고려하더라도 젊은이들이 너무 빨리 기업에서 사라져 가고 있는 것이다. 현재 저출산 파고는 학령인구에 큰 영향을 미치고 있는데 이들이 취업 연령에 도달하는 시점이 되면 기업에서 20대 젊은이를 찾기 어려운 상황이 발생할지도 모른다.

게다가 앞서 살펴보았듯이 젊은 기업가나 대표자들도 줄어들고 있는 상황이다. 기업의 경영자가 젊다면 그 기업에 종사하는 사람들이 젊을 가능성이 높다. 젊은 기업가가 대표로 있는 기업이 줄어들고 있는 것은 늙어 가는 기업 추세를 더욱 부채질할 가능성이 높다. 다른 한편, 젊은 기업가가 줄어들고 있는 것은 연령 장벽이 높아지고 있다는 사실을 보여 주는 가장 직접적인 지표이다. 이는 양성평등 수준을 여성 국회의원 비율, 여성 고위공무원 비율이나 여성기업인 비율 등으로 평가하는 것과 같은 이치이다.

마지막으로 여가 문제를 짚어보자. 통계청의 「생활시간조사」를 통해 앞서 모든 연령층에서 여가시간은 감소하였으며 중년 이후 나이가 들수록 여가시간이 증가하는 특징을 그대로 유지하고 있다는 점을 확인하였다. 여기에서는 여가시간의 양적 측면보다 질적 측면에 주목해 여가활동의 내부를 들여다보았다. 이와 관련 아리스토텔레스나 한나 아렌트가 지적한 성찰적인 삶과 관련하여 교육을 제외하고 보면 다양한 문화, 예술 활동이나 사회 참여 형태의 단체 활동이 중요하다고 볼 수 있다.

우선 연령별로 삶에서 여가를 얼마나 중요하게 생각하고 있는지를 살펴보자.[13] 「세계가치조사」의 결과를 살펴보면, 연령 구분과 상관없이 여가를 중시하는 경향이 확산되고 있으며 이는 한국뿐만 아니라 대다수 국가에서 공통적으로 나타나고 있는 현상이다. 이러한 경향은 젊을수록 더 분명하게 나타나고 있는데 한국도 예외는 아니다.

그렇다면 문화예술이나 스포츠 단체에 참여하는 비율은 어떤 변화를 보여 주고 있을까?[14] 「세계가치조사」에서 예술, 음악, 교육단체 활동 참여 비율은 모든 연령층에서 증가하는 양상을 보여 주고 있다. 스포츠와 레크리에이션 단체 활동도 전반적으로 늘어나는 추세를 보여 주고 있다. 이러한 결과는 여가시간 그 자체는 늘지 않았지만 문화예술과 관련된 단체 활동은 그나마 증가하고 있음을 보여 준다. 「사회조사」에서도 문화, 예술 및 스포츠 관람이나 레저시설 이용을 비롯해 국내외 여행 등 다양한 형태의 문화와 여가 생활 참여비율도 모든 연령층에서 증가하는 양상을 보여 주고 있다.

이어서 사회 참여와 관련하여 단체 활동의 추세를 살펴보자.[15] 통계청에서 실시한 「사회조사」는 다양한 형태의 사회 및 단체 활동 참여율을 2002년부터 조사해 발표하고 있다. 여기에서는 시민사회단체와 정치단체, 지역사회모임에 주목해 연령별로 참여율의 변화 추세를 살펴보고자 한다. 시민사회단체의 참여는 5% 내외로 매우 낮고 모든 연령층에서 2009년까지 완만한 증가세를 보여 주었으나 이후 낮아지는 추세를 보여 주고 있다. 특징적인 것은 10대들의 참여율로 20%에 근접할 만큼 매우 높다는 점인데 이는 청소년단체가 시민사회단체에 포함되어 있기 때문으로 풀이된다. 청소년단체는 시민사회단체의 범주에 포함되는데 20대가 되었을 때 시민사회단체 참여율이 5% 이하로 뚝 떨어지고 있어 청소년단체 참여가 이후 시민사회단체로 이어지지 못하고 있음을 알 수 있다. 이어서 정치단체 참여율은 0%에 가까울 정도로 낮고 그마저도 50대 이상을 중심으로 감소하는 추세를 보여 주고 있다. 지역사회모임은 2011년부터 조사 항목에 포함되었는데 거의 변동이 없고 청년층은 1%도 되지 않는 데 비해서 노년층은 6% 내외로 큰 편차를 보여 주고 있다.

　지금까지 교육, 노동, 여가로 나누어 연령별로 기회와 참여가 어떤지 살펴보았다. 다소 변화의 여지는 있지만 여전히 한국사회는 연령 유연성이 낮은 사회로 보인다.[16] 우리나라는 구조적으로 연령 통합적이기보다는 분절적인 특성을 보여 주고 있는데, 그렇다면 정서적으로 젊은이와 어르신들은 가까울까? 다음 절에서 이 문제를 짚어 보자.

청춘과 어르신의 단절

　　대학에서 사회학개론 수업시간에 학부 1학년 학생들에게 60세 이상 노인과 하루 중에 대화를 한 적이 있는지를 물어본 적이 있다. 대화를 한 적이 있다며 손을 든 학생들은 80명의 수강생 중에서 단 2명이었다. 추가적으로 두 친구에게 무슨 대화를 나누었는지 물어보았다. 한 학생은 지하철에서 자리를 양보하는 과정에서 잠시 대화를 나누었다고 말했고 다른 학생은 할머니와 같이 살고 있어서 대화를 수시로 나눈다고 말했다. 학생들의 답변을 들으면서 청년층과 노년층의 대화나 만남이 거의 없구나 하는 생각이 들었고 다른 한편으로 연령 간의 단절이 얼마나 심각할까라는 궁금증이 생겼다.

　이러한 궁금증을 해소하기 위해 우선 「세계가치조사」를 통해 청년들이 노인들을 얼마나 친숙하게 생각하는지 살펴보았다.[17] 이 결과는 생각보다 충격적이다. 29세 이하 청년층의 응답 결과를 보면, 한국의 젊은이들 100명 중 5명만이 "매우 친숙하다"고 답했다. 이는 비교대상 국가들 중 가장 낮은 수준으로 멕시코의 10분의 1에 불과하며 한국보다 중국은 6배, 독일은 5배, 미국이나 스웨덴은 4배나 응답비중이 높았다. 일본이 7%로 한국보다는 높았지만 그나마 낮은 수준을 보여 주었다.

유독 한국의 청년들이 노인들을 친숙한 대상으로 보지 않는 이유는 무엇일까? 우선 만나서 대화를 나눌 수 있는 기회가 많지 않다는 것이 원인으로 보인다. 앞서 연령 유연성에 대한 분석에서 한국사회가 연령 통합적이기보다는 연령 분절적인 사회에 가깝다는 사실을 확인하였다. 교육과 관련하여 평생학습이 확대되고 있으나 정규교육기관에 참여하는 기성세대는 많지 않고 학교는 여전히 아동과 청소년들이 대다수이며 스승과 제자라는 다른 위치에서 세대 간의 만남이 이루어지고 있다. 나이가 다르지만 학생이라는 같은 입장에서 만남과 대화가 이루어지는 것과 스승과 제자로 교류가 이루어지는 것은 아무래도 친숙함에 있어서 차이가 있을 것이다.

직장에서는 10대나 20대가 점차 줄어들고 있으며 60대 이상을 찾아보기 어렵다. 직장에서 세대 간의 만남은 주로 상사와 부하 직원으로 이루어지므로 상명하복이 강조되는 우리나라 직장문화를 고려할 때 서로 간의 정서적인 유대를 기대하기 어려운 측면이 있다. 퇴근 문화만 보더라도 상사가 자리를 지키고 있으면 일이 없어도 야근을 해야 하고 개인적인 일정이 있더라도 직장 회식에서 빠지는 행위가 집단행동에서 벗어난다는 이유로 비난을 받는 상황에서 연장자에 대해 친근함을 느끼기는 어려웠을 것이다.

여가생활에 있어서도 세대 간의 차이를 확인해 볼 수 있다. 「사회조사」에서 연령별로 주말이나 휴일에 어떤 여가활동을 주로 하는지 살펴보면 세대 차이를 확인해 볼 수 있다.[18] 집에서 TV나 DVD를 시청하는 것을 주된 여가활동으로 응답한 비율은 40%인데 청년층은 30% 초반 수준이며 60대는 60% 이상으로 2배에 이르고 있다. 반면, 문화 및 예술 관람이나 인터넷, PC게임 비율은 20대의 경우 10%를 넘지만 60대는 채 1%에도 미치지 못하고 있다. 여가생활을 영위하는 장소에서도 차이를 보여 주는데, 예를 들어 홍대 거리에서 노인을 찾아보기 힘들다면 탑골공원에서 젊은 이들을 발견하기 어렵다.

가정에서 이루어지는 조부모, 부모와 자녀 간의 만남과 대화가 이루어지기 어려운 현실이 노인들을 친숙한 대상으로 보지 않게 만든 이유 중 하나로 보인다. 핵가족화로 3대가 함께 사는 경우가 드물어졌고 멀리 떨어져 사는 데다 바쁜 직장 생활로 따로 살고 있는 부모님을 자주 찾아뵙지 못하면서 조부모와 손자, 손녀 간에 왕래가 줄어들었기 때문이다. 가정에서 이루어지고 있는 단절이 사회에서 청년과 노인 간의 정서적인 유대에 부정적인 영향을 미쳤을 가능성이 존재한다.

만남과 대화가 자주 이루어진다고 해도 서로를 이해하고 배려하는 방식이 아니라면 정서적인 유대를 기대하기 어렵다. 이와 관련 세대 간의 소통 수준을 살펴볼 필요가 있다. 한국행정연구원에서 매년 실시하고 있는 「사회통합실태조사」에서는 세대 간 소통수준이 어떤지를 질문하고 있다.[19] 2013년부터 조사가 이루어져 장기간에 걸친 추세는 알 수 없지만 지난 3년간 우리 사회에서 세대 간 소통이 "매우 잘 이루어지고 있다"는 응답은 10%에서 7% 수준으로 줄어들었다.

연령별로 나누어 살펴보면, 청년층보다는 중장년층이나 노년층의 긍정적인 응답비중이 높았다. 나이가 들수록 세대 간 소통이 잘 되고 있다고 생각하는 것이다. 이는 연장자일수록 만남이나 대화를 주도할 가능성이 높고 자신의 생각이나 주장을 더 적극적으로 표현할 가능성이 높기 때문으로 보인다. 청년들 입장에서는 이러한 만남이나 대화를 기성세대처럼 소통으로 보지 않을 가능성이 존재한다.

이는 "전혀 이루어지고 있지 않다"는 부정적인 응답에서 나타난다. 부정적인 응답은 청년층이 60대보다 2배나 높았다. 즉, 젊은 층이 세대 간 소통 부재를 더 심각하게 받아들이고 있음을 보여 주는 것으로 청년과 노인 간의 정서적인 유대가 높지 않은 이유를 일정 정도 설명하고 있다.

다른 한편, 서구와는 달리 유교문화권에서 부모나 연장자를 친구와 같이 친숙함의 대상으로 대하기보다는 공경의 대상으로 보는 문화적 특성이 반영된 결과로도 해석해 볼 수 있다. 이러한 설명은 중국을 제외하고 한국과 마찬가지로 일본이나 싱가포르 역시 응답비율이 낮아 그럴듯해 보인다. 연령을 초월해서 20대 청년이 60대 노인을 친구로 두는 것이 어려운 문화적 환경으로 인해 적극적으로 친숙하다는 표현을 쓰지 않았을 개연성이 있다.

그렇다면 세대 간의 갈등이라는 맥락에서 청년층과 노년층의 관계를 살펴보면 어떤 결과를 보여 주고 있을까? 「사회통합실태조사」에서는 세대 간 갈등에 대해서 질문을 하고 있다.[20] 청년층과 노년층의 갈등 정도를 물어본 결과, "매우 심하다"라는 응답은 증가하는 추세를 보여 주고 있다.

이 역시 세대 간 소통과 마찬가지로 연령별로 차이를 보여 주고 있다. 20대 청년층은 60대 노년층보다 세대 간 갈등이 심각하다고 생각하고 있는 것으로 나타났다. 그런데 앞서 세대 간 소통과는 다른 응답 경향을 보여 주고 있는데 청년층보다 30대와 40대가 노인층과 젊은 층의 갈등을 더 심각하게 받아들이고 있다는 점이다. 이 결과는 기성세대가 청년세대보다 세대 간 갈등 문제를 더 우려하고 있음을 보여 준다. 세대 간 소통이 아니라 갈등이라는 측면에서 결과를 살펴볼 때 청년들의 노인에 대한 낮은 친숙함이 단지 문화적인 이유만으로 설명되지 않는다는 점을 보여 준다.

「세계가치조사」에서는 세대 문제와 관련하여 노인을 친숙하게 대하고 있는지에 대한 질문 외에 몇 가지 추가적인 질문을 하고 있다.[21] 첫 번째로 "노인들은 오늘날 존경받지 못 한다"는 질문에 대해서 한국의 청년들은 10명 중 9명이 "매우 그렇다"고 응답하고 있다. 이는 비교 대상 국가들 중에서 가장 높은 수치이다. 같은 동아시아 국가인 일본이나 싱가포르의 경우 응답률은 60% 정도에 불과했고 중국도 40%로 낮아 유교문화권 간에도 편차를 보여 주었다. 이 질문은 개인적인 차원에서 노인들이 존경받을 만한 자격을 갖추지 못했다고 생각해서 응답한 것일 수도 있고 사회적인 차원에서 사회 환경이 노인을 공경하기 어렵게 만들고 있다고 생각해서 응답한 것일 수 있다. 어느 쪽이 더 정확한 해석일까?

노인 문제와 관련된 다른 질문들을 통해 더 적절한 해석이 무엇인지 살펴보자. 이 조사에서는 추가적으로 "노인들은 너무 많은 정부의 지원을 받고 있다"에 대한 동의 여부를 질문하고 있다. 이 질문에 대한 결과는 다소 의외인데 한국의 청년들은 10명 중 1명만이 "매우 그렇다"고 응답하고 있다. 곧, 한국의 청년들은 노인들이 정부로부터 충분한 지원을 받고 있지 못하다고 생각하고 있는 것이다.

이 질문과 관련하여 의외의 결과로 보이는 것은 30, 40대나 50대 이상

보다 청년들의 동의 정도가 2배가량 낮다는 점이다. 다른 국가들과 비교해 보면, 의외라는 표현이 적절하다는 점을 알 수 있다. 미국은 물론 스웨덴, 독일과 같은 유럽 국가들도 청년층의 응답률이 더 높게 나타나고 있다. 같은 아시아 국가인 중국도 청년층의 응답률이 가장 높았는데, 다만 싱가포르만이 한국과 유사하게 청년층의 응답률이 낮았다. 일본은 30, 40대의 응답률이 가장 높았고 청년층과 노년층은 거의 동일했다. 그렇다면 왜 한국의 청년들은 노인들에 대한 정부 지원이 적다고 생각하는 걸까? 이는 우리나라에서 노인 복지 수준이 높지 않고 노인 빈곤율이나 자살사망률이 최고 수준일 정도로 좋지 않은 사회여건을 반영한 결과로 보인다.

우리나라 청년층들이 노인에 대한 편견에 대해서 동의하지 않는 경향은 또 다른 질문에서도 나타난다. "노인들은 사회의 짐이다"라는 질문에 대해 한국의 청년들은 8%만이 "매우 그렇다"고 응답하였다. 이는 50대 이상이 응답한 비율의 절반에도 미치지 못하는 것이다. 이러한 결과는 한국의 청년들이 노인을 친근한 대상으로 보고 있지는 않지만 그렇다고 사회에서 쓸모없는 존재로 보거나 필요 이상으로 혜택을 보는 집단으로 보고 있지 않다는 점을 말해 준다.

마지막으로 "노인들은 정치적인 영향력이 너무 크다"는 질문에 대한 결과를 살펴보자. 이 질문에 대해서 한국은 30% 이상이 "매우 동의"한다고 응답하였다. 이는 높은 동의 수준으로 독일이나 멕시코 정도를 제외하고 대다수 국가들은 한국보다 낮은 응답률을 보여 주었다. 연령별로 보면 젊을수록 노인의 정치적인 영향력이 크다고 응답하고 있는데 이는 한국만이 아니라 거의 모든 국가에서 공통으로 나타나는 현상이다. 이 질문에 대해 높은 동의 수준을 보여 준 것은 한국에서 노인들의 정치적인 영향력이 커졌기 때문으로 보인다. 역대 선거에서 저출산과 고령화로 인해 노인들의 선거인구가 증가하였고 투표율 자체도 청년층보다 더 높은 편이다. 중앙선거관리위원회에서 역대 선거의 투표율을 분석한 결과에 따르면, 20대 투표율은 60대 이상의 투표율보다 적게는 10%에서 많게는 20%나 낮은 수준을 보여 주고 있다. 최근 2017년 제19대 대통령 선거나 2016년 제20대 국회의원 선거에서 청년층의 투표율이 10% 이상 증가해 청년들의 적극적인 참여가 이루어지고 있지만 선거인구 등을 감안할 때 고령층의 정치적인 영향력은 청년층보다 훨씬 더 클 것으로 예상된다.

정치적인 영향력은 연령세대 간에 정치적인 입장이 다를 때 더 분명하게 나타난다. 대체로 젊은 층은 진보적인 후보를 지지하며 고령층은 보수적인 후보를 지지하는 경향이 있다. 「세계가치조사」에서는 자신이 진보적인지, 보수적인지를 물어보는 질문이 있다.[22] 진보적이라는 응답비율을 살펴보면, 한국 청년들은 50세 이상 응답자들보다 2배나 높게 "진보적이다"라고 응답하였다. 진보적이라는 응답비율은 청년층과 노년층 간에 10%이상 차이를 보여 주고 있다. 이 질문에 대해 다른 국가들의 결과를 살펴보면, 독일이나 미국처럼 연령별로 진보적이라는 응답에 거의 차이를 보여 주고 있지 않은 국가들도 있으며 젊은 층의 응답률이 높다고 해서 한국처럼 청년층과 노년층 간에 큰 격차를 보여 주고 있지 않다. 이러한 측면에서 한국의 보수와 진보의 갈등은 부분적으로 세대 간 갈등양상으로 나타나고 있음을 확인해 볼 수 있다.

사실 세대 간 갈등은 다양한 사회적 갈등 중 하나다. 사람 간의 갈등은 남녀 간에, 노인과 청년 간에, 빈곤층과 중상류층 간에, 노동자와 고용주 간에 발생한다. 진보와 보수 간의 정치적 갈등을 비롯하여 수도권과 지방

간에 지역갈등이 존재하고 종교 간에도 갈등이 존재한다. 그렇다면 우리 나라 사람들은 노인과 청년 간의 세대 갈등을 다양한 사회적 갈등과 비교 해 얼마나 심각하다고 생각할까? 「사회통합실태조사」를 통해 결과를 살 펴보았다.[23]

대상별 갈등 중에서 한국인들이 가장 심각하다고 생각하는 것은 세대 간 갈등이 아니라 빈곤층과 중상류층 간의 갈등으로 연령과 상관없이 공 통적으로 응답하고 있다. 세대 간 갈등의 응답비중은 계층 간 갈등의 절 반에도 미치지 못한다. 두 번째로 높은 응답을 보여 주고 있는 것은 노동 자와 고용주 간의 갈등으로 한국인들은 계층이나 계급 간 갈등이 세대 간 갈등보다 더 심각하다고 생각하고 있음을 보여 준다.

비교대상을 넓혀서 살펴보면, 한국인들은 정치적인 이념인 보수와 진 보 간의 갈등이 가장 심각하다고 답변하였다. 이는 연령별로 거의 차이가 없었다. 노인과 청년 간의 세대 갈등은 개발이냐, 보존이냐는 환경 이슈를 둘러싼 갈등보다 덜 심각한 것으로 나타나 세대 전쟁이라는 표현이 과장 된 것은 아닌가라는 생각을 갖게 한다. 다만, 앞서 살펴보았듯이 우리나라 는 진보적인 성향의 청년층과 보수적인 성향의 노년층으로 다른 국가들 보다 뚜렷하게 나누어져 있어 가장 심각하게 생각하는 이념적 갈등이 세 대 차이를 반영하고 있다는 점을 염두에 둘 필요가 있다.

지금까지 살펴본 결과를 종합해 볼 때 한국사회의 세대 간 갈등은 심각 하다고 단정할 수 없지만 우려할 만한 상황인 것은 틀림없어 보인다. 게 다가 정년을 둘러싼 일자리 문제나 주거와 같은 쟁점들은 세대 간의 갈등 을 증폭시킬 가능성이 있다. 다른 한편, 청년들과 노인들의 사회경제적인 위치가 점점 닮아 가고 있다는 지적도 있다. 전자는 분열의 가능성을, 후자는 연대의 필요성을 말해 주고 있는데 연대와 분열 중에서 어떤 귀결로 결론이 날지 다음 단락에서 살펴보기로 하자.

연대와 분열의 갈림길

사람은 누구나 나이를 먹는다. 나이를 거꾸로 먹는 경우는 없다. 만약 이러한 사실이 바뀌지 않는다면 기초노령연금처럼 노인에게 정부지원이 이루어질 때 노인만이 혜택을 보는 경우는 없다. 누구나 나이가 들면 노인이 되기 때문이다. 이러한 명백한 사실에도 불구하고 청년층과 노년층 간에 갈등이 발생할 수 있고 이미 분쟁이 구체적으로 일어나고 있는 사안들이 존재한다. 여기에서는 일자리, 주거라는 두 가지 갈등요소에 대해서 다루어 보았다.

가장 최근 쟁점이 된 정년 문제를 살펴보자. 우리나라에서 정년은 「고령자고용법」이 개정되어 정년이 60세까지 연장되었고 2016년부터 시행 중이다.[24] 정년 문제는 연령별로 다른 입장을 가질 수 있지만 본질적으로 세대 간 갈등 요소로 보기 어렵다. 청년층이 구직자일 때 유리함과 불리함을 따져 볼 수 있지만 취직을 한 뒤에는 특정 연령까지 고용이 보장된다면 나쁠 것이 없고 나이가 들수록 정년 보장에 대한 욕구가 커지기 때문이다.

그렇다면 제한적으로 구직자 입장에서 정년 연장은 불리한 것일까? 사회초년생인 청년들은 대다수 구직자 입장이므로 이를 따져 볼 필요가 있다. 이와 관련해 직장에서 신규 직원을 채용할 때를 생각해 보자. 신규 채용은 경기가 좋아지거나 업무가 증가해 이루어지거나 기존 직원이 퇴사해 공석을 채우기 위해 이루어진다. 우선 전자와 관련해 정년 연장은 아무 관련이 없다. 후자와 관련해 기존 직원 중에서 중도에 나가는 경우는 상관이 없고 정년을 다 마치고 퇴사하는 경우에만 정년 연장은 신규 채용에 영향을 미친다. 정년퇴직으로 공석이 생겼을 때 경력채용이나 내부 승진으로 돌릴 경우 신규 채용으로 이어지지 않을 수 있다. 게다가 민간기업의 경우 정년퇴직을 하는 경우가 많지 않다는 점에서 일자리 증감에 미치는 정년효과는 미미할 것으로 예측된다. 이는 정년 연장이 청년 구직자 입장에서 불리할 수 있지만 경우의 수가 많아 거의 영향을 미치지 않는다는 점을 보여 준다.

앞서 청년과 노인 일자리가 대체관계에 있는가를 다루어 봤는데 여기에서는 구체적으로 정년 연장이 청년 고용에 부정적인 영향을 미쳤는지 살펴보자. 우선 2000년대 이후에 정년을 연장하거나 아예 폐지한 4개 국가(독일, 일본, 스페인, 영국)를 대상으로 정년 변경 전후에 청년층과 고령층의 고용률 변화 추세를 살펴보았다.[25] 4개 국가들 중에서 정년 변경 이후에 청년층 일자리와 고령층 일자리의 대체관계를 보여 준 사례는 없었다. 다만 영국에서 정년 폐지 전에 고령층의 고용률이 증가하면 청년층은 감소하는 대체관계를 보여 주고 있을 뿐이다. 이처럼 정년 연장이라는 정책 변화로 청년층과 고령층의 일자리 대체관계는 입증되지 않고 있다.

통계적인 분석을 통해 청년층과 노년층 일자리의 대체관계를 분석한 국·내외 연구들도 대체관계보다는 오히려 보완관계에 있다는 결론을 제시한 경우가 대부분이다.[26] 여러 연구들에서 검증한 바에 따르면 고령층의 고용률이 높아져도 청년층 고용률이 낮아지거나 청년층의 실업률이 높아지지 않았다. 동시에 고령층 취업자가 늘어난다고 해서 청년층 취업자가 감소하거나 청년층 실업자가 증가하지 않았다.[27] 이처럼 정년 연장이 청년 일자리에 부정적인 영향을 미친다고 단언할 수 없다면 나이가 들면 적용받을 수 있는 정년 연장을 젊은이라고 해서 반대할 필요는 없어 보인다. 한편, 정년 연장은 연금을 둘러싼 세대 간 갈등을 다소나마 줄일 수 있는 방안이기도 하다. 정년이 연장되면 연금을 납입하는 기간이 늘어나고 수령하는 기간이 단축되므로 퇴직 후에 연금부담을 미래세대에 전가하는 정도를 낮출 수 있기 때문이다.

두 번째로 주거 문제를 살펴보자. 집을 가지고 있는 사람 입장에서 투자라면 말할 것도 없고 순수하게 거주 목적이라고 하더라도 집값이 내려가는 것보다 올라가는 것이 좋다. 반면 집을 장만해야 하는 사람 입장에서 집값이 높으면 부담이 클 수밖에 없으므로 집값이 떨어지기를 기대한다. 청년들은 집을 장만해야 하는 상황이므로 부동산 가격이나 부동산 정책을 바라보는 시각이 장년층이나 노년층과 다를 수밖에 없다. 이는 세대 간에 이해 충돌이 발생하는 갈등요소로 볼 수 있지만 이 문제는 앞선 일자리 문제와 더불어 청년층이 자기 집을 장만하는 순간 달라질 수 있다. 게다가 젊은 사람들이 대출을 많이 해서 집을 장만했다면 집값이 내려가는 순간 낭패를 볼 수 있다. 집값이 크게 떨어지면 자산은 없어지고 빚만 남을 수 있기 때문이다.

우리나라 부동산 가격 추세를 살펴보면, 단기적으로 등락을 거듭하는 양상이지만 1970년대부터 이어진 장기추세는 큰 가격 변동 없이 유지된 1990년대를 제외하고 지속적인 상승추세를 보여 주고 있다.[28] 1995년 부동산 가격을 100만 원이라고 가정할 때 1975년 부동산 가격은 10만 원이 채 안 되었으며 2016년 2배 가까이 늘어났다. 부동산 가격의 상승추세가 언제까지 지속될지 속단할 수 없지만 가격 조정 시기를 거친 다른 국가들을 염두에 두고 볼 때 마냥 증가할 것으로 보이지 않는다. 아마도 가장 이상적인 방향은 부동산 폭락을 경험한 일본이나 미국과는 달리 소폭 하락 후 점진적으로 증가하거나 감소하는 경향을 보여 준 스웨덴이나 독일과 같은 추세를 보여 주는 것이다.[29] 이것이 청년은 물론 모든 세대에게 있어서 바람직한 방향이라고 볼 수 있는데 이미 매우 높은 수준인 주거비용을 고려해 볼 때 청년층이 주거빈곤층으로 전락하지 않도록 정책적 지원을 뒷받침하는 것이 필요하다고 할 수 있다.

지금까지 살펴본 정년이나 부동산 문제는 실질적으로 세대 간에 대립적인 사안이라기보다 상호 보완적인 측면이 있어 보인다. 물론 이 문제를 받아들이는 입장에서 청년과 노인의 생각은 다를 수밖에 없고 국민적 합의를 통해 세대 간 상생으로 나아갈 가능성이 낮아 보인다. 최근 지역을 기반으로 이루어지던 정치적인 대립이 일부 균열을 보여 주는 대신, 정치적인 지지기반을 세대 간 갈등을 통해 얻고자 하는 흐름이 나타나고 있으며 이는 세대 간 사회적 타협을 더 어렵게 만들지도 모른다.

그런데 최근 연령별로 사회적 여건의 변화추세를 살펴보면, 젊은 세대와 노인 세대가 매우 유사하게 취약한 상황에 놓여 있음을 알 수 있다. 이는 세대 간 연대의 필요성을 말해 주는 것으로 청년이나 노인 모두 과거보다 빈곤해졌고 고용의 질이 악화되고 있으며 낮은 행복감을 보여 주고 있다.

먼저 연령별 빈곤율 추세부터 살펴보자.[30] 1990년대까지 연령별로 볼 때 빈곤 문제는 주로 노인에 관한 것이었다. 빈곤율은 나이가 들어감에 따라 증가하는 양상을 보여 주는데 2000년대 들어서 뚜렷한 U자 곡선을 보여 주기 시작하였다. 곧, 청년기에 빈곤율이 높아져 노인만큼이나 청년 빈곤 문제가 심각해졌다는 것이다. 우리가 전통적으로 분류해 온 취약계층이 여성과 노인이라면 이제 청년도 취약계층의 한 유형으로 부상하고 있는 것이다.

고용의 질과 관련하여 연령별로 임금총액을 보면, 20대 이하와 60세 이상이 상대적인 임금 수준이 지속적으로 낮아지는 추세를 확인해 볼 수 있다.[31] 연령별로 고용의 질에 있어서 변화를 분석한 유홍준·김기헌·오병돈(2014)은 1983년부터 2012년까지 30년이라는 기간 동안 고용기회나 고용안정, 소득보장 등의 측면에서 청년층과 노년층의 고용의 질이 지속적으로 악화되어 동질화 경향을 보여 주고 있다고 지적하고 있다.[32]

행복감도 청년층과 노년층이 낮은 수준을 보인다는 점에서 비슷한 경향을 나타내고 있다.[33] 다만 이는 한국적인 현상이다. 왜냐하면 대다수 국가들은 젊을 때의 행복도가 가장 높기 때문이다. 반면, 한국은 예외적으로 20대 이하에 행복감이 낮은 수준이어서 노인들의 행복감과 유사한 수준을 보여 주고 있다.

이처럼 연대의 필요성은 커지고 있지만 우리 사회에서 연령 세대 간에 서로 연대할지, 아니면 분열할지 여부에 대해서 예측하기 어렵다. 그렇지만 분명한 것은 연령 간의 상생이 연령 간의 갈등보다 바람직한 방향이며 모두를 위한 선택이라는 점이다.

제4장

교육적 모라토리엄

10마일로 기어가는 학교가 100마일로 달리는
기업에 취업하려는 학생들을 준비시킬 수 있겠는가?

앨빈 토플러(Alvin Toffler, 1928~2016)

『제3의 물결(*The Third Wave*)』로 유명한 미래학자인 앨빈 토플러(Alvin Toffler)를 직접 본 적이 있다.[1] 현재는 여성가족부에서 청소년정책 업무를 맡고 있지만 2007년 참여정부 때는 부처가 아닌 국가청소년위원회라는 국무총리 산하의 별도 행정기구에서 청소년정책 업무를 담당하였다. 당시 국가청소년위원회로부터 청소년 분야의 2030년 미래 전망에 대한 위탁 연구를 의뢰받아 수행 중이었다. 이 연구의 일환으로 유명한 미래학자인 토플러가 한국에 방문했을 때 청소년들과 대화를 하는 자리를 마련하는 데 참여하였다. 당시 토플러는 한국에서 『부의 미래(*Revolutionary wealth*)』라는 책의 청소년판을 출간한 것을 기념해 한국을 방문할 예정이었다.[2]

국가청소년위원회는 행사를 개최하기 전에 예상되는 질문을 미리 준비해 달라고 요청을 하였다.[3] 이때 이 책을 읽으면서 질문들을 정리하다가 인상 깊은 대목을 발견하였다. 사회의 여러 기관들을 대상으로 새로운 변화에 대응하고 혁신하는 속도를 비교해 제시한 부분이었다. 토플러는 사회 변화에 대해서 시민사회단체나 기업의 대응 속도가 가장 빠르다면 정부 관료조직이나 의회, 정당, 법원 등과 더불어 학교 역시 변화에 대응하는 속도가 너무 느리다고 비판하였다.

특별히 미국과 더불어서 우리나라에 대해서도 언급하였는데 한국의 교육제도는 부서진 고물자동차처럼 외부 환경의 변화에 거의 대응하지 못하고 있다는 것이다. 학교는 공장과 같은 모습을 하고 있으며 학생들은 미래에 필요하지도 않은 지식을 쌓기 위해 많은 시간을 허비하고 있다는 것이다. 토플러는 이미 2001년에 한국정보통신정책연구원의 초청으로 한국을 방문했을 때도 거의 유사한 진단을 내놓은 바 있다.[4] 미래전망에 대한 권위자의 눈에 비친 한국교육은 6년이 지난 뒤에도 바뀐 것이 거의 없어 부서진 고물자동차와 다를 바가 없었을 것이다. 당시에는 신선하면서도 과장된 표현이라는 생각이 들었는데 지금 생각해 보면, 그의 문제 제기가 한국의 교육 현실을 너무나 잘 묘사한 것은 아닌지 뒤돌아보게 된다.

이 장에서는 토플러의 문제 제기에 대해서 되짚어 보는 시간을 갖는다. 첫 번째는 시대의 변화를 선도하기는커녕 잘 따라가지도 못하고 있다는 토플러의 문제 제기와 관련하여 초등과 중등교육의 문제를 짚어 봤다. 두 번째로 고등교육에 대해서 살펴보았다. 마지막으로 고학력화가 한국사회의 경제 기적을 이루는 데 크게 기여했지만 이제 그러한 역할을 기대할 수 없게 된 이유가 무엇인지를 살펴보았다. 더 이상 대학교육의 수익률을 기대할 수 없는 상황에서 한국의 대학교육은 고학력화와 운명을 같이하고 있다. 여기에서는 대학을 왜 하나의 상품으로 보기 시작했고 의도와는 달리 대학교육이 경쟁력 없는 상품으로 변모하게 되었는지를 살펴보았다.

마지막으로 우리나라 교육의 실패가 청년들에게 다양한 형태의 유예된 삶을 어떻게 강요했는지를 살펴보았다.

부서진 고물자동차의 정체

토플러가 한국의 학교교육을 부서진 고물자동차에 비유한 것은 교육에 기대하는 선도적인 역할을 못하고 있다고 생각했기 때문이다. 이는 창의적 인재를 필요로 하는 현대사회에서 학교가 여전히 근대적 인간을 키우고 있다는 점에서 그렇다. 곧, 공장에서 단순반복적인 일을 처리할 때나 필요한 끈기와 성실로 대변되는 방식으로 학교를 운영하고 있다는 것이다. 보다 직접적으로 대학에서 세상을 바꿀 원천 기술을 개발하고 이를 기업들이 응용해 새로운 시장을 개척하는 데 앞장서기는커녕 기업들이 이미 확보하고 활용하고 있는 기술들을 학생들의 취업을 위해 전수하기에도 급급하다는 점에서 그렇다.

전자는 주로 고등학교까지의 초등, 중등교육 단계와 관련이 있으며 후자는 대학이나 대학원 같은 고등교육 단계와 관련이 있다. 자동차로 비유한다면 후자는 나아갈 길의 방향을 잡아 주는 앞쪽 바퀴라면 전자는 무게 중심을 잡아 주고 차를 받쳐 주는 뒤쪽 바퀴에 해당한다고 볼 수 있다. 앞바퀴의 문제는 2절에서 구체적으로 살펴보기로 하고 여기에서는 초등, 중등교육 단계의 문제점에 대해서 살펴보았다.

한국교육이라는 자동차의 뒤쪽 바퀴가 바람이 빠지고 펑크가 난 이유는 무엇일까? 초등과 중등교육이 비판을 받는 이유 중에 하나는 사람들이 살아가는 데 필요한 자질이나 능력을 제대로 가르치고 있지 않다는 점이다. 나아가 창의력과 같이 현대사회에서 너무나 중요한 역량을 갖추는 데 현대 교육이 제 역할을 하지 못하고 있다고 비판을 받는다.

이는 학교 교육과정이 교과목 중심 입시 위주로 이루어지면서 나타난 현상이라고 할 수 있다. 사회성을 예로 들어 교과목중심으로 이루어진 학교 교육과정이 왜 정작 중요한 것을 놓치고 있는지 살펴보자. 사회성은 현대사회를 살아가는 데 꼭 필요한 자질이나 능력 중 하나이다. 그런데 사회, 경제, 정치, 문화 등과 같은 사회과학 지식을 중심으로 하나의 과목으로 정착한 사회 교과목에서 사회성이라는 역량을 담아낼 수 있을까? 결론적으로 말하면 불가능하다. 사회성이라는 역량은 지식만이 아니라 태도와 기술, 행동을 모두 포괄하는 것이기 때문이다.

사회성을 높이려면 사회적 관계에 관한 지식이 필요하고 표현력이나 발표력을 숙달할 필요가 있고 무엇보다 구체적으로 친구를 사귀거나 다른 사람을 돕는 봉사활동이나 기부활동과 같은 행동을 동반해야만 신장시킬 수 있는 것이다. 곧 교과라는 특정 영역에서 다룰 수 있는 문제가 아니라 학교의 수업방식이 형식교육을 넘어서 비형식, 무형식 학습으로 이어질 때 가능한 것이다. 나아가 학교만이 아니라 가정에서도, 친구들끼리도 역량을 키우는 학습이 이루어질 수 있다는 점에서 학교의 수업이라는 경계도 넘어서야 한다.

학교수업 안에서도 교과 지식만을 전달하지 않고 역량을 키울 수 있는 기회는 많다. 수학 수업에서 어떻게 사회성을 키울 수 있는지를 살펴보자. 만약 수학 수업이 일방적으로 선생님의 강의로 이루어지는 것이 아니라 발표 형태로 이루어진다면 학생들은 발표력을 키울 수 있는 기회를 얻게 된다. 수학 문제를 푸는 방식을 개인이 아니라 학생들 3~4명으로 이루어진 팀에서 풀도록 한다면 학생들의 협동심을 키울 수 있는 기회를 갖게 된다. 친구를 사귀는 과정에서 발생하는 다양한 문제들에 대해서 수업시간이 아닌 상담시간에 상담교사로부터 조언을 듣고 해결해 나가는 과정에서 학생들은 사회성을 키우게 된다. 사회성 학습의 출발은 가정에서 이루어지는 부모와 자녀 간의 의사소통이다. 부모로부터 아이들은 자신이 혼자 살아가고 있지 않다는 사실을 알게 되고 나이 들어 친구들을 사귀어 가면서 수직적인 관계만이 아니라 수평적인 인간관계가 있음을 알게 된다.

학교에서 정작 사회생활에서 필요한 교육이 이루어지지 않고 있다는 반성은 서구에서 먼저 이루어졌다. 이러한 반성의 결과가 역량중심 교육이다. 역량중심 교육은 경제협력개발기구(OECD)에서 2000년대 들어서면서 발표한 데세코 프로젝트(DeSeCo project)에 이어 OECD 2030 프로젝트(OECD Education 2030 project)에서도 중요한 어젠다로 제시되고 있다(OECD, 2017).[5] 여기에서는 데세코 프로젝트 결과를 중심으로 역량중심 교육의 특징들을 몇 가지로 정리해 보았다(Rychen & Salganik, 2003).[6]

첫 번째는 실생활에 필요한 능력과 자질을 강조한다는 점이다. 문자를 익히는 것은 교과중심 교육이나 역량중심 교육이나 차이가 없다. 문자를 구성하는 자음과 모음을 익히지 않고 글을 읽고 쓸 수 없기 때문이다. 그런데 문자를 활용하는 단계에서 학문(academy)과 실용(practice)이 구분되기 시작한다. 예를 들어 문자가 언제, 어떻게, 왜 발생했는지에 대한 부분과 주어가 동사보다 먼저 나오도록 글을 쓰는 부분은 다르다. 전자는 글쓰기 그 자체와는 관련이 없지만 후자는 글을 쓰는 연습과정으로 글쓰기 그 자체이다. 물론 글을 실제로 쓰기 시작하면 어떤 내용을 채워 넣어야 하는지가 필요하다. 전자는 내용에 관한 부분이며 그래서 반드시 필요한 영역이다. 그런데 만약 국어 수업시간에 세종대왕이 한글을 만든 사실만을 가르치고 실제로 주어가 동사 앞에 나오도록 글을 쓰는 연습을 하지 않는다면 어떻게 될까? 학생이 학교를 졸업하여 사회생활을 시작할 때 실제로 하는 것은 글쓰기인데 글쓰기 연습이 되어 있지 않다면 이에 대해 서툴 수밖에 없다. 소설가나 방송작가처럼 글쓰기와 직접적으로 연관된 직업에 종사하지 않아도 누구나 직장생활을 하면서 글을 쓴다. 이처럼 보편적이고 일상적으로 요구되는 능력과 자질을 제대로 배우지 못한다면 학교의 역할은 무엇인가라는 근본적인 문제를 제기할 수밖에 없다.

두 번째는 교육 방식에 대해서 형식을 넘어서 비형식이나 무형식을 추구한다는 점이다. 정규교육이 이루어지기 위해서는 세 가지 요소를 갖추어야 한다. 가르치는 공간(학교)과 가르치는 사람(교사), 그리고 가르치는 내용(교과서와 교재)이 그것이다. 우리가 학교에서 수업을 들을 때 이 세 가지 요소 중 한 가지라도 빠진다면 교육은 성립되지 않는다. 그런데 이를 다 갖춘 것만으로 교육이 성립되는 것이 아니다. 세 가지 요소들은 학습이 충분히 이루어질 수 있도록 법적·제도적으로 주어진 요건을 갖추어야 한다. 예를 들어 교사와 관련 사범대를 나오지 않거나 임용고시에 합격하지 않은 사람이 학교에서 학생들을 가르칠 수 없다.

이처럼 형식적으로 짜 맞추어져 가르치는 교과목과는 달리 역량은 정규교육의 틀로 가두어 놓을 수 없다. 말하기라는 역량을 놓고 보자. 말하기의 학습공간은 교실을 뛰어넘는다. 집과 동네, 그리고 사람과 사람의 만남이 이루어지는 모든 공간이 학습공간이다. 우리가 글쓰기에 비해서 말하기에 대체로 능숙한 이유는 학습공간의 제약이 없어 무수히 많은 실습이 생활 속에서 이루어지기 때문이다. 가르치는 사람도 교사만이 아니라 부모나 친구, 길 가던 사람 누구나 교사가 될 수 있고 본인 역시 상대방에게는 교사일 수 있다. 길거리에서 이루어지는 대화는 교재를 들고 특정 시간에 정해진 장소에서 이루어지지 않는다는 점에서 정해진 것이 없다. 역량에 대한 학습은 흔히 통합교육 방식으로 이루어지는 이유가 여기에 있다. 곧 수학이든, 과학이든, 국어든 교과목과 상관없이 모든 수업시간에 역량을 키우기 위한 학습이 이루어질 수 있기 때문이다.

세 번째는 평가 방식에 있어서 형식에 구애받지 않고 평가자에게 재량이 주어진다는 점이다. 예를 들어 보자. 말을 잘하는 것을 누군가가 평가한다면 어떻게 할 수 있을까? 전통적으로 학교교육에서 이루어지는 것은 시험이다. 그렇다면 시험을 통해 역량에 대한 평가를 할 수 있을까? 물론 가능하다. 말을 잘하기 위해서는 알아야 하는 지식이 있다. 가장 기본적인 것은 어휘력이다. 어떤 상황에서 어떤 말을 하는 것이 가장 적절한지를 알기 위해서는 어휘력이 풍부해야 한다. 학습자가 어휘력이 풍부한지를 시험을 통해 확인할 수 있다. 그런데 이는 말을 잘하는지 여부를 평가하는 한 가지 기준에 불과하다. 문법과 같은 말하는 지식이 풍부해도 한마디 말도 못하는 사람이 있기 때문이다. 정서적으로 사람을 대하는 것이 불편한 사람은 어휘력이 풍부해도 대화에 미숙할 수밖에 없다. 가장 형식적인 평가방식인 시험은 말을 잘하는지 여부에 대해서 단 한 차례만 관찰해도 알수 있는 것을 간파하지 못한다. 누군가 말을 잘하는지는 교사가 아니어도 누구나 한 번의 대화만으로 알아차릴 수 있다. 이처럼 시험이라는 틀이 아니라 다양한 방식으로 평가가 이루어진다면 자연스럽게 평가자에게 평가에 대한 재량권이 주어지게 된다.

시험은 점수로 표현하기 쉽지만 관찰은 점수로 환산하기 어렵다. 시험은 점수로 표현하기 위해 반드시 정답과 오답이 있어야 하지만 관찰은 정, 오답이 없고 정도의 차이만 있을 뿐이다. "잘한다"와 "못한다"는 당연하게도 정답과 오답이 아니다. 대신 가치가 개입되면 사람마다 평가하는 기준이 다르기 때문에 잘하는 사람과 못하는 사람이 평가자의 변경만으로 바뀔 수 있다. 이러한 부분을 완화하기 위해 도입된 것이 절대평가이다. 명확하게 정답과 오답을 구분할 수 없다면 평가는 상대적인 것이 아니라 절대적이어야 한다. 두 사람을 비교하는 것은 모르겠지만 여러 명을 평가한다면 누가 더 잘하는지를 평가하기 어렵다. 여기에서 중요한 것은 평가자의 전문성이며 평가자들이 전문성을 갖춘 사람들이라면 평가자의 주관에 따라 바뀔 수 있는 문제를 최소화할 수 있다. 그런데 만약 이러한 가치판단에 대해서 평가자에게 재량을 부여하지 않는다면 더 정확할 수 있는 관찰을 통한 평가는 이루어질 수 없다. 그런데 평가가 어렵다고 해서 다양한 평가방식을 포기하는 것은 어리석은 짓이다.

한국에서 역량중심 교육은 아직까지 실험단계에 머물러 있다. 세 가지 부분을 구분해 한국의 현실을 살펴보자. 먼저 한국은 실생활에 필요한 능력과 자질을 가르치고 있는가? 경제협력개발기구(OECD)는 7년에 이르는 장기 연구프로젝트인 데세코(DeSeCo: Definition and Selection of Competences)를 통해 삶을 살아가는 데 필요한 핵심역량을 세 가지로 제시하고 있다.[7] 이것은 인간과 문자, 언어, 기호, 상징, 정보, 기술과 같이 인간이 만든 지적인 도구들과 관계에 대한 것과 인간과 인간 간의 관계, 마지막으로 인간 자신의 내면적인 관계에 관한 것으로 구분된다. 만약 개인들이 인간이 만든 지적인 도구를 손과 발을 다루듯이 잘 다룰 수 있다면 살아가는 데 큰 도움이 될 수 있을 것이다. 말을 잘하고 글을 잘 쓰는 것에서 출발해 수학이나 과학에서 사용하는 기호나 문화나 예술적인 상징을 잘 이해하고 활용할 줄 안다면 살아가는 데 큰 어려움을 겪지 않을 것이다. 점차 복잡해지고 있는 현실에서 넘쳐나는 정보에 대해서 잘 접근하고 필요하거나 유용한 정보를 잘 선별해 낼 수만 있다면 현대사회를 살아가는 데 뒤처질 일은 없을 것이다. 마지막으로 망치질을 하는 것에서 로봇의 도면을 설계하는 일까지 어떤 형태의 기술이든 한 가지라도 잘 다룰 수 있다면 취업을 하는 데 문제가 발생하지 않을 것이다. 데세코 프로젝트는 이를 지적 도구 역량으로 표현하면서 첫 번째 핵심역량으로 제시하고 있다.

인간은 혼자 살아가는 것이 아니라 다른 사람과 함께 살아간다. 가정에서는 부모와 자녀 간에, 형제와 자매 간에 관계를 맺고 살아가며 직장에서는 상사와 부하 간에, 동료 간에 관계를 맺고 살아간다. 지역사회에서는 이웃이 있으며 범위를 넓힌다면 한 국가 안에서 개인들은 국민으로 살아간다. 이러한 다양한 공간에서 이루어지는 인간관계를 잘 풀어낼 수 있는 능력이나 자질이 있다면 현대사회를 살아가는 데 있어서 어려움을 겪지 않을 것이다. 데세코 프로젝트는 이를 사회적 역량이라고 표현하고 있다. 사회적 역량은 개인과 개인 간에 이루어지는 관계를 풀어내는 역량과 개인과 사회 간에 이루어지는 역량으로 구분된다. 전자는 다른 사람들을 이끌어 나갈 수 있는 리더십을 비롯하여 조직에서 다른 사람과 잘 협력해서 과업을 완수할 수 있는 협력인 팀워크를 포함한다. 이와 더불어 살아가는 데 있어서 다른 사람을 잘 설득하거나 갈등이 발생했을 때 문제를 해결하는 능력 등이 포함된다. 후자는 지역사회를 위한 자원봉사활동에서 출발해 다양한 기부활동이나 참여활동 등을 통해 사회에 기여하는 일련의 활동들이 포함된다.

마지막으로 자기 자신과의 관계는 내가 누구인지, 내가 살아가는 세계는 어떤 곳인지, 나에게 주어진 권리는 무엇이고 사회로부터 부여된 의무는 무엇인지와 같이 자기 자신과 살아가고 있는 세계를 이해하는 것에서부터 출발한다. 이어서 내가 할 수 있는 것과 이루고자 하는 것을 찾고 계획을 수립하며 계획을 완수하기 위해 실천하는 것을 포함한다. 데세코 프로젝트는 이러한 핵심역량을 자율적 역량이라고 표현하였다.

각 국가별로 어떤 것이 핵심역량인가는 다를 수 있다. 대체로 데세코에서 제시한 세 가지 핵심역량과 함께 생각하는 능력인 사고력이나 새로운 것을 발견하고 발굴하는 능력인 창의력이 강조되고 있다. 그렇지만 핵심역량을 정의하고 교육과정을 통해 청소년들로 하여금 핵심역량을 증진시키기 위한 노력을 해야 한다는 점은 차이가 없다. 우리나라도 역량중심 교육과정에 대한 관심을 2000년 중반부터 가져왔으며 2008년의 미래형 교육과정이나 2015년 문·이과 통합 교육과정으로 불리는 교육과정 개정 작업에서 역량이라는 표현이 지속적으로 등장하였다. 그렇지만 학교에서 핵심역량을 학습하는 과정은 여전히 더디며 뚜렷한 성과를 내고 있지 못한 것이 현실이다. 그 이유는 잘 알겠지만 입시 위주의 교육과 대학 진학 경쟁에 있다. 학교 내신이나 대학 입시 전형은 여전히 시험을 잘 보는 능력을 중심으로 이루어지고 있기 때문이다. 학생생활기록부 전형과 같이 일부 수험생들의 핵심역량을 파악할 수 있는 요소가 반영되어 있지만 교과중심을 역량중심 교육과정으로 바꾸어 놓을 만큼의 영향력을 발휘하고 있지 못한 것이 현실이다. 게다가 자원봉사처럼 부모가 대신하거나 사설학원의 도움을 받아 다양한 수업방식과 입시제도에 대응하면서 금수저 논란이 제기되어 제도 도입 취지를 무색하게 만들고 있다.

두 번째로 비형식, 무형식 교육은 어떨까? 학교라는 울타리를 넘어 지역사회가 청소년들을 위한 학습공동체라는 인식이 확산되고 있으며 우리나라에서도 다양한 체험활동을 통해 이루어지는 비형식, 무형식 교육 방식이 늘어나고 있다. 그런데 이러한 교육은 교실 안에서도, 교실 밖에서도 보조적인 수단으로만 활용되고 있으며 청소년들의 체험활동이나 단체활동 참여는 갈수록 줄어들고 있다. 동시에 초등학교에서 중학교, 그리고 고등학교로 올라갈수록 이러한 형태의 교육은 점차 줄어드는 문제점도 존재한다.

마지막으로 우리나라는 시험이라는 단일한 방식으로 평가가 이루어지며 관찰과 같은 정성적인 평가는 부수적인 것이거나 아예 이루어지지 않는다. 대부분 상대평가로 이루어지다 보니 선생님들의 재량에 맡기는 평가 방식은 공정성이라는 잣대를 이유로 잘 이루어지지 않고 있다. 시험만으로 이루어지는 평가는 개인들의 역량 수준을 파악하기 어렵게 만들고 정작 필요한 역량을 키우는 문제를 소홀하게 만들고 있다.

그렇다면 앞바퀴에 해당하는 대학교육은 어떤 모습을 보여 주고 있을까? 자동차가 느린 속도로 달릴 수밖에 없는 현실은 한국의 자동차가 외국과는 달리 후륜구동이 아닌 전륜구동인 것처럼 뒷바퀴보다 앞바퀴에 더 원인이 있다. 다음 절에서는 한국의 대학교육 현실에 대해 살펴보도록 하자.

고학력화의 배반

　　다른 나라에서 유래를 찾아볼 수 없는 한국의 빠른 경제성장은 교육적 성취로 설명되곤 한다. 한국은 단시간 안에 문맹률을 극복했고 대다수 국민들이 의무교육을 이수하는 놀라운 성과를 보여 주었다. 경공업에서 시작하여 중화학공업으로 산업구조가 재편되면서 요구되었던 인적자원의 확보는 중등교육의 확대로 어렵지 않게 이루어졌고 대학을 졸업한 고등교육 이수자들은 경제성장의 견인차 역할을 하였다. 또한 해외 유학의 확대는 한국으로 복귀한 유학파들의 활약을 통해 산업구조를 보다 고도화하는 데 기여하였다.

　이러한 교육 확대의 저변에는 다른 어느 나라에서 찾아볼 수 없는 높은 교육열에 기인한다는 평가도 나왔다. 그런데 교육 확대는 이제 한국사회의 앞날에 어두운 그림자를 드리우는 방향으로 바뀌었다.

　경제협력개발기구(OECD)에서 최근 발표한 자료를 살펴보면, 한국의 경우 전문대를 포함하여 대학을 졸업한 인구비율은 청년층과 노년층에 있어서 극적인 차이를 보여 준다.[8] 25세에서 34세 청년층의 고등교육 이수율은 70%에 육박해 해당 인구의 절반 이상이 전문대 이상을 졸업한 것으로 나타나고 있다. 반면, 55세에서 64세 노년층의 고등교육 이수율은 20%에 미치지 못하고 있다. 한국은 비교대상 국가 중에서 청년층과 노년층의 고등교육 이수율의 차이가 가장 큰 나라로 나타나고 있다.

　전문대를 포함한 대학 진학률의 추세를 살펴보면 가히 최고 수준의 고등교육 확대를 보여 준다.[9] 1965년부터 1980년까지 15년간 대학 진학률은 30% 미만을 줄곧 유지해 왔다. 반면, 1980년대 초반에 대학 진학률은

10% 가까이 증가하였고 1990년내 들어 두 배로 늘어났다. 2000년대 중반에는 고등학교 졸업자 10명 중 8명이 대학에 진학하는 기현상이 벌어지게 되었다.

중등교육과는 달리 고등교육단계에서부터 교육 확대는 양면성을 지니게 된다. 대학 교육의 확대는 인적자원의 향상을 의미하고 국가경쟁력을 높일 수 있다는 점에서 긍정적인 현상이라고 할 수 있다. 동시에 대다수 학부모들은 자녀가 대학에 진학하기를 희망하므로 교육적 수요에 부응하고 고등교육 진학에 있어서 계층 간 불평등이 감소하는 것이므로 사회적 위화감을 해소한다는 차원에서도 긍정적이다.

그런데 대학 교육의 확대가 마냥 긍정적인 것만은 아니다. 만약 노동시장에서 요구하는 교육수준이 고도화되지 않는다면, 대학 졸업자들이 고졸 노동시장으로 취업해야 하는 하향취업 문제가 발생하게 된다. 하향취업은 인적자원의 낭비이기 때문에 국가적으로 큰 손실이며 개인적으로 볼 때도 매우 가슴 아픈 일이다. 하향취업을 하게 되면 최소 2년에서 최대 6년을 학업에 투자했지만 개인에게 돌아오는 몫이 전혀 늘어나지 않기 때문이다. 하향취업 실태를 분석한 여러 연구들은 우리나라의 하향취업 규모가 30%에 이른다고 보고하고 있다. 이것은 우리나라에서 하향취업에 따른 교육 손실이 얼마나 큰가를 말해 준다.

경제학적 측면에서 대졸자들의 교육수익률은 어떤 양상을 보여 주고 있을까? 예상대로 대졸자의 수익률은 크게 감소하였다. 1980년 고졸자의 임금을 100만 원이라고 가정할 때 대졸자들의 임금은 221만 원으로 나타나 수익률이 2배를 초과하였다. 반면, 2000년대 중반 이후 대졸자의 임금은 150만 원 미만으로 고졸자와의 격차가 크게 줄어들었다. 만약 대학에 진학하지 않고 고등학교를 졸업하고 취업을 했다면 생애 전체의 소득을 추정해 보는 것이 필요하겠으나 고졸자의 소득이 더 많아질 가능성이 커졌다.

다른 국가들과 비교해 보면 어떤 결과를 보여 줄까? 경제협력개발기구(OECD) 국가들을 비교해 보면, 대학원을 포함한 고등교육 수익률은 34개 국가들 중에서 한국의 경우 남성은 26번째, 여성은 21번째로 낮게 나타나고 있다.[10] 고졸 100만 원을 기준으로 비교대상 국가들의 전체 평균은 155만 원인 데 비해 한국은 각각 138만 원으로 나타나고 있다. 가장 수익률이 높은 칠레는 239만 원으로 한국보다 두 배가량 높은 수익을 보여 주고 있다.

같은 자료에서 청년층(25~34세)과 노년층(55~64세) 중에서 고등교육 이수자 간의 수입 격차를 살펴볼 수 있다. 청년층과 노년층의 수입 격차가 크다는 것은 그만큼 교육 수익이 낮아졌다는 것을 의미한다. 경제협력개발기구(OECD)에 포함된 국가들 중 아일랜드를 제외하고 대부분의 국가에서 노년층의 상대적 수입이 청년층보다 높게 나타났으며 그 차이는 35% 포인트였는데 한국은 무려 62% 포인트나 차이를 보여 비교대상 국가들 중 슬로베니아를 제외하고 두 번째로 격차가 컸다. 이러한 결과는 노년층과 비교해 청년층에 있어서 대학 진학이 높은 소득을 올리는 데 크게 기여하지 못한다는 점을 말해 준다.

그렇다면 이처럼 빠른 속도로 고학력화가 이루어진 이유는 무엇일까? 한국의 고등교육 확대는 두 가지 교육정책의 추진과 관련이 있다.[11] 1980년 전두환 정부 출범 이전 국가보위비상대책위원회에서 7.30 교육개혁조치를 발표하였다. 이 조치에서 과외 금지에 관심이 묻히기는 했으나 기존의 대학입학정원제를 졸업정원제로 전환하는 방안 역시 파격적인 처방이었다. 졸업정원제는 입학정원보다 30% 이상 학생들을 더 선발하고 대학 학사과정 운영을 엄격히 시행해 더 많이 뽑은 학생들을 중도 탈락시키는 제도로 과외 금지와 함께 대학 정원을 늘려 입시 부담을 줄이자는 취지로 추진되었다. 동시에 이 제도는 학생 선발이 늘어남에 따라 대학들의 재정난을 일정 정도 해소하고 엄격한 학사운영으로 학내 소요의 발생을 줄여보자는 목적도 갖고 있었다. 그런데 이러한 제도 도입 취지와는 무관하게 실제 늘어난 입학 정원은 줄지 않았고 대다수 학생들이 졸업을 하면서 고스란히 고등교육의 확대로 이어졌다. 이 제도는 이러한 부작용을 개선하기 위해 1984년부터 초과 모집의 비율 등을 대학재량에 맡기는 방안이 도입되기도 했으나 결국 1989년부터 입학정원제로 환원되었다. 이처럼 졸업정원제의 도입은 고등교육 확대를 가져왔으나 일시적으로 대학 정원이 늘어난 것으로 우리나라의 빠른 고학력화 추세에 결정적인 영향을 미쳤다고 보기 어렵다. 실제로 대학 진학률은 1980년 27%에서 제도 추진 기간인 1985년 36%로 크게 증가했으나 1990년 다시 31%로 감소하였다.

현재의 고학력화 추세에 가장 결정적인 영향을 미친 것은 김영삼 정부 시기인 1995년 5.31 교육개혁조치로 1996년부터 도입된 대학설립준칙주의이다. 5.31 교육개혁조치는 경제정책의 일환인 신자유주의를 교육계에 적용한 것으로 글로벌 차원에서 기업의 경쟁력 강화를 위해 정부의 각종 규제를 없애고 시장방임주의를 표방한 것과 마찬가지로 대학의 자율성을 확대하는 대신 대학 간의 경쟁을 유도하고 교육 수요자중심으로 교육제도를 개편하자는 취지로 추진되었다. 이 조치는 정부의 교육 재정을 확대하고 획일적이고 경직된 교육 환경을 개선하는 데 기여한 측면이 있지만 지나치게 경쟁을 강조하고 시장 원리가 교육계에 도입되면서 부작용을 낳게 되었다. 특히 가장 대표적인 교육의 실패를 가져온 정책이 대학설립 준칙주의의 시행이라고 할 수 있다.

대학설립준칙주의는 일정 수준의 대학시설, 전임교원 확보 및 학교운 영재원 규모를 갖춘 경우에만 대학설립을 허가하는 대학설립인가제를 상 법에서 취하고 있는 회사설립과 마찬가지로 대학설립신고제로 바꾸는 내 용을 골자로 하고 있다. 5.31 교육개혁조치에 따라 1996년 대학설립 운영 규정이 대통령령으로 신설되어 법적 장치가 마련되었으며 최소한의 설립 기준을 충족하면 자유롭게 대학을 설립할 수 있게 되었다. 이 조치는 이후 무분별한 대학 신설로 이어졌는데 1997년 한 해에만 16개의 대학이 신설 되었으며 이후 설립된 대학이 63개교에 이르러 현재 대학 5곳 중 1곳이 대학설립준칙주의 이후 새로 생겨났다. 이에 따라 대학진학률은 1990년 31%에 불과했으나 2000년에 68%까지 증가하였으며 일반계 고등학교 진 학률이 84%까지 치솟았고 취업을 목적으로 설립된 직업계 특성화고 학 생들도 절반이 대학에 진학하는 기현상을 낳게 되었다.

급격한 고학력화는 최고 수준의 저출산 문제와 맞물리면서 대학에도 부메랑으로 작용하였다. 이명박 정부가 들어선 이후 4개의 대학이 폐교 를 했으며 대학 구조조정 문제가 심각하게 제기되었다. 폐교된 곳들은 공 교롭게도 모두 1996년 대학설립준칙주의가 시행된 이후 설립된 대학들이 다. 2012년 이후 부실 운영과 재정 악화, 사학재단의 부정, 비리로 학생들 의 학자금 대출이나 정부재정 지원이 제한된 대학들이 늘어나고 있다. 이 러한 조치를 당한 대학들의 절반 가까이도 대학설립준칙주의에 따라 새 롭게 신설된 대학들이다. 이처럼 많은 문제점을 보여 준 대학설립준칙주의는 박근혜 정부가 들어선 2013년 교육부가 발표한 고등교육 종합발전 방안에 따라 17년 만인 2014년부터 전면 폐지되었다. 이는 너무나 뒤늦은 조치가 아닐 수 없다.

이제 대학 진학이 성공을 보장하던 시대는 끝이 났다. 그런데 여기에서 주목해야 할 것은 대학을 다니는 비용이 크게 증가했다는 점이다.[12] 1980년 사립대학의 평균 등록금은 67만 원, 국공립대학은 34만 원이었는데 2010년 소비자 물가지수를 적용해 현재 금액으로 환산해 보면 각각 276만 원과 142만 원에 해당한다. 2010년 등록금은 사립대의 경우 753만 원, 국공립대학의 경우 419만 원으로 얼마나 등록금 부담이 커졌는지를 알 수 있다. 1980년부터 2011년까지 사립대의 등록금 인상률은 평균 8%로 물가상승률을 훨씬 웃돈다. 등록금이 이처럼 상식 밖으로 인상된 것은 직접적으로 1989년 이루어진 사립대 등록금 자율화 조치와 2003년 이루어진 국공립대학 등록금 자율화 조치 때문이다. 이것은 대학설립준칙주의와 함께 교육의 상품화라는 맥락에서 이해할 필요가 있다. 상품가격이 시장의 수요와 공급에 의해서 이루어지듯이 대학에 등록금 책정을 위임한 것인데 이는 일반적인 상품과 대학의 성격이 완전히 다르다는 것을 간과한 결과라고 할 수 있다.

먼저 공급이 증가하면 상품가격이 낮아진다. 그런데 대학과 대학생 모집정원이 늘었지만 대학등록금은 시장원리에 따라 낮아지지 않고 높아졌다. 마치 신제품보다 중고 가격이 더 비싼 부동산처럼 일반적인 상품과 차이가 있는 것이다. 대다수 학부모들은 최소한 자신의 자녀가 대학에 들어가는 것을 희망하기 때문에 전체가 대학에 진학하지 않는 한 대학입학에 대한 수요는 줄지 않기 때문이다. 한국의 높은 교육열을 고려한다면 등록금 인상과 무관하게 교육확대가 이루어질 것이라는 점은 누구나 예상할 수 있는 결과였다. 물론 이것은 한국적 현상이다. 상품으로 볼 때 무료로 물건을 판다면 분명 수요가 크게 늘 것이다. 공짜를 마다할 소비자는 없기 때문이다. 그런데 대학 등록금을 내지 않는 국가라고 해서 대학진학률이 높은 것은 아니다. 덴마크, 스웨덴, 핀란드, 아이슬란드, 스웨덴과 같은 북유럽 국가들은 대학 등록금을 내지 않지만 대학진학률은 40%를 넘지 않고 있다.

일반적인 상품과 대학 입학 간에 또 다른 차이는 교육이 가지는 특성으로 다른 상품과는 달리 대학 입학은 공공재의 성격을 갖고 있으므로 시장의 원리에 맡기는 것은 적절한 선택이라고 보기 어렵다는 점이다. 동시에 상품시장의 공급과 수요라는 맥락에서 볼 때 과도하게 공급이 증가할 경우 수요가 이를 뒷받침해 줄 수 없으므로 시장의 실패가 반드시 나타나게 된다. 이러한 상황을 고려해 볼 때 대학 입학이라는 상품의 공급에 있어 적절한 국가의 개입은 필수적이라고 할 수 있다.

시장의 원리를 그대로 따른다고 하더라도 다음과 같은 문제점이 존재한다. 상품의 가격 상승은 수요와 공급의 문제만이 아니라 제품의 질에 의해 좌우된다. 우리가 명품에 높은 가격을 지불하는 것은 명품이라는 표현에서 드러나듯 우수한 품질을 전제로 한다. 물론 명품이라고 해서 명성과는 달리 드물게 품질이 형편없을 수 있다. 이러한 사실은 잠시 접어 두기로 하자.

그렇다면 우리나라의 고등교육의 질은 우수한가? 고등교육의 우수성을 어떻게 평가할 수 있는가는 어려운 문제이며 좋은 대학과 나쁜 대학을 몇몇 수월성 지표로 평가하는 것은 정당하지 않다. 다만 여기에서는 이러한 문제를 전혀 고려하지 않고 단순히 시장의 논리를 그대로 따라서 생각해 보자. 우선 기업이 대학을 어떻게 평가하고 있는가를 가지고 대학의 질을 논할 수 있다. 스위스 국제경영개발원(IMD)은 매년 국가 경쟁력을 평가한 결과를 내놓고 있는데 교육 경쟁력을 평가하는 내용 중에서 대학교육이 경쟁사회 요구에 얼마나 부합하는가를 기업임원들을 대상으로 설문조사를 실시해 결과를 발표하고 있다.[13] 우리나라의 평가 결과는 매번 비교 대상 국가들 중 꼴찌 수준으로 거의 낙제점을 받고 있다. 언어능력이나 경영교육 등에 대해 기업의 요구에 얼마나 부합하는가를 평가하는 경우에도 중간수준에도 못 미쳐 이러한 결과만 놓고 보면, 한국 대학들은 기업이 요구하는 인재를 길러 내지 못하고 있다는 결론에 도달하게 된다.

　최근 국내 대학 순위는 물론 전 세계 대학의 순위를 매긴 결과들이 다양하게 소개되고 있다. 이에 대해서도 공정하고 적절한 지표를 사용했는가에 관한 문제 제기가 끊임없이 제기되고 있지만 이 역시 시장의 논리로 해석해 현재 우리나라 대학들이 어떤 평가를 받고 있는가를 살펴볼 수 있다. 여기에서는 가장 오래전부터 영국의 더 타임스(The TIMES)와 함께 세계 대학 순위를 내놓은 대학평가기관 QS(Quacqurelli Symonds)의 결과를 살펴보자.[14] 결과는 놀라운데 1994년부터 2008년까지 이 조사에서 50위권 안에 우리나라 대학을 찾아볼 수가 없다. 2009년이 되어서야 서울대학교가 처음으로 47위로 50위권 안에 진입하였다. 10년 정도 세월이 흐른 최근 결과를 살펴보면, 오랜 시간이 흘렀지만 여전히 서울대학교(36위)와 한국과학기술원(KAIST, 41위)만이 50위권 안에 포함되어 있다. 조금 양보하여 100위권까지 확대해서 살펴보면, 71위를 차지한 포항공과대학교와 90위를 차지한 고려대학교 등 단 4개교만이 100위권 안에 포함되어 있다. 이 조사에서 50위권 안에 미국, 영국, 캐나다, 호주, 뉴질랜드 등 영미권 국가들이 30% 이상을 차지하고 있어 결과가 공정한지 의문이 들지만 어쨌든 우울한 결과가 아닐 수 없다.

그렇다면 국제적으로 볼 때 우리나라의 대학 등록금 수준은 어떠한가? 일반적인 상품을 염두에 두고 볼 때 제품가격이 높을수록 품질이 좋고 월등히 비싸다면 명품 소리를 듣게 된다. 그런데 한국의 대학 등록금 수준은 다른 국가들과 비교해 볼 때 매우 높은 수준을 보여 준다.[15] 2009년 글로벌 경제위기로 많은 국가에서 고등교육 재정 감축을 추진해 대학 무상교육이 점차 사라지는 추세이지만 여전히 북유럽 국가들의 국·공립대학은 대학 등록금을 받고 있지 않으며 멕시코와 폴란드, 슬로베니아도 국·공립대학의 등록금이 없는 나라다. 유럽연합에 속해 있는 국가들 중 슬로바키아와 영국을 제외하고 미국 달러로 구매력 평가기준으로 환산해 내국인 전일제 학생의 등록금이 1,500달러 이상인 곳은 없다. 나머지 3분의 1에 해당하는 곳도 1,500달러를 넘지 않는다. 그런데 한국을 포함하여 일본, 미국 등은 국·공립대학들의 등록금이 5,000달러에 근접하거나 그 이상이다. 사립대의 경우 자료 수집에 어려움이 있어 비교가 용이하지 않은데 결과가 제시된 국가들을 살펴보면, 한국과 일본, 호주, 미국 등이 8,000달러 이상을 보여 준다.

대체로 대학 등록금이 높은 국가들은 이를 보조하기 위해 장학금이나 학자금 대출, 공공보조 등의 지원이 활성화되어 있기 마련이다. 그렇다면 우리나라도 높은 등록금 부담을 덜어 주기 위해 공공 지원 수준이 높은 편인가?[16] 불행하게도 그렇지 않다. 경제협력개발기구(OECD)가 분석한 자료에 의하면, 영국은 공공지원을 받는 학생들의 비율이 무려 74%에 이르며 등록금이 가장 비싼 미국은 29%, 높은 내학 등록금을 보여 주고 있는 칠레나 호주도 38% 수준이며 일본 역시 30%로 등록금이 비싼 국가들일수록 공공지원의 비율이 높게 나타나고 있다. 반면, 한국은 전체 고등교육 학생들 중에서 공공지원을 받는 학생의 비율이 9%로 37개 국가들 중에서 6번째로 낮은 수준을 보여 주었다. 한국보다 낮은 공공지원 비율을 보여 주는 국가들은 멕시코나 프랑스, 스위스 등 국·공립대학의 등록금이 없는 곳이어서 한국이 얼마나 열악한 수준인가를 알 수 있다. 한편, 학자금 대출에 대한 이자율도 높은 편이다.[17] 등록금이 비싼 편인 캐나다, 일본, 뉴질랜드 등은 재학기간 중에는 명목이자율 자체가 없다. 종합적으로 볼 때 미국을 제외하고 한국이 대학 등록금에 대한 공공성이 가장 낮은 국가로 분류해도 지나치지 않는다.

이처럼 대학 등록금이 높고 공공지원 수준도 낮은 상황에서 '반값 등록금'이 정치권의 중요한 정책 사안으로 부상하였으며 2011년 여당과 야당의 합의로 고등교육법 개정안이 통과되어 등록금 인상률이 직전 3개 연도 평균 소비자 물가상승률의 1.5배를 초과하지 못하도록 되었다. 이에 따라 대학 등록금 인상률이 다소 완화되었지만 등록금 자체가 이미 매우 높은 수준이어서 학생들의 부담은 여전한 상황이며 대학들은 저출산에 따른 학생 수 감소로 등록금 상한제를 규제 철폐 차원에서 철회하는 법 개정을 요구하고 있다.

너무나 많은 대학과 최고 수준의 등록금은 교육의 상품화가 가져온 가장 대표적인 정책 실패 사례라고 할 수 있다. 이것은 고스란히 청년들의 삶을 더 팍팍하게 만들었으며 미래에 대한 불안과 걱정을 증폭시키는 결과를 낳았다. 하지만 문제는 여기에 그치지 않는다. 더 큰 문제는 대학교육의 기능과 역할이 바뀌었다는 사실이다.

흔히 대학을 학문과 지성의 전당이라고 말한다. 그런데 시장경쟁의 원리가 대학교육 전반에 걸쳐 스며들면서 대학 간에도, 학과 간에도 그리고 학생들 사이에서도 상생과 협력보다는 무한경쟁에 내몰리고 있다. 간단한 사례를 통해 이 문제를 다루어 보자. 대학 강의에서 교수는 열정적으로 수업을 진행했고 학생들의 참여를 유도했으며 강의를 듣는 모든 학생들이 최선을 다해 수업에 임했다. 그런데 학생들이 받아 든 성적표는 일률적으로 1등에서 꼴찌가 정해지고 아무리 노력한다 해도 학생들 중 40%는 B 학점 이상을 받을 수 없다. 이것은 학생평가방식이 절대평가에서 상대평가로 바뀌면서 나타난 문제이다. 대부분 대학에서 평가 방식을 보다 엄격히 적용해 상대평가를 실시하는 것은 물론 성적입력 시스템 차원에서 특정 비율을 정해 그 비율을 넘어서 좋은 평가를 하지 못하도록 입력 자체를 불가능하게 해 놓았다. 이것은 무조건 좋은 점수를 주는 학점 인플레이션을 막기 위한 조치로 보이는데 교수들의 공정한 평가에 대한 신뢰가 없기 때문에 발생한 문제라고 할 수 있다.

대학교육의 다양화는 일련의 대학교육 자율화 조치가 내건 중요한 가치지만 일률적인 대학 평가는 대학별로 고유한 특성과 장점을 갖는 것을 포기하게 만든다. 예를 들어 외국인 교수 충원이나 외국인 학생 유치, 외국어 강의 등을 확대하는 것은 글로벌 차원의 대학 경쟁력을 향상시킬 수 있는 중요한 지표이지만 모든 대학들이 경쟁적으로 글로벌 대학이 될 필요는 없다. 그런데 거의 모든 대학들이 글로벌 대학이 되기 위해 경쟁하고 있다. 경제학이나 정치학에서 사용하는 용어로 축제나 행진 등에서 제일 앞에 밴드를 앞세운 마차나 자동차가 나서면 주변에 있는 많은 사람들이 이에 따르게 되는데 이를 편승효과(bandwagon effect)라고 부른다. 어느 방향으로 가야 할지 길은 다양하게 열려 있지만 유행에 따르거나 다수에 편승해 대다수 대학들은 한쪽 방향으로 내몰리고 있는 것이다.

세계적인 경쟁력을 갖추기 위해서 일률적으로 제시된 기준을 반드시 따를 필요는 없다. 만약 생명공학 분야에서 세계 최고 수준의 경쟁력을 보이기 위해 부족한 재원과 인력을 최대한 투자하여 육성한다면 관련 분야의 전문가들이 몰려들 것이고 좋은 학생들을 확보할 수 있기 때문에 세계가 인정하는 생명공학 중점 학교가 될 수 있다. 그런데 이런 선택을 하는 대학들은 많지 않다. 경쟁의 단위가 학과 수준이 아니라 학교 수준이며 대학의 서열화가 모든 것의 품질을 말해 주고 있다고 생각하기 때문이다. 대기업의 문어발식 사업영역 확장이 문제가 되고 있지만 '삼성'하면 핸드폰이 떠오르고 '현대'하면 자동차가 생각난다. 그런데 한국의 대학들은 연상되는 것이 아무것도 없으며 단지 대학 간의 순위만이 생각나는 것이 현실이다.

학과 간의 경쟁은 세계를 무대로 삼기는커녕 학교를 넘어서지 않고 학교 내에서 이루어지고 있다. 대학구조조정이 본격화되면서 학과 간의 통폐합이나 폐지가 잇따라 벌어지면서 동일한 잣대로 비교가 불가능한 학과 간에 무한 경쟁이 발생하게 된 것이다. 만약 모든 대학들이 순수학문 분야인 인문학을 없애고 취업이 용이한 경영학으로 통폐합을 일률적으로 추진한다면 어떤 결과가 초래될까? 한국사회에서 학문의 다양성은 사라지게 되고 기초학문분야는 사라지게 될 것이다. 풍요로운 사회를 만들기 위해서는 단지 먹고사는 문제만 해결하는 것을 넘어서 역사와 철학을 논하고 문화와 예술을 즐기며 사회적 정의를 실현하기 위해 공론의 장을 만

들어 가는 것이 필요하다. 이것이 가능해지기 위해서는 이러한 분야의 인재가 양성될 필요가 있으며 이들은 현금으로 환산할 수 없는 풍요로운 가치를 우리 사회에 가져다줄 수 있다. 이것이 사라진다면 그만큼 물질적인 풍요 속에서 정신적인 빈곤을 경험할 수밖에 없다. 이처럼 시장주의는 대학의 외관만이 아니라 학교 내부 깊숙이 스며들어 많은 것을 바꾸어 놓고 있다.

유예된 일과 삶

우리나라 교육이 제 역할을 하지 못하고 있는 것은 어려운 취업 여건을 더 악화시키는 요인으로 작용한다. 삶을 살아가는 데 필요한 역량은 취업에 있어서도 매우 중요하며 직장생활을 성공적으로 이어가기 위해서도 필수적인 요건이다. 대학은 새로운 아이디어와 신기술을 개발하는 위치에서 기업으로부터 새로움을 배우는 입장이 되었다. 대학들은 독자적인 강점을 갖는 특성화로 나아가지 못했고 대다수가 대학에 진학하는 상황에서 학생들은 대학 졸업이 가져다주는 이점을 얻지 못하고 있다.

우리나라 교육의 문제점은 여기에서 멈추지 않는다. 한국의 교육 현실을 묘사하는 말 중에 모라토리엄(Moratorium)이라는 경제학 용어를 적용한 사례가 있다(전상진, 2004). 모라토리엄은 주로 국가 간의 외환거래에서 빌린 돈을 정해진 시간에 갚지 못하는 상황에서 나중에 갚기로 약속하고 지불을 유예하는 것을 의미한다. 이는 약속된 시간에 빚을 갚지 않는다는 점에서 디폴트(Default)와 같지만 언젠가는 갚겠다는 약속을 하는 것으로 개인 파산처럼 빚을 못 갚는다고 선언하는 디폴트와는 차이가 있다.

교육적 모라토리엄이라는 표현은 한국의 교육이 현재보다 미래의 삶을 강조한다는 점에서 적절해 보인다. 한국의 교육은 청소년들에게 20대 때 좋은 직장에 취업해서 행복을 누려도 늦지 않기 때문에 10대 때 힘들더라도 열심히 공부하고 노력하라고 가르친다. 현재보다는 미래의 행복을 강조하는 것으로 행복을 미래에 저당 잡히고 유예된 삶을 살아가라고 말하는 것이다.

기성세대들은 청소년기에서 성인기로 넘어가는 시점에서 열심히 공부하는 것이야말로 미래를 보장하는 가장 확실한 방법임을 경험하였다. 그렇지만 현재 젊은이들은 10대의 노력이 20대에 성과로 이어질 가능성이 높지 않다는 사실을 알고 있다. 만약 미래의 성공이 땀의 대가로 이어지지 않는다면, 미래만이 아니라 현재의 행복도 포기해야 하는 현실을 받아들일 수 없을 것이다.

현재 과거에서부터 시멘트처럼 공고하게 관성적으로 이루어지고 있는 교육적 모라토리엄은 막다른 길인 줄 알면서도 달리 방도가 없어 계속해서 달리는 자동차의 상황과 비슷해 보인다. 게다가 양치기 소년처럼 실망스러운 상황이 계속된다면 보장된 미래에 대해서 아무도 믿지 않는 상황이 올 수 있다. 이렇게 되면 교육이 언젠가 거짓이 아닌 진실을 말해 줄 때 모든 사람들이 듣지 않는 상황이 나오지 말라는 보장은 없다.

일본은 이러한 변화를 보여 주는 아주 직접적인 사례이다. 1960, 70년대 입시지옥이라는 말이 나올 정도로 많은 젊은이들이 대학 진학을 위해 도전했던 일본은 경제성장이 멈추어 선 잃어버린 20년이 시작되는 시점에 젊은이들이 꿈과 이상을 추구하지 않는 의욕저하 사회로 진입했다는 지적이 나왔다. 이러한 징후로 언급되고 있는 것이 정사원으로 직장생활을 하지 않고 아르바이트 생활로 살아가는 프리터(Freeter)와 아르바이트는 고사하고 학교도, 직장도 다니지 않고 직업훈련도 받지 않는 니트(NEET)의 등장이다. 이것은 주로 선진국에서 발생하는 것으로 풍요로운 사회에서 당연히 예상되는 현상 중에 하나이다. 다만, 일본은 일상적으로 근면했기 때문에 의욕을 갖지 않고 대충 일하는 젊은이들의 모습이 다른 국가들보다 충격적으로 다가왔을 것이다. 이와 관련해 일본의 사회학자인 야마다 마사히로(山田昌弘) 교수는 『희망격차사회(希望格差社會)』[18]에서 계층 간의 고착화라는 경제적 측면을 넘어서 젊은 층들이 희망을 가질 수 있는 사람과 장래에 절망하는 사람으로 나뉘어 정서 차원의 불평등마저 나타나고 있다고 진단한 바 있다.

지금까지 교육적 성공을 보장받지 못한 상황에서 미래에 저당 잡힌 삶을 살아가는 문제를 살펴보았다. 이어서 성인기로 이행하는 여러 단계들이 점차 지연되고 있는 현실도 모라토리엄으로 표현해 볼 수 있을 것이다. 본인의 의지든, 강요든 상관없이 오래전부터 많은 젊은이들이 입시에 실패한 후 재도전을 해 왔다. 우리나라의 대학수학능력시험 재수생 현황을 살펴보면, 매년 10만 명 이상이 수능에 재도전을 하고 있으며 전체 응시생 중 20% 내외를 차지하고 있는 것으로 나타나고 있다.[19] 재수생 문제는 전 세계 어느 국가나 존재하지만 재수생 통계를 낼 정도로 많은 젊은이들이 오직 대학입시만을 위해 1년 이상을 투자하는 곳은 한국을 비롯하여 일본, 중국 등 동아시아 국가들 정도이다. 일본은 우리나라처럼 재수생 통계를 내고 있는데 재수생을 가리키는 용어로 메이지유신 이후 갈 곳 잃은 사무라이계급을 지칭하는 로닌(浪人)을 재수생 통계용어로 사용하고 있다. 일본도 한때 우리나라처럼 재수생 문제가 불거졌으나 대학 진학이 필수가 아닌 선택으로 바뀌면서 이에 대한 관심이 줄어든 상태이다.

학교 입학을 미루는 유예 문제는 이제 입학 이후에도 발생하고 있다. 졸업에 필요한 학점을 다 따거나 충분히 학업을 끝낼 수 있음에도 휴학이나 학점 미이수 등을 통해 졸업을 미루는 졸업 유예가 늘고 있다. 비교적 장기간에 걸쳐 졸업 유예 실태를 파악할 수 있는 것은 통계청에서 실시하고 있는 경제활동인구조사의 청년층 부가조사 결과이다.[20] 첫 조사가 이루어진 2008년 5월, 대졸자 중 휴학 경험이 있는 비율은 38%였으나 2016년 5월에는 45%로 증가했다. 4년제 대졸자의 졸업 소요기간은 평균적으로 5년 이상을 꾸준히 보여 주고 있다. 2016년에 한국청소년정책연구원에서 실시한 청년사회 · 경제실태조사에서 졸업유예자의 규모를 구체적으로 파악해 볼 수 있다. 졸업유예제도를 갖추고 있는 대학에서 졸업유예를 경험한 대졸자 및 대학 재학생들은 6%이며 졸업 필요 요건을 이수하지 않고 졸업유예를 경험한 경우는 3% 수준을 보여 주고 있다. 이러한 결과는 10명 중 1명꼴로 졸업유예를 경험하고 있음을 보여 준다.

졸업유예가 최근 쟁점으로 부상한 이유는 기존의 대학들이 졸업유예 학생들에게 별도의 비용 없이 대학생 신분을 유지해 주다가 학칙 개정을 통해 별도의 비용을 내도록 졸업유예제도의 운영방식을 변경했기 때문이다.[21] 이는 교육부에서 정부재정지원사업을 평가할 때 졸업유예자가 있을 경우 대학들이 평가에 있어서 불리해진 데 원인이 있다. 졸업유예로 인해 학생들이 부담해야 하는 비용은 20만 원 내외로 크지 않지만 생활비 부담이 큰 대학생들에게 졸업을 유예하는 데 따른 비용지출은 부담이 아닐 수 없다.

대학 입학과 졸업이 늦어지고 있을 뿐만 아니라 취업에 있어서도 유예현상이 나타나고 있다. 통계청의 경제활동인구조사 청년층 부가조사에서 첫 취업에 이르는 평균 소요기간이 11개월로 나타나고 있으며 어렵게 취업이 되더라도 그만두는 경우가 증가하고 있다. 첫 취업 후 이직자의 평균 근속기간은 2008년 17개월에서 2016년 15개월로 줄어들었다.

이처럼 입학과 졸업, 그리고 취업에 이르는 기간이 늘었으며 공무원시험이나 다양한 고시를 준비하는 청년들도 많다는 점에서 젊은 시절을 정해진 기간 동안 무사히 마무리하기가 매우 어려워졌다. 게다가 부모로부터 독립하는 분가는 물론 결혼이나 출산 등도 늦어지고 있어 청년들의 삶 전반에 걸친 총체적인 모라토리엄 현상이 나타나고 있다.

그렇다면 이러한 유예현상은 왜 나타나는 것일까? 가장 큰 원인은 청년들의 취업 여건이 너무 좋지 않기 때문이다. 원하는 일자리에 취업하는 것이 힘들어지면서 대학입학을 준비할 때와 마찬가지로 원하는 직장에 취업하기 위해 현재의 어려움을 지속하는 경향이 나타나고 있는 것이다. 두번째 원인은 이행기에 있어서 유예 현상이 도움이 되는 측면이 있기 때문이다. 이와 관련해 재수생의 교육수익률을 계산한 연구에 따르면, 재수생활이 더 좋은 대학에 진학하는 데 도움이 된 것으로 나타나고 있다.

개인적으로 볼 때 1~2년에 걸쳐 입학과 졸업, 그리고 취업을 미루는 것은 의지와 노력이 동반된다면 선택할 수 있는 대안이 될 수 있다. 젊었을 때 고생을 사서도 한다는 말이 있다. 삶을 유예하는 과정에서 어려움을 극복하면서 보다 성숙해질 수 있고 사회생활의 쓴맛을 보면서 삶이 호락호락하지 않다는 점을 깨닫게 되는 교훈을 얻을 수 있다. 그러나 사회 전체적으로 보면, 유예현상은 불필요한 비용이 수반되는 것이며 이를 최소화하는 것이 필요하다. 동시에 개인적으로도 젊은이들이 자발적으로 유예된 삶을 선택했다고 보기 어려우며 재수 생활이나 고시 생활을 통해서만 인생의 교훈을 얻을 필요도 없다. 교육적 모라토리엄은 단순히 개인의 선택이라는 사적 문제가 아니라 사회적으로 해법을 찾아야 하는 공적 문제이며 우리나라 교육 문제와 맞물려 있다는 점에서 한국사회의 핵심적인 청년 이슈로 다루어질 필요가 있다.

제5장

당신들의 정치

처처(萋萋)한 방초(芳草)여
명년(明年)에 춘색(春色)이 일으거든
왕손(王孫)으로 더부러 같이 오게
청청(靑靑)한 방초(芳草)여
명년(明年)에 춘색(春色)이 일으거든
고려(高麗) 강산(江山)에도 단여가오
다정한 방초(芳草)여

윤봉길(1908~1932)

　

중국 상해에 있는 루쉰공원(魯迅公園)을 이른 아침에 방문한 적이 있다. 2016년 9월에 상해청년관리간부학원(上海靑年管理幹部學院)의 초청으로 중국을 방문했는데 마침 묵고 있는 숙소가 공원 바로 옆이어서 같이 방문한 일행들과 함께 아침 식사 전에 산책 겸 찾아갔다.

공원에 들어서면서 규모가 매우 커서 놀랐지만 가장 인상 깊었던 것은 마치 공연장에 온 듯 착각이 들 정도로 많은 사람들이 모여 아침체조와 더불어 춤도 추고 무술도 하며 즐기고 있는 장면이었다. 나이 드신 어르신들이 대부분이었는데 7시도 안 된 이른 아침인데도 방문한 곳이 공원이라는 사실이 믿어지지 않을 정도로 사람들로 붐볐다. 공원을 이리저리 걷다가 낯익은 이름과 반가운 장소를 발견하였다. 독립운동가인 윤봉길 의사의 기념관이 공원 안에 있었던 것이다. 윤봉길기념관은 공원 안쪽으로 30분가량 들어가다 보면 나오는데 기념관 자체는 규모가 작았으나 공원 호수 안에 정원처럼 산책할 수 있는 둘레길과 연결되어 있어 나름 운치가 있었다.

이곳을 나서면서 윤봉길 의사가 어떤 심정으로 의거에 나섰을까 궁금해졌다. 인터넷에서 윤봉길 의사와 관련된 내용들을 찾아보다가 그가 한시를 즐겨 썼으며 시집도 몇 편 낸 시인이라는 사실을 접하였다. 특히 유서처럼 쓴 몇 편의 시 중에서 의거를 앞두고 홍커우공원(虹口公園, 현재의 루쉰공원)에 사전 답사를 왔다가 지은 시[1]가 눈에 들어왔다. 공원을 거닐다가 발에 밟히어 쓰러졌다 다시 일어서는 들풀들을 보면서 떠올린 시라고 하는데 내용이 무척 서정적이어서 애잔한 마음이 들었다. 윤봉길 의사는 자신의 희생이 봄을 기다리는 동포들에게 한 가닥 희망으로 남기를 바라는 마음을 가졌을 것이다. 동시에 의거를 단행하던 그의 나이가 20대 중반에 불과했다는 점에서 부모님에 대한 불효와 조국에 두고 온 아내와 자녀에 대한 그리움이 배어 있는 듯했다.

이 시를 읽으면서 일제강점기라는 참혹한 상황이 아니었다면 고귀하고 아까운 생명을 바치는 어려운 결정을 할 필요가 없었을 것이라는 생각이 들었다. 시대가 요구하는 수준이 다르다면 이에 따른 정치적 행동도 달라질 수밖에 없다. 윤봉길 의사가 가졌던 결연한 의지와 흔들림 없는 각오만큼은 아니지만 많은 이들이 젊은 시절 민주주의 현장에서 뜨거운 피를 흘렸고 그러한 노력이 쌓여 현재의 민주주의를 이룩해 왔다.

사회운동에서 차지하는 청년들의 위상은 시대마다 달랐고 행동하는 양식도 상황에 따라 달라졌다. 그렇지만 10대와 20대 젊은이들이 불의에 대항하여 정의를 바로 세우는데 앞장 서 왔다는 사실을 부인할 사람은 아무도 없을 것이다. 멀게는 4.19혁명에서부터 가깝게는 촛불집회에 이르기까지 젊은이들의 적극적인 참여가 없었다면 오늘날 우리가 누리고 있는 민주주의는 실현되지 못했을 것이다.

그런데 2000년대 중반 이후 우리나라 젊은이들은 자기중심적이며 정치적이고 사회적인 이슈에 대해 무관심하고 정작 본인들이 직접 나서야 할 중요한 결정에도 참여하지 않는다는 일부의 비판을 받는다. 나아가 극단적인 정치 혐오나 여성, 노인, 장애인 등 사회적 약자를 폄하하는 젊은이들의 행동이 나타나면서 이에 대한 비난도 등장했다. 아마도 이에 대한 가장 극단적인 장면은 일제강점기에 자신의 목숨을 바쳤던 독립투사들을 인터넷 댓글의 조롱거리로 비하한 것이다. 윤봉길 의사 역시 유관순 열사를 빗댄 여성혐오에 대한 반작용의 결과로 이루어진 남성혐오의 공격대상이 되기도 했다.[2]

그렇다면 우리나라의 젊은이들은 정치에 무관심하며 자기 것만을 챙기고 차고 넘치는 분노를 같은 처지의 사회적 약자에게 표출하고 있는 것일까? 최근 대통령 탄핵을 위한 촛불집회에서 젊은이들의 적극적인 참여가 폭발적으로 증가하였다. 이미 2010년부터 청년들의 정치 참여가 가파르게 증가하고 있다는 점에서 요즘 젊은이들이 정치에 무관심하다는 지적은 부적절해 보인다. 여기에서는 우리나라 청년들의 정치 참여 실태와 더불어 혐오 논쟁의 실체를 진단해 보고 근본적인 원인인 청년들의 정치 배제 문제를 다루어 보았다.

청년이 움직인다

　　전 세계적으로 젊은이들은 언제 터질지 모르는 화약고와 같다. 부당한 정치권력에 저항하거나 교육이나 복지혜택을 줄이는 시도에 반대하는 청년들의 시위가 세계 곳곳에서 발생하고 있기 때문이다. 2011년 이후 청년들의 분노는 집단적인 저항으로 나타나기 시작하였다. 독재정권을 무너뜨린 튀니지의 민주화 시위는 이집트, 리비아, 바레인, 예멘, 알제리 등 중동 전역으로 이어졌다. 최악의 경제위기로부터 촉발된 '월 스트리트를 점령하라!(Occupy Wall Street!)'라는 시위가 미국에서 장기간 벌어졌으며 스페인, 영국, 프랑스 등에서도 청년세대가 주도가 된 대규모 시위가 잇따라 발생하였다. 2017년 들어서면서 러시아에서 푸틴세대로 불리는 젊은이들이 주도가 된 대규모 반정부 시위가 일어났고 미국에서도 "내 대통령이 아니다!(Not My President!)"라는 구호를 내건 젊은 시위대가 미국 전역에서 시위를 벌였다.

　우리나라 젊은이들 역시 최근 들어 적극적인 정치 참여를 보여 주고 있다. 이를 살펴볼 수 있는 결과는 경찰청에서 제시하고 있는 집회시위 통계 결과이다.[3] 경찰청에서는 외환위기가 발생한 1998년 이후 집회시위 통계 결과를 제시하고 있다. 청년과 관련하여 파악할 수 있는 결과는 학원 집회 시위 통계이다. 학생들을 중심으로 민주화 투쟁이 전개되면서 경찰청에서는 집회와 시위 유형으로 학원을 분류해 통계를 작성해 온 것으로 보인다. 경찰청에서 발표하는 집회와 시위에 참석한 인원에 대한 통계가 대체로 과소 추정되고 있다는 지적이 있으나 이 통계는 일관된 기준을 가지고 오랫동안 측정한 결과를 보여 주고 있다는 점에서 청년들의 정치 참여 추세를 파악하는 데 유용하다.

학원 집회 시위는 통계결과가 제시된 1998년 이후 미국산 소고기 수입 반대 시위가 벌어진 2008년에 예외적으로 증가하였지만 2012년까지 지속적으로 감소하는 추세를 보여 주었다. 그런데 2013년 이후 다시 증가하기 시작하였다. 특히 2016년 대통령 탄핵 집회가 벌어지면서 경찰력이 동원된 집회시위 중 연인원 참가자가 2000년 이후 최대치까지 증가하였다. 우리나라의 청년들 역시 전 세계적인 흐름과 일치하는 모습을 보여 주고 있는 셈이다.

그런데 시위의 양상은 다른 모습을 보여 주었다. 경찰청이 2016년에 불법·폭력시위로 분류한 경우는 불과 28건으로 통계결과를 제시한 1998년 이후 가장 낮은 수치를 기록하였다. 이러한 결과는 2016년 대통령 탄핵을 위한 촛불집회가 대규모 집회시위였음에도 합법적인 테두리 내에서 진행되었음을 보여 준다. 동시에 2016년 촛불집회는 평화적인 데다 축제와 같은 양상을 보여 주었다. 이에 대한 가장 상징적인 퍼포먼스는 허가지역을 넘어서 시위대가 이동하는 것을 막기 위해 경찰버스를 이용해 설치한 차벽에서 발생하였다. 시민들이 차벽에 꽃을 그린 스티커를 붙이기 시작했고 시위가 끝난 시점에 자발적으로 부착한 스티커를 수거하는 모습을 보여 주었다. 한 예술가의 제안[4]으로 시작된 꽃벽 프로젝트는 평화롭고 질서 있게 이루어진 대통령 탄핵 촛불집회를 상징적으로 보여 준다.

집회와 시위 참여는 가장 적극적인 정치 활동으로 정치에 대한 청년들의 참여 정도를 잘 보여 줄 수 있는 지표지만 해석상 주의가 필요하다. 일제강점기와 같이 매우 억압적인 상황에서 집회와 시위가 적을 수밖에 없는데 이를 두고 청년들의 적극적인 참여가 이루어지지 않았다고 이야기할 수 없다. 당시에는 시위가 목숨을 걸어야 하는 행위였기 때문이다. 동시에 민주주의가 어느 정도 정착된 이후 사회적 갈등이 줄어드는 시기에 집회와 시위가 줄어들 수밖에 없다.

보다 보편적인 측면에서 정치 참여를 살펴볼 수 있는 것은 선거 투표율이다. 선거 투표율은 그동안 청년들의 정치적인 무관심을 뒷받침해 주는 주된 근거로 활용된 바 있다. 그렇다면 우리나라 청년들의 선거 투표율은 여전히 낮은 수준을 보여 주고 있을까? 중앙선거관리위원회에서는 전체 투표율을 1948년 1대 국회의원 선거부터 제시하고 있다. 다만 연령별 투표율에 대해서는 1992년 대통령 선거부터 결과를 확인할 수 있다[5]. 대통령 선거와 국회의원 선거, 전국동시지방 선거 등 모든 형태의 선거에서 투표율 추이를 살펴보면 공통점이 나타난다. 지난 70년간 39차례 이루어진 선거에서 이전보다 높은 투표율을 보여 준 경우는 13번 정도에 불과했다. 대체로 투표율이 이전보다 낮았던 것인데 당연히 선거를 치른 첫해와 비교해 투표율이 높아진 경우란 없다. 예를 들어 국회의원 선거의 투표율은 1948년 1대 선거에서 96%를 보여 주었지만 2016년 20대 국회의원 선거 투표율은 불과 58%였다. 그런데 특징적인 것은 1980년대 국회의원 선거를 제외하고 2010년 이후 이루어진 모든 선거의 투표율이 계속해서 증가하고 있다는 점이다. 곧, 최근 들어서 선거 투표율이 높아졌다.

그렇다면 전체가 아닌 청년들만의 투표율은 어떤 수준이며 어떤 변화를 보여 주고 있을까? 전 세계적으로 연령별 투표율은 전형적으로 나이가 들수록 높아지는 경향을 보여 준다. 우리나라의 경우도 예외 없이 젊을수록 낮은 투표율을 보여 주고 있지만 세부적으로 파고들면 다양한 해석이 가능해진다. 우선 2006년 전국동시지방선거부터 투표를 시작한 19세는 모든 선거에서 전년보다 높은 투표율을 보여 주었으며 2012년과 2017년 대선에서 19세는 30대 후반까지 젊은 층 전체에서 가장 높은 투표율을 보여 주었다.

20대 전반부터 30대 전반까지 젊은 층으로 국한해 보면, 청년층의 투표율은 연령과 투표율의 관계가 뒤바뀌는 특징을 보여 준다. 곧, 젊을수록 투표율이 높다. 이러한 특징은 대통령 선거, 국회의원 선거, 전국동시지방선거 모두에서 공통으로 나타나고 있다. 왜 19세와 20대 전반의 투표율이 30대 중반보다 높을까? 이는 비교적 잘 알려져 있는 사실로 생애 첫 투표일 경우 보다 적극적인 투표경향을 보여 주기 때문으로 보인다.

두 번째 특징은 최근 들어 전체 투표율을 높이는 데 청년층의 적극적인 투표가 가장 큰 기여를 했다는 점이다. 20대 전반은 2007년 선거 때 투표율이 절반에 그쳤으나 2017년 대통령 선거에서 77%가 넘는 높은 투표율을 보여 주었다. 같은 기간 가장 높은 투표율을 보여 주었던 50대나 60대 이상 투표율은 감소하거나 소폭 증가했을 뿐이다. 국회의원 선거도 마찬가지인데 2012년 총선과 비교해 2016년 총선에서 20대 전반은 10%가 넘는 증가세를 보인 반면, 50대 투표율은 오히려 하락하였고 60대 이상도 2% 남짓 증가했을 뿐이다. 역대 전국동시지방 선거의 결과도 별반 다르지 않다.

국제적으로 볼 때 청년들의 투표율은 어느 정도 수준일까? 국제협력개발기구(OECD)에서 발표하는 「사회통계(Society at a Glance)」에 따르면, 우리나라의 18~24세 청년들의 투표율은 25세에서 50세 연령집단과 비교해 더 높은 수준을 보여 주는 유일한 국가였다(OECD, 2016).[6] 곧, 한국의 청년들은 OECD 국가들 중에서 가장 적극적으로 투표에 참여하고 있다고 할 수 있다.

우리나라 청년들의 정치적인 행동만이 아니라 정치 참여에 대한 의식도 바뀌고 있을까? 전 세계 여러 국가들을 대상으로 비교가 가능한 「세계가치조사」 결과를 살펴보자. 세계가치조사에서는 정치를 중요하게 생각하는지, 아닌지를 1990년대 조사부터 지속적으로 물어보고 있다.[7] 정치가 매우 중요하다고 응답한 비율로 살펴보면, 한국의 경우 연령이 높아질수록 응답률이 높게 나타난다. 이러한 현상은 비단 한국만이 아니라 대다수 국가들에서 공통으로 나타나고 있다. 한국 청년들의 응답률을 다른 국가들과 비교해 보면, 10% 내외로 거의 유사한 수준을 보여 주고 있다.

연도별 변화 추세를 보면, 국가마다 상이한 결과를 보여 주고 있다. 한국 청년들의 응답률은 최근으로 올수록 감소하였다. 한국과 비슷하게 정치의 중요성에 대한 응답이 낮아진 국가는 중국과 미국, 러시아 등이다. 반면, 일본을 비롯하여 스웨덴, 독일, 스위스 등은 최근으로 올수록 응답률이 증가하였다. 이는 각 국가의 정치적인 상황과 정치에 대한 기대 수준의 차이가 반영된 결과로 보인다.

그런데 이 결과는 최근의 변화상황을 반영하고 있지 않기 때문에 촛불집회가 한창 진행 중이던 시점에서 이루어진 결과를 살펴볼 필요가 있다. 『한겨레21』에서는 2015년 8월 조사에 이어 2016년 12월에 청년들의 정치참여 의식에 대한 조사 결과를 발표하였다.[8] 2015년 8월 조사와 비교해 2016년 12월 조사 결과는 시간차가 불과 1년 정도이지만 큰 편차를 보여 주었다. 이 조사에서 15세에서 34세 청년들에게 "평소 정치 및 사회문제에 관심이 많다"고 묻고 있는데 이에 대한 응답은 1년 사이에 7% 이상 늘어났다. "투표 등 나의 참여가 정치를 바꿀 수 있다"는 질문에 대해서도

10% 이상 응답률이 높아졌나.

이러한 결과는 청년들이 정치 문제에 대해서 적극적으로 움직이기 시작했음을 보여 준다. 이는 청년들이 정치적으로 무관심하고 사회적 문제를 외면하고 있다는 주장이 설득력이 없음을 증명하고 있다. 이러한 주장은 주로 2000년대 후반에 한시적으로 적용 가능해 보인다. 게다가 2000년대 중반 이후 청년들의 정치 참여가 줄어든 현상은 정치적 무관심보다는 정치적 무기력이라는 관점에서 해석할 필요가 있다.

청년들의 참여를 이야기할 때 정치적 무관심과 무기력은 소극적인 행동으로 이어진다는 점에서 동전의 양면 같지만 전혀 다른 의미를 가진다. 전자는 탈정치화의 원인을 청년들에게서 찾는 것이라면 후자는 청년들의 요구가 받아들여지지 않고 제도적으로 청년들의 참여가 배제되었을 때 나타난다. 동시에 어떤 요구가 적극적인 의사표시에도 받아들여지지 않는 상황이 지속될 때 청년들의 정치 효능감이 낮아지고 이에 따라 정치문제에 대해서 관심을 갖지 않는 상황이 나타났을 가능성도 있다. 이 문제에 대해서는 마지막 절에서 구체적으로 다루었다.

개인화된 분노?

청년들의 정치 참여가 최근 들어 활발하게 이루어지고 있지만 다른 맥락에서 청년 문제를 비판적으로 접근하는 시각이 존재한다. 청년들이 사회에 대한 분노를 함께 풀어 가기보다는 개인적으로 표출하고 있다는 것이다. 이는 최근 쟁점이 되고 있는 혐오 문제와 맞물려 있다. 혐오

대상자는 처음에 여성에서 출발해 특정 정치인과 특정 지역에 대한 혐오로 확산되었고 남성혐오로 이어진 뒤 외국인혐오와 노인혐오까지 등장하였다. 한 걸음 더 나아가 이들 중에는 정치적인 주장에 그치는 것이 아니라 직접적으로 혐오 대상자를 위해하거나 가해하는 범죄행위를 벌이기도 한다.

이러한 현상에 대해 유독 젊은 층이 비판의 대상이 되는 것은 특정 대상에 대한 혐오를 표출하는 수단이 주로 인터넷과 댓글을 통해 이루어졌기 때문이다. 혐오 문제에 있어서 가장 대표적인 매체는 일간베스트저장소(www.ilbe.com)이다. 이는 흔히 '일베'로 불리는 인터넷 커뮤니티 사이트인데 회원 중에서 극단적인 혐오 댓글을 작성하거나 직접적으로 위해를 가하는 행동을 벌이는 사건들이 이어지면서 대중의 주목을 받았다. 일베에 대한 진단은 일부에 지나지 않지만 우리 사회에서 젊은 층이 분노를 어떻게 표출하고 있는지를 파악할 수 있는 하나의 단서를 제공한다.

우선 일베라는 곳이 어떻게 생겨났는지 추적해 볼 필요가 있다. 일베의 등장배경을 알기 위해서는 대표적인 커뮤니티 사이트인 디시인사이드(gall.dcinside.com)를 먼저 알아야 한다.[9] 인터넷 사이트를 조사하는 알렉사(www.alexa.com)에 따르면, 디시인사이드는 최대 인터넷 포털인 네이버(www.naver.com)나 다음(www.daum.net)처럼 인터넷 사이트로 많은 사람들이 방문하는 커뮤니티 사이트이다. 디시인사이드는 5,000여 개가 넘는 다양한 주제의 갤러리가 있고 하루에 400만 명 이상이 방문하고 있다. 이 사이트는 1999년 디지털카메라와 노트북 사용자들의 동호회 성격으로 출발했다. 디지털카메라에 대한 정보와 사용 후기 등을 주로 교환하였는데 동호인들이 찍은 사진을 올리는 갤러리가 인기를 끌었고 다양한 사진들이 올라오면서 각기 다른 취미생활을 하는 사람들 간의 독자적인 커뮤니티 갤러리들이 등장하였다.

일간베스트저장소는 디시인사이드의 갤러리들에 올라온 게시글 중에서 추천을 많이 받아 실렸던 게시판인 일간베스트에서 유래되었다. 일간베스트에는 막장 사건과 사고를 다루는 갤러리(막장갤), 코미디 프로그램을 다루는 갤러리(코갤)나 온라인게임인 스타크래프트를 다루는 갤러리(스갤), 스포츠 중에서 야구를 다루는 갤러리(야갤) 등에 게재되었던 인기 글들이 상당수 올라왔다. 그런데 이 인기 글들 중에 반말이나 막말과 함께 극단적인 상호비방을 담은 게시글들이 많이 올라오자 관리자가 이를 삭제해 버리는 일이 발생하였다. 당연히 해당 갤러리 회원들은 이러한 조치에 대해서 반발하였다. 게다가 이 사이트의 운영이 실명제로 바뀌어 익명성이 보장되지 않는 상황이 오자 노골적인 게시글을 올리던 회원들의 탈퇴가 가속화되었다. 디시인사이드의 사이트 운영방침에 반발했던 이들은 일베-일간베스트라는 자체 게시판을 만들어 운영하였고 결국 독립된 사이트로 분리되어 나갔다. 이처럼 일베가 디시인사이드에 뿌리를 두고 있듯이 정반대로 이슈가 되었던 메갈리아(www.megalian.com) 역시 전염병인 메르스 사태가 발생했을 때 이를 다루었던 디시인사이드의 메르스 갤러리에 뿌리를 두고 있다.

일베에 대한 이미지는 여성혐오와 극우성향으로 대표되고 있지만 처음 일베가 등장한 배경에는 특정 연예인이나 연예프로그램, 혹은 특정 운동선수나 스포츠 팀, 특정 게임을 응원하는 팬들 간의 대립과 갈등 때문이었다. 일베가 여성혐오적인 특성과 특정 정치적 성향을 지배적으로 갖게 된 배경은 잘 알려지지 않았다. 다만, 몇 가지 사안들이 영향을 미쳤던 것으로 보인다.

우선 여성혐오 문제는 회원중에 여성들을 배제하는 과정에서 강화된 것으로 보인다. 일베 회원들을 구성했던 초기 인기 갤러리들은 남성들이 즐겨 보는 방송프로그램이나 스포츠 경기, 온라인 게임들을 다루는 경우가 많았다. 당연한 결과로 이들 갤러리는 남성 회원들이 다수라는 특징을 보여 준다. 이들 갤러리 회원들은 자연스럽게 회원들 간에 친목을 도모하는 차원에서 실제 만남을 가졌다. 이러한 만남이 이루어지는 과정에서 회원들 간에 갈등과 반목이 발생하였고 특히 여성회원이 참여할 경우 다수를 점하는 남성회원들 간에 다툼이 일어났다. 최대 규모를 자랑하던 코미디 갤러리가 침체된 원인으로 친목을 위한 만남(친목질)이 지목되기도 했다. 이에 따라 갤러리들에서 친목을 금기시하는 문화가 생겼는데 이 과정에서 여성회원들을 더 배제하기 시작한 것으로 보인다. 게다가 게시글들에서 남성들만이 이해하거나 받아들일 수 있는 내용으로 채워지기 시작하였고 원색적이고 노골적인 성적 언급들이 늘어나면서 남성들만의 커뮤니티로 변모한 측면도 있어 보인다.

이어서 정치적 성향 문제를 짚어 보자. 우리나라는 각종 고시나 공무원 시험을 준비하는 젊은이들이 다른 국가에서 유래를 찾아볼 수 없을 정도로 많다는 특징이 있다. 커뮤니티 사이트인 디시인사이드도 시험을 준비하는 과정에서 서로의 정보와 경험을 공유할 수 있기 때문에 많은 공시생과 고시생들이 회원으로 가입하였다. 이 중에서 사법고시를 준비하던 젊은이들은 사법고시를 폐지하고 법률전문대학원 체제로 바꾸는 것에 대해서 크게 반발하였다. 노무현 정부가 로스쿨 도입을 추진하였기 때문에 자연스럽게 노무현 정부에 대한 비판으로 이어졌고 노무현 대통령을 극단적으로 비하하거나 비난을 하는 게시글들이 인기 글이 되면서 이러한 성향을 공유하는 젊은이들이 대거 회원으로 유입되었을 가능성이 있다.

현재 일베는 여성뿐만 아니라 정치적으로 진보적 성향과 야당 정치인들, 지역적으로 호남지역 출신들과 외국인들, 장애인들, 노인들에 대한 혐오와 모욕, 증오를 쏟아 내는 게시글들이 다수를 점하는 커뮤니티 사이트의 성격을 드러내고 있다. 동시에 일베 회원을 자처하는 사람들이 도를 넘는 일탈 행위와 범죄 행위를 일으키면서 사회적 비난을 받았다. 이에 대한 대표적인 사건은 북한을 방문한 경험이 있는 재미교포가 토크 콘서트를 열었을 때 고등학생인 한 일베 회원이 사제폭탄을 만들어 투척한 사건이었다. 이 사건은 폭탄을 엄포용으로 제작해 큰 불상사로 이어지지 않았으나 테러에 익숙하지 않은 우리 사회에서 큰 주목을 받았다. 남성연대 대표가 여성가족부 폐지를 주장하며 마포대교에 투신 퍼포먼스를 벌이다 사망한 사고나 한국의 페미니스트가 싫다며 테러조직(IS)에 가입한 사건 등은 개인적인 일탈로 볼 수 있지만 큰 관심을 끌었다. 또 다른 사건은 세월호 유가족들이 광화문 광장에서 정부의 적극적인 대응을 요구하며 단식투쟁을 벌일 때 일베 회원들이 폭식투쟁을 전개했던 경우였다.

일베의 성격을 이해하기 위해서 인종차별주의의 상징적인 존재인 미국의 KKK단이나 영국의 스킨헤드(Skinhead)와 비교해 볼 필요가 있다. 우선 차이점을 보면, KKK단이나 스킨헤드는 하나의 결사체로 강력한 조직을 기반으로 하고 있지만 일베는 조직이라는 기반이 없고 회원들 간의 결속력도 매우 느슨하다는 특징을 보여 준다. 일베는 조직 형태는 물론 서로를 알아 가고 만남을 통해 결속을 다지는 공동체와 거리가 멀고 익명성에 기반을 두고 있다는 점에서 인간관계에 기반을 두지 않는 새로운 형태의

네트워크라고 볼 수 있다.[10]

또 다른 차이점은 일베가 과격하다고 해도 주로 인터넷상의 게시글이라는 언어를 통해 상대방에게 공격을 가한다면 KKK단이나 스킨헤드는 유색인종이라는 이유만으로 집단적으로 폭행하거나 집을 불태우고 심지어 납치에다 살인도 저지른다는 점에서 나타난다. 이는 극단적인 내면의 심리상태를 드러낼 뿐 행동으로 옮기지 않는 것으로 화장실에서 낙서를 하는 행위와 유사하지만 온라인을 통해 보다 광범위하게 유통될 수 있다는 점에서 차이가 있다.

일베와의 공통점은 정치적인 성향에서 찾을 수 있다. 이들은 모두 극우적인 성향을 보여 준다. 보수적인 성향이 극단적으로 치우쳐 있다고 볼 수 있는데 민족주의보다는 국수주의나 인종차별주의에 가깝기 때문이다. 다른 한편, 보편적으로 받아들여지고 있는 제도와 문화를 거부한다는 점에서 극단적이다. 보편적인 가치는 민주주의와 법치주의, 다원주의와 같은 것들이다. 이들은 다수의 선택을 거부한다는 점에서 민주적이지 않고 민주주의 자체를 부정적으로 바라보는 특징을 보여 준다. 이들은 언어적 폭력을 행사하고 이를 넘어서 혐오대상자에게 위해를 가하는 행동도 벌인다는 점에서 법치주의와도 거리가 있다. 마지막으로 다양한 시각을 거부하고 다른 입장을 가진 사람들을 대화의 상대가 아니라 적으로 본다는 점에서 다원주의를 거부한다.

또 다른 공통점은 분노의 대상과 공격의 대상이 다르다는 점이다. KKK단은 노예제 폐지를 추진했던 정치가들과 이를 지지하는 북부지역의 백인들(Yankee)에게 분노했던 남부지역 백인들로 이루어졌다. 그런데 이들이 주로 공격한 집단들은 양키들이 아니라 노예제 폐지로부터 수혜를 얻는 집단인 흑인들이었다. 스킨헤드는 항구도시에서 일하는 항만노동자들로부터 출발하였는데 값싼 노동력을 지불하기 위해 불법이민자들을 고용한 자본가들이 분노의 대상이었지만 자신들의 일자리를 차지한 이민자들을 주로 공격하였다. 일베 역시 극심한 취업난과 어려운 삶의 여건에서 자신들의 분노를 원인 제공자가 아닌 여성, 장애인, 외국인, 노인 등 사회적 약자에게 표출하고 있다는 점에서 공통점이 발견된다.

일베와 유사하게 온라인상에서 이루어지는 극단적 커뮤니티 사이트의 존재는 전 세계적인 현상이다. 백인우월주의와 인종차별을 표방하는 사이트인 스톰프런트(www.stormfront.org)가 등장한 것은 1995년으로 이미 오래전 일이다.[11] 이 사이트처럼 인종차별을 전면에 내걸지 않았지만 혐오표현이 유통되는 커뮤니티 사이트들도 다수 등장하였다. 어선 뒤에 미끼를 걸어서 물고기들을 유인해 잡는 북유럽의 조업 방법을 빗대어 이러한 사이트를 트롤링(trolling) 사이트라고 부르기도 한다. 미국의 포챈(4chan, www.4chan.org)이나 일본의 니찬네루(2ちゃんねる, www.2ch.net) 등이 대표적이다.

최근 국제적으로 관심을 끌고 있는 것은 페이스북, 트위터 등 대표적인 SNS를 활용해 이루어지고 있는 혐오 집단들이 확산되고 있다는 점이다. 가장 대표적인 사례는 2010년 페이스북에 구성된 '유대인 죽이는 날(Kill a Jew Day)' 그룹의 등장이었다. 이 그룹은 알레스 쿡선(Alex Cookson)이라고 알려진 이용자가 7월 4일부터 7월 22일까지 18일간에 걸쳐서 유대인을 보면 무조건 폭력을 행사하자는 이벤트를 기획하고 페이스북 회원들을 공개 초청하면서 시작되었다.[12]

미국에서 40만 명이 가입한 대표적인 유대인 인권단체인 시몬 비젠탈

센터(Simon Wiesenthal Center)는 1995년부터 디지털 테러리즘과 혐오 프로젝트(Digital Terrorism and Hate Project)를 추진 중에 있다. 이 센터의 발표에 따르면, 테러와 혐오 관련 웹사이트, 유튜브 등의 개인미디어 동영상, 카페, 동아리, 포럼, 블로그, 트위터 등의 게시글 등은 1만여 건 이상에 이르며 매년 급격하게 증가하고 있다고 지적하였다.[13]

우리나라의 일베는 트롤링 사이트의 일종으로 볼 수 있으며 국제적으로 볼 때 한국만의 특수한 현상으로 보기 어렵다. 동시에 일베가 언론에 자주 노출되어 심각한 사회문제로 인식되고 있지만 회원 중에 일반적인 게시글이나 댓글도 많아 반사회적인 사이트로만 보기 어렵고 회원 수도 제한적이어서 혐오 문제를 청년 문제 전반으로 확대해석할 필요도 없다.

일베는 주로 인터넷상에서 이루어지는 언어적 폭력 때문에 주목을 받고 있지만 최근 발생한 몇몇 사건들은 분노를 사회적 약자에게서 보상받고자 하는 경향을 보다 분명하게 보여 주고 있다. 2016년 5월 강남역 인근에 있는 술집의 남녀 공용 화장실에서 젊은 여성이 살해되는 끔찍한 사건이 발생하였다. 이 사건이 주목받은 이유는 누구나 피해자가 될 수 있는 '묻지 마 살인'이라는 점에 있다. 특히 일면식도 없고 특별히 피해를 주거나 원한을 사지 않았음에도 범죄 피해자로 여성이 지목되었다는 점에서 여성혐오 범죄에 대한 논의를 촉발했다. 여성혐오 범죄는 매우 다양한 양상으로 나타나고 있다. 대표적인 사례는 술에 취했거나 약물을 먹여 정신을 잃은 상태에서 여성들을 상대로 본인의 동의 없이 사진이나 동영상을 찍고 이를 인터넷 사이트에 올리는 경우이다. 동시에 남편이 부인을 폭행하는 전통적인 가정폭력에서 젊은 연인들 간에 발생하는 데이트폭력이 사회문제로 등장한 바 있다.

『한겨레21』은 자신과 아무런 관련이 없는 피해자를 부작위로 선택해 범행대상으로 삼아 '묻지 마 범죄'로 지난 10년간 대검찰청에 정보 보고 된 33건의 전체 사건들을 취재해 기획기사로 다룬 바 있다.[14] 복수의 사건을 저지른 가해자들이 있기 때문에 가해자 기준으로 보면, 여성은 2명인데 반해 남성이 19명으로 다수를 점하고 있으며 피해자는 여성이 19명이고 남성이 14명으로 여성이 더 많았다. 연령별로 보면, 35세 이하의 젊은 이들이 13명으로 절반 이상을 차지하고 있다. 이 결과는 혐오 범죄가 주로 젊은 층에서 나타나고 있다는 해석을 가능하게 하지만 소수 사례여서 결론을 내리기에는 근거가 부족하다.

그렇다면 청년들의 일반적인 범죄경향은 어떤 양상을 보여 주고 있을까? 여기에서는 경찰통계연보에서 청년들의 연령을 19세에서 30세로 정의하고 2007년부터 8년간의 변화추세를 살펴보았다.[15] 전체 범죄에서 청년 범죄가 차지하는 비중은 20%를 넘지 않는 수준이며 지난 8년간 거의 변화가 없었다. 살인 혹은 살인미수나 강도, 강간과 같은 강력범죄들로 좁혀 살펴보아도 뚜렷한 변화가 발견되지 않는다. 이 기간 중 2012년이 가장 높은 비중을 보여 주고 있으며 이후로 청년 비중이 오히려 낮아지는 경향이 나타났다. 죄목별로 청년층의 비중이 뚜렷하게 높아지는 경향을 보여 주고 있는 것은 절도로 2007년 당시 17%에서 2015년 22%로 상승했다. 절도는 경제적인 이유가 가장 크다는 점에서 청년 고용이 어려운 상황을 반영한 결과로 보인다.

국제적으로 볼 때 한국의 젊은이들이 일으키는 비행이나 범죄 수준은 어느 정도일까? 비행과 관련하여 국제적으로 널리 활용되고 있는 지표는 음주율과 흡연율이다. 국제협력개발기구(OECD)에서 발표하는 사회통계(Society at a Glance)와 한국의 유사자료를 비교해 보면, 한국의 청소년 음주율과 흡연율은 가장 낮은 수준을 보여 준다(OECD, 2016).[16]

세계범죄브리프(World Prison Brief, www.prisonstudies.org)에 따르면, 한국은 죄수 중에서 18세 미만이 차지하는 비율이 1%로 OECD 평균보다 낮은 수준을 보여 주고 있다.[17] 이와 함께 서구 선진국들에서 문제가 되고 있는 학교 중퇴나 학교 폭력(bullying), 혼전 임신과 마약 문제가 가장 덜 심각한 국가에 해당한다. 이는 우리 사회에서 청년들 사이에 일어나고 있는 극단적 행동이 극소수가 벌이는 이상 현상이라는 점을 말해 주고 있다.

지금까지의 결과에서 요즘 젊은이들이 사회적으로 비롯된 분노를 같은 처지의 약자에게 표출하고 있다는 주장은 설득력이 없어 보인다. 오히려 국제적으로 볼 때 우리나라의 청년들은 상당히 건전한 편이다. 청년들의 정치 참여가 가장 높았던 2016년 촛불집회에서 불법과 폭력 시위가 가장 적었다는 사실도 이를 뒷받침해 준다.

당신들의 정치

지금까지 살펴본 결과는 최근 젊은이들이 정치적으로 무관심하고 분노를 개인적인 혐오로 해소하고 있다고 보기 어렵다는 점을 말해 주고 있다. 이는 현재 젊은이들이 보여 주는 행동을 정치적·사회적 무관심이라는 개인적 차원이 아니라 정치적·사회적 배제라는 제도적 차원에서 살펴볼 필요가 있음을 말해 준다.

여기에서는 청년들이 얼마나 정치적·사회적으로 배제되어 있는지를 객관적인 자료를 통해 살펴보고 이렇게 된 원인을 신단해 본다. 우선 정치적 배제와 관련하여 청년들의 정계 진출을 의회와 정당 차원에서 살펴보았다. 20, 30대 젊은 국회의원의 분포는 어떤 추세를 보여 주고 있을까?[18] 지난 70년간 당선인 기준으로 국회의원의 연령별 분포를 살펴보면, 20대와 30대를 찾아보기 어려운 상황으로 바뀌었고 50대 이상이 전체 국회의원의 8할을 차지하는 상황까지 이르렀다. 40대 미만의 국회의원 비율은 1948년 제헌의회부터 2004년 제17대 국회까지 20%대에서 10%대로 낮아졌다. 그런데 2008년 제18대 국회 이후로 젊은 국회의원들이 더 급격하게 감소하기 시작해 2016년 20대 국회에서는 전체 300명 중 3명으로 청년 국회의원 비중은 불과 1%에 그치고 있다.

국제의원연맹(Inter-Parliamentary Union)은 2012년 보고서에서 전 세계 83개 국가의 국회의원 2만여 명을 대상으로 국회의원 연령분포를 제시한 바 있다.[19] 이는 시기적으로 19대 국회에 해당하는데 한국은 20~30대 국회의원 비율이 3%에 그쳐 14%에 이르는 국제 평균과 큰 편차를 보여 주었다. 19대 국회 당시 선거인구 중 20~30대 청년층 비율이 37%인 점을 고려해 보면, 우리나라 국회의원들의 연령별 대표성이 크게 왜곡되어 있음을 알 수 있다.[20]

우리나라에서 청년 정치인이 없는 현실은 제도적인 측면에서 원인을 찾아볼 수 있다. 선거연령을 18세로 낮추는 문제가 사회적인 쟁점으로 부상하였는데 청년들의 정치 참여라는 맥락에서 보면, 더 근본적인 문제는 피선거권 연령과 정당가입 연령이다. 정당가입 연령은 선거권과 연관되어 있으므로 우선 피선거권 문제를 살펴보자.

피선거권은 대통령, 국회의원, 지방의회의원 및 지방자치단체의 장 등에 당선되기 위해 선거에 출마할 수 있는 권리를 의미한다. 이는 헌법이 보장하고 있는 기본권 중 하나이다. 피선거권은 공직선거법에 규정[21] 되어 있다. 현재 우리나라에서 대통령에 출마할 수 있는 연령은 40세 이상이다. 최근 들어 외국에서 30대의 젊은 대통령과 총리가 나오고 있는 상황[22]에서 우리나라는 공직선거법에 따라 법적으로 40세가 되기 전에 대통령에 출마할 수 없다.

상식적으로 헌법에 대통령에 출마할 수 있는 연령을 못 박을 필요가 없다고 생각하지만 대통령의 피선거권은 헌법[23]에도 명시되어 있다. 한국에서 40세 이전에 대통령에 출마하는 것은 헌법을 위반하는 행동이다. 헌법에 대통령 피선거권이 명시된 것은 1963년 박정희 대통령 취임 이후 개정한 헌법 제5호부터였다. 1948년 제헌헌법부터 1960년 4.19혁명 이후 수립된 헌법 제4호에서 대통령을 몇 세 이상까지만 출마할 수 있다는 규정이 포함되어 있지 않았다. 1987년 6월 항쟁 이후 대통령직선제가 관철되어 수립된 헌법 제10호에서도 대통령 피선거권 연령은 그대로 남아 한국에서 40세 미만은 헌법을 개정하지 않는 한 대통령에 출마할 수 없다. 이는 투표를 할 수 있는 선거권 연령규정이 헌법에 포함되었다가 헌법 제10호에서 법률에 위임한 것과도 대조적이다. OECD 국가들을 살펴보면, 대통령이나 총리의 피선거권과 선거연령이 동일하거나 높아도 30대 중반이라는 점에서 우리나라의 대통령 피선거권을 낮추는 것이 필요해 보인다.

다음으로 국회의원을 비롯한 지방의회의원, 지자체의 장에 출마할 수 있는 연령은 공직선거법상 25세 이상이다. 이에 대해서는 여러 가지 측면에서 검토가 필요하다. 우선 투표를 할 수 있는 선거권 연령은 21세 이상에서 1958년 이후 20세로 낮아졌고 2005년 공직선거법 개정으로 19세로 또 한 차례 낮아졌다. 선거를 할 수 있는 연령이 낮아졌다면 선거에 출마할 수 있는 연령도 낮아져야 하는 것이 정상이다. 그런데 25세 이상 피선거권 연령은 제헌의회 이후 현재까지 단 한 차례도 개정되지 않고 지난 70년간 유지되었다.

국회의원 등의 피선거권과 관련하여 또 다른 쟁점은 선거권과 피선거권을 동일하게 가져갈지, 달리 가져갈지 여부이다. 우리나라는 선거권을 19세 이상으로 부여하고 있지만 피선거권을 25세 이상으로 차이를 두고 있는 국가다. 이처럼 선거권과 피선거권을 달리 가져갈 필요가 있을까? 선거권의 연령을 제한하는 이유는 성인으로서 투표를 통해 공직에 참여한 후보자를 선출할 수 있는 기본권을 행사할 수 있는 능력을 갖추지 못했다고 보기 때문이다. 민법상에 성인은 19세 이상으로 성인이라면 공직에 참여할 수 있는 권리도 동일하게 보장될 필요가 있다. 다만, 우리나라만이 아니라 여러 국가에서 선거권과 피선거권을 달리 가져가는 경우가 많고 민법의 성인 기준을 직접적으로 피선거권에 적용할 수 있는지는 법적으로 따져보아야 할 문제이다.[24] 그렇더라도 독일, 영국, 프랑스, 스웨덴, 벨기에 등 대다수 선진국에서 18세나 21세 사이에 국회의원 등의 피선거권을 부여하고 있다는 점에서 피선거권을 낮추는 것이 필요해 보인다.

이어서 공직선거에서 투표를 할 수 있는 권리인 선거권과 정당 가입 연령을 살펴보자. 우리나라의 선거권은 19세 이상이다. 2017년 현재 전 세계 선거 연령을 살펴보면(ACE Electoral Knowledge Network), 우리나라보다 1세 낮은 18세 이상인 국가 혹은 사회가 207개로 전 세계에서 90%를 차지하고 있다.[25] 한국보다 높은 20세나 21세 이상인 국가 혹은 사회는 11개이며 17세나 16세인 나라도 동일하게 11개로 나타나고 있다. 선거권이 19세인 나라는 한국이 유일하다. 헌법에서 보장하고 있는 기본권인 선거권을 연령으로 제한하는 이유는 이러한 권리를 행사할 수 있는 능력을 갖추지 못했다고 보기 때문인데 전 세계에서 유독 한국의 18세만 예외로 보는 것은 부적절해 보인다.

우리나라에서 정당 가입은 정당법[26]에 따라 선거권이 있는 사람으로 규정되어 19세 이상만 가능하다. 공직선거법상 선거권 연령을 개정하지 않는 한 10대의 정당 가입은 불가능하다. 이는 선거권과 관계없이 15세를 전후로 정치활동과 정당 가입이 가능한 서구 유럽과 가장 크게 차이 나는 부분이다.

그렇다면 실제 우리나라 정당에서 청년 당원 현황은 어떨까? 2017년 현재 중앙선거관리위원회에 공식적으로 등록한 정당들은 총 35개에 이른다.[27] 정당별 당원에 관한 정보는 중앙선거관리위원회에서 발간하는 정당의 활동개황 및 회계보고에서 확인해 볼 수 있다(중앙선거관리위원회, 2016).[28] 2015년 기준으로 우리나라에서 정당에 가입한 당원은 584만 명에 이른다. 이는 선거가 가능한 인구의 13% 이상이 정당에 가입해 있다는 것인데 이 통계가 정확한 것인지는 의문이다. 우선 통계청의 사회조사에서 복수응답으로 따져 볼 때 정치 단체 참여율은 채 1%도 안 되기 때문이다.

그래서 당비를 내지 않는 당원을 제외하고 살펴보면, 전체 당원은 70만 명이 안 되어 선거인구 대비 2% 미만의 정당 가입률을 보여 준다. 이 자료에서 연령별 정당 가입을 제공하고 있지 않은데 사회조사에서 20대의 정치단체 가입률은 0.8%로 나타나고 있으며 30대도 0.6%에 불과한 실정이다. 청년들의 정당 활동이 매우 부진하다고 볼 수 있는데 이는 비단 청년만의 문제가 아니라 모든 연령층에서 1% 미만으로 나타나고 있어 공통된 현상이라고 할 수 있다.

이어서 정당의 당헌과 당규를 통해 청년들의 정치 참여를 보장하기 위해 어떤 장치를 마련하고 있는지를 살펴보았다.[29] 주요 정당을 살펴보면, 대부분 사무국에 청년국을 두거나 청년위원회 혹은 대학생위원회를 두고 정당 의결기구에 청년 대표가 참여하도록 하고 있다. 청년들의 정치 참여와 관련하여 선거후보자의 최대 30%에서 최소 10%의 비율로 청년할당을 규정한 정당도 보인다. 그런데 문제는 선거 후보자의 일정 비율을 청년에게 할당하는 당규를 "노력한다"라고 표현해 의무조항으로 두고 있지 않다는 점이다. 동시에 청년 연령 규정도 문제가 있다. 청년 연령규정을 담고 있는 정당의 당헌이나 당규상 청년은 최소 39세에서 최대 45세까지로 되어 있어 국민 정서상 청년 연령과 괴리가 있다.

지금까지 직접적인 정치 참여에서 청년들이 배제되어 있음을 확인하였다. 그런데 더 큰 문제는 생활 속에서 청년들이 자신들의 목소리를 제시하거나 무엇인가를 결정할 때 참여하고 있지 못한 현실이다. 젊은이들은 넓게는 사회참여에 있어서, 좁게는 학교나 가정에서 자신들의 문제를 결정할 때 배제되어 왔다. 청년들의 참여는 현실 정치만이 아니라 우리가 살아가는 생활공간의 곳곳에서 이루어질 필요가 있다. 좁게는 가정에서 중요한 결정을 할 때 목소리를 낼 수 있어야 하며 내가 살고 있는 아파트 단지 내에서도, 학교에서 학교 운영과 관련된 결정을 내릴 때도 이루어져야 한다.

여기에서는 학교에서 이루어지는 참여 문제를 짚어 보자. 우선 학교생활을 하는 데 있어서 학생자치활동이나 학교운영에 대한 참여가 어떤 추세를 보여 주고 있는지 살펴보았다. 이에 대한 대학생 이상 통계는 없기 때문에 중학생과 고등학생에 대한 통계결과를 살펴보았다. 한국청소년정책연구원에서 실시한 아동·청소년 인권실태조사는 2012년부터 학생들의 참여 현황을 살펴볼 수 있다.[30] 이 조사는 학생회 활동과 관련하여 학교의 간섭 없이 학생회 활동이 이루어지는지, 학생회 활동에 필요한 예산과 장소, 시간 등을 보장받고 있는지, 학생회 의견을 학교가 존중하는지를 묻고 있다. 여기에서 흥미로운 결과는 "그렇다"와 "아니다"라는 응답보다는 "잘 모르겠다"는 응답이 절반 이상을 차지하고 있다는 점이다. 또 다른 특징은 잘 모르겠다는 응답이 최근으로 올수록 증가하고 있다는 점이다. 학교운영위원회에 학생대표가 참여하는지를 묻는 질문에도 양상은 비슷하다. 이에 대해 "잘 모르겠다"는 응답이 70%에 육박하고 있으며 이러한 응답결과는 5년간 큰 차이를 보이지 않는다.

왜 이런 상황이 발생한 것일까? 국가인권위원회는 최근 학교생활에서 학생의 인권보장 실태를 조사한 바 있다(김현수 외, 2016).[31] 학교의 법률이라고 볼 수 있는 학칙은 다양한 측면에서 학생들의 기본권을 제약하고 있다. 이 중에서 표현 및 집회와 결사의 자유를 침해하고 있는 중, 고등학교는 전체 조사 대상 학교 중 80% 이상을 차지한다. 상당수 학교에서 학칙으로 인해 학생들은 정당이나 정치적 목적으로 사회단체에 가입할 수 없다. 교내에 동아리를 만들 때도 학교장의 허락을 받아야 하며 대자보를 통해 의사를 표시하거나 집단행동을 모의할 경우 학칙에 따라 처벌을 받아야 한다. 자신의 권리가 제도적으로 보장받지 못한 상황에 익숙해져 있는 학생들은 학교에서의 참여가 어느 정도 보장받고 있는지에 대한 단순한 정보조차도 모르고 있는 것이다.

대학생의 상황은 좀 다를까? 최근 『경향신문』의 조사 결과에 따르면, 대학교의 상황도 별반 다르지 않은 것으로 보인다.[32] 집단적 행동을 징계 사유에 포함한 대학교는 조사대상 중 대부분을 차지하고 있는 것으로 나타났다. 나아가 정당법에 따라 19세 이상이면 정당에 가입할 수 있으나 학칙에 따라 대학생들도 정당이나 사회단체에 가입하면 처벌을 받을 수 있는 곳도 적지 않았다.

젊은이들의 사회 참여가 부족한 보다 근본적인 원인은 치열한 대학 진학과 취업 경쟁으로 인해 사회문제에 눈을 돌릴 여유를 갖지 못하는 데 있다. 앞서 살펴보았듯이 우리나라 젊은이들의 생활시간은 다른 국가들과 비교 자체가 무의미할 정도로 극단적인 양상을 보여 준다. 흔히 의무생활시간에 해당되는 교육과 취업 시간이 거의 최장 수준을 보여 주고 있기 때문이다. 이와는 달리 통계청에서 실시한 「사회조사」에서 젊은이들의 사회 및 단체 활동 참여율은 매우 낮고 갈수록 감소하는 추세를 보여 준다.[33]

이상의 결과는 청년 문제를 해결하기 위해서 참여를 위한 제도적인 장치를 만드는 것이 얼마나 중요한지를 말해 주고 있다. 최근 정치 개혁에 대해서 청년들의 적극적인 참여가 이루어지고 있지만 생활 전반에 걸쳐 청년들의 의사 표현과 의사결정이 활성화되지 않는다면 여전히 청년 문제는 미해결 과제로 남을 가능성이 있다. 청년 문제의 해법에 관한 논의는 다음 장에서 좀 더 구체적으로 살펴보자.

제6장

사회적 연령과
우산정책

하늘의 무지개를 바라볼 때마다
내 가슴은 뛴다.
내 삶이 시작할 때도 그러했고
어른이 된 지금도 그러하다.
나이가 들어도 그러하길,
아니면 죽어도 좋으리!
아이는 어른의 아버지
내 삶이 자연을 경애하는 마음으로
하루하루 이어지길

윌리엄 워즈워스(William Wordsworth, 1770~1850)

　

지금까지 청년들의 일과 삶을 경제, 사회, 교육과 정치라는 4가지 측면
에서 살펴보았다. 청년들의 일과 삶에 대한 진단 결과는 올바른 청년정책
을 수립하는 데 있어서 밑그림을 그리는 작업이라고 할 수 있다. 정책대상
에 대한 진단은 마치 그림을 그릴 때 무엇을 어떻게 표현할 것인가와 이
에 대한 전체적인 윤곽과 밑그림을 화폭에 담는 것과 같다. 그런데 문제
해결을 위한 정책적 접근은 정책대상에 대한 진단만으로는 부족하고 좀
더 세밀한 검토가 필요하다. 이것은 그림을 그릴 때 색칠을 하는 단계에서
직면하는 문제와 유사하다. 청년정책은 특별히 더 그렇다. 이에 대해 몇

가지를 살펴보자.

우선 대상중심 정책을 추진하는 데 있어서 정책대상을 정의하는 것이 필요한데 누구나 알고 있는 것 같지만 "청년은 누구인가?"라고 질문해 보면 생각보다 답변하기가 쉽지 않다. 청년은 연령집단 중에서 특정 연령을 지칭하는 것임으로 몇 세부터 몇 세까지가 청년인지를 정의할 필요가 있다. 특별히 정책을 추진하는 입장에서 수혜자가 누구인지를 분명하게 정하기 위해서 정책대상을 다루는 법령에 연령을 정의하는 경우가 많다. 그런데 젊은 세대를 다루는 법령에서 정책대상 연령은 서로 중복되어 혼란스럽다.[1] 우리나라의 현행 법률에서 15세 이상 18세 미만은 법적으로 아동이자 청소년이며 동시에 청년이다.

청년에 대한 정의 문제는 정책의 목표를 수립하는 것과도 연결된다. 청년은 생애주기 중에서 성인으로 이행하는 과정에 위치해 있다. 성인기 이행은 성인으로 살아가는 여러 가지 자질이나 능력을 갖추는 시기로 볼 수 있다. 성년식과 같은 전통적인 통과의례는 이행과정을 성장이나 발달로 보는 시각을 보여 준다. 곧, 이러한 입장에서 청년기는 미성숙한 존재가 당당히 삶의 주체로 일어서는 과정이라고 할 수 있다. 그런데 이와는 정반대로 성인으로의 이행을 소중한 것을 잃는 과정으로 보는 시각도 존재한다. 어른이 되면서 잃는 것은 미숙함이 아니라 순진무구함이며 무절제가 아니라 자발성이며 창의성이라는 것이다. 시인인 워즈워스(W. Wordsworth)는 아이들이 오히려 어른들의 아버지라고 노래한다.[2] 철학자인 니체(F. W. Nietzsche)는 초인(Übermensch)이 되는 과정의 마지막 단계로 고된 시련을 견디어 내는 낙타도, 용감하게 전면에 나서는 사자도 아닌 어린아이를 지목한다.[3] 화가인 피카소(P. Picasso)는 모든 아이가 예술

가인데 자라난 후에도 예술가로 남기 어렵다고 한탄한다.[4]

앞서 1장에서 노인의 연로함이 가지는 단점 측면에서 청년을 평가하는 관점을 검토해 보았다. 청년들이 부지런하지 않다거나 꿈에 도전하기보다 현실에 안주한다든지, 자립할 시기에 부모나 주변인에게 의존하려고만 든다는 것이다. 이를 통해 청년이 가지는 장점을 세 가지 단어로 제시해 보면, '노력'과 '도전'과 '자립'일 것이다. 이는 성인이 되어 가는 과정을 성장이나 발전으로 보는 시각과 닮아 있다. 반면, "왜 젊음을 부러워할까?"라고 반문해 보면, 젊은 시기가 가지는 장점은 달라진다. 예를 들어 기성세대가 젊은이에게 기대하는 노력은 청년들의 전유물이 아니다. 연령과 무관하게 우리는 늘 노력하며 살아가야 한다. 젊었을 때 차이가 있다면 "왜 노력해야 하는가?"라는 인생의 목표를 정하는 시기라는 점이다. 또 다른 차이점은 미래의 모든 가능성이 열려 있다는 점이다. 나이 들어 살아온 삶을 되돌아보며 젊은 시절을 부러워하는 이유가 바로 여기에 있다. 6장에서는 첫 번째로 정책대상인 청년의 본질에 대한 문제를 우리가 부러워하는 '젊음'의 특성이라는 맥락에서 살펴보았다. 이는 청년정책을 어떤 방향에서 추진하는 것이 필요한지를 말해 줄 것이다.

청년정책의 해법을 찾는 데 있어서 정책을 추진하기 이전의 문제도 있다. 정부정책은 대체로 교육이나 문화, 복지, 노동 등 기능을 중심으로 영역을 구분한다. 청년정책은 이처럼 기능중심 정책이 아니라 대상중심 정책이다. 대상중심 정책은 꼭 필요한가에 대한 문제 제기로부터 자유롭지 못하다. 정부정책에서 중년들을 위한 정책을 추진할 필요가 있는지는 고민거리지만 교육이나 고용정책의 추진 여부를 논하는 것은 불필요하다. 동시에 정책대상이 중요하다면 정책기능의 하위요소로 다루면 그만이다.

예를 들어 고용정책에서 청년고용, 여성고용, 중년고용, 노인고용 등으로 구분할 수 있다.

독자적인 정책 추진의 필요성을 인정받는다고 하더라도 대상중심 정책은 정책대상의 모든 수요를 포괄해야 하므로 다루는 범위가 너무 넓고 기능중심 정책과 필연적으로 정책의 범위와 영역을 두고 마찰을 빚게 된다. 청년정책이 별도로 존재해야 하는지는 6장에서 다루는 두 번째 문제이다. 이 부분은 "어떻게 청년정책을 추진할 것인가?"라는 구체적인 문제와 연결된다. 예를 들어 우리나라에는 여성정책을 담당하는 중앙부처가 존재하는데 대상중심 정책을 추진할 때 부처 형태가 좋은가? 아니면 행정위원회 형태가 좋은가? 청년정책을 어떤 형태로 추진해야 할까? 이러한 질문들은 정부 정책추진체계의 문제이다. 청년정책의 목적과 방향, 정책추진체계에 이어서 마지막 단락에서는 청년들의 일과 삶에 대한 진단을 토대로 구체적인 정책방안을 제시해 보았다.

젊음과 사회적 연령

정책대상인 청년은 누구인가? 청년에 대한 정의는 대체로 세 가지 측면에서 이루어져 왔다. 우선 청년을 특정 연령으로 정의할 수 있는데 이는 가장 간편한 방법이자 대상을 명확히 할 수 있다는 점에서 장점이 있다. 일례로 우리나라의 「청년고용촉진특별법」의 시행령에서는 청년연령을 15세에서 29세로 제시하고 있다.[5] 이 법에서는 공공기관이 청년 미취업자를 의무적으로 고용하는 경우에 한해 청년연령을 34세까지 폭넓게 성의하고 있다.

두 번째는 청년 여부를 특정 조건을 갖추었는지 여부로 판단하는 것이다. 이는 청년기를 이행기로 보고 성인으로서 필요한 자세나 자질, 능력을 갖추었는지를 살펴보는 것이다. 이에 대해 취업이나 결혼과 같이 중요한 전환점을 통과했는지 여부로 판별하기도 한다. 예를 들어 혼인을 했는지, 하지 않았는지는 오랫동안 성인 여부를 판별하는 중요한 기준이었다. 조선시대에는 관혼상제(冠婚喪祭) 중에서 두 번째인 혼례(婚禮)를 올리기 전 10대 중반의 남성은 상투를 틀어 갓을 쓰고 여성은 쪽머리를 하는 관례(冠禮)를 진행하였다. 현재 우리나라 「민법」에도 이러한 관례가 남아 성년에 도달하지 않아도 혼인을 했다면 성년자로 분류하고 있다.[6]

세 번째로 청년의 본질적인 특성을 통해 정의해 볼 수 있다. 조선시대에도 청년이라는 용어는 사용[7]되었으나 20세기 들어서 한말과 일제강점기에 보다 광범위하게 이 용어가 사용되었다. 이때 청년은 정신적·육체적 활동이 가장 왕성한 시기라는 젊은이의 특성을 드러내는 용어였고 새로운 시대를 이끌어 나갈 근대적 주체라는 의미를 가졌다고 한다.[8]

특정 연령으로 청년을 정의하기 이전에 두 가지 청년 정의 문제를 살펴보자. 먼저 두 번째 접근은 전통적인 방식으로 청년을 정의하는 것이다. 전통사회에서 이루어지는 성년식은 이러한 접근의 전형적인 특성을 보여준다. 성년식은 사냥이나 혼인과 같이 성인으로 살아가는 출발점을 앞두고 이루어지는 의례로 성인의 징표나 자격, 신분을 부여한다. 미성년자에서 성인이 되는 것은 미숙하고 어리석으며 분별력이 없는 단계에서 옳고 그름을 가려 스스로 판단할 수 있고 자신의 역할을 깨닫고 책임지는 자세를 보여 주는 단계로 옮겨 가는 것이다.[9] 이는 물이 끓어 전혀 다른 존재인 수증기가 되는 것처럼 나이를 단순히 먹어 가는 것이 아니라 질적으로 다른 존재가 되는 것이다.

현재 성년식은 형식적인 의례로 남아 있지만 전통사회에서 성년식은 죽음을 맛볼 정도로 고통스러운 시련을 이겨 내는 과정이기도 했다.[10] 성년을 앞둔 젊은이들은 살던 곳에서 아주 멀리 떨어진 곳에 버려진 후 스스로 집을 찾도록 하거나 어둡고 무서운 동굴에서 여러 밤을 음식도 주어지지 않은 상태에서 버텨야 했다. 신체에 위해를 가하는 행위도 이어졌다. 문신을 새기거나 귀고리, 코걸이를 하는 경우는 덜 심한 편으로 심하게 매질을 하는 것은 물론 앞니를 부러뜨리거나 신체의 일부를 절단하고 절제한 부위를 엮는 행위도 이루어졌다. 이것은 젊은 시절의 시련을 당연시하는 문화의 원형을 보여 준다.

전통적인 통과의례는 성인으로의 이행을 성장이나 발전으로 보는 시각에서 접근한 것이다. 유사한 시각은 흔히 질풍노도(storm and stress)로 젊은 시기를 묘사한 스탠리 홀(G. Stanley Hall)과 같은 초기 심리학자들의 발달론적 관점이다(Hall, 1904).[11] 성인으로 이행하는 과정은 사회에 적응하는 과정이며 사회의 문제아가 성인이 되기 위한 교육과 훈련을 통해 바뀌어 가는 전환기로 보는 것이다. 초기 사회학자들의 사회화(socialization)에 대한 논의 역시 기본적인 가정을 공유한다. 사회화는 태어나서 자라나 어른이 되는 과정을 젊은이들이 가족이나 학교와 같은 사회화기관을 통해 자아의식을 형성하고 삶의 방식을 점차 깨우쳐 가는 과정으로 묘사한다(Parsons, 1956).[12]

세 번째 접근은 청년 자체가 가지는 특성이 무엇인가에 주목하는 것이다. 이 입장은 "왜 대다수의 사람들은 젊은 시절을 부러워하고 젊어지기를 원하는가?"라는 질문에서 출발한다. 개인적으로도 시간이 왜 그렇게 빨리 지나가는지 시간을 붙잡을 수 있다면 어디에 감금해 놓고 싶은 심정이 들 때가 많다. 젊음이란 잃어버리거나 시간이 지난 후에야 소중함을 깨닫게 되는 대표적인 사례일 것이다. 그런데 우리가 젊음을 부러워하는 이유는 그 시절이 미성숙하고 유치하며 어리석었기 때문일까? 그렇지 않다. 많은 사람들은 육체적인 젊음에 대한 욕구를 갖는다. 동시에 젊은 시절에 가졌던 마음가짐이나 정서적인 특성이 젊은 시절을 동경하게 만드는 이유이다.

'젊음'에서 연상되는 단어는 다양하겠지만 "새롭다", "자연스럽다", "자유롭다", "열려 있다"로 압축해 젊은 시절의 특성을 살펴보자. 아이의 탄생은 그 자체로 세상에 없던 것이 생겨난 것이다. 그렇기 때문에 새로움은 젊은 시절의 본질적인 특성이다. 이런 특성 탓인지 아이들의 행동은 신선하며 창의적이다. 워즈워스(W. Wordsworth)나 피카소(P. Picasso)와 같은 예술가들이 젊은 시절을 부러워하는 이유가 여기에 있다. 이는 흔히 "마음은 청춘"이라는 표현과 연결되는데 무지개를 보고 심장이 두근거리고 새로운 영감이 떠올라 이를 표현할 수 있다면 연령과 상관없이 그런 사람은 젊은 청춘이다.

자연스러움은 니체(F. W. Nietzsche)가 초인이 되기 위한 마지막 단계로 묘사한 아이의 특성 중 하나이다.[13] 아이들이 자연스럽게 행동하는 이유는 자신의 삶과 행동을 무언가를 얻기 위한 수단이 아니라 그 자체로서 의미를 갖는 목적으로 삼기 때문이다. 예를 들어 아이가 놀이에 참여하는 모습은 어른들이 게임에 참여하거나 즐길 때와 판이하다. 아이들은 놀이 그 자체를 즐기지만 어른들은 게임의 결과에 더 신경을 쓰며 내기나 도박

등을 통해 게임을 금전적인 수단으로 삼기도 한다. 니체는 아이에 빗댄 초인의 특성으로 잘 잃어버리는 습성을 제시했다. 놀이를 비롯한 아이들의 행동은 그 자체가 목적이므로 놀이가 끝난 후 승패와 상관없이 마음에 담아 둘 것이 없다. 인간관계가 왜 나이가 들어가면서 부자연스러워지는지도 동일한 설명이 가능하다. 아이들은 어떤 의도를 가지고 사람을 대하지 않는다. 반면, 어른들은 선입견을 가지고 사람을 대하거나 만남 그 자체가 아니라 무엇인가를 얻기 위한 수단으로 인간관계를 활용한다. 아이들은 누군가로부터 이용당할 수는 있어도 다른 사람을 수단으로 바라보는 시각을 갖고 있지 않다. 니체는 이를 순진무구함이라고 표현하고 있다.

이어서 자유로움은 성인들이 젊은 시절을 부러워하는 주된 이유 중 하나이다. 성인 출현기(emerging adulthood)를 개념화한 아네트와 태너(Arnett & Tanner, 2006)는 이 시기의 특징 중 하나로 부모와 같은 성인의 역할을 짊어지지 않았기 때문에 온전히 자신에게 초점을 맞추어 생활할 수 있다는 점을 들었다.[14] 이는 왜 어린 시절부터 젊은이들이 자유롭게 생활할 수 있는지를 설명한다. 이러한 물리적 조건 외에도 젊은이들은 어른들보다 자유롭게 행동한다. 자유로움은 능동적이고 자발적인 참여로 이어지며 삶의 즐거움으로 이끈다. 마크 트웨인(Mark Twain)의 소설 『톰 소여의 모험(The Adventures of Tom Sawyer)』에서 톰 소여가 말썽을 부린 대가로 이모로부터 벌을 받아 벽에 페인트칠을 하는 대목이 나온다. 톰 소여는 너무 즐겁게 페인트칠을 해 친구들의 부러움을 사게 되고 못 이기는 척 친구들에게 이 일을 떠넘긴다. 톰 소여에게는 정말 따분하고 귀찮은 일이지만 친구들에게 있어서 페인트칠은 정말 재미있는 놀이와 다를 바 없다.

마지막으로 열려 있음을 살펴보자. 아네트와 태너(Arnett & Tanner,

2006)는 성인 출현기의 특성으로 가능성(possibilities)을 제시한 바 있다. 성인들은 이미 지나버린 세월을 되돌릴 수 없지만 젊은이들은 닥쳐올 미래를 앞두고 있기 때문에 모든 가능성이 열려 있다고 할 수 있다. 물론 젊은이에게 다양한 가능성이 열려 있다고 해서 미래에 대한 희망이 실현 가능한지는 알 수 없다. 그렇지만 기회조차 가질 수 없는 기성세대 입장에서 모든 가능성이 열려있는 젊음을 부러워하는 것은 당연해 보인다.

청년을 정의하는 두 번째와 세 번째 시각은 각각 젊은이들의 의무와 권리를 대변한다. 전자는 청년기의 특성에 주목했다기보다 사회의 일원으로서 갖추어야 할 임무와 이를 달성하기 위한 역할에 주목한 것이다. 성년식은 어떤 조직에 가입하기 위한 신고식과 유사하다. 곧, 청년들은 사회라는 조직에 가입하지 않은 외부인으로 이 조직에 가입하기 위해서 조직원으로서 갖추어야 할 능력과 자질을 갖추고 있는지 검토 받는 존재이다. 이는 자라나는 젊은 세대를 사회 밖에 있는 존재로 보는 측면이 있다. 이에 대해서 후자는 자라나는 젊은 세대도 사회의 일원이며 시민으로서 동일한 권리를 갖는다는 입장을 보인다. 이는 당연한 주장 같지만 아동을 보호(care)나 시혜(charity)의 대상이 아닌 권리(right)의 주체로 보아야 한다는 국제연합(UN)의 「아동의 권리에 관한 협약(CRC: Convention on the Rights of the Child)」은 1989년에야 채택되었고 전체 회원국이 비준하는 데 16년이라는 세월이 필요했다.[15]

우리나라는 젊은 시기의 권리보다 의무를 강조하는 시각이 강하며 정책을 추진하는 데 있어서도 의무를 잘 수행할 수 있도록 지원하는 데 초점을 맞추어 왔다. 특히 1997년 외환위기 이후 청년정책은 일자리정책이란 시각이 자리 잡아 왔다. 청년들이 자신에게 주어진 임무를 수행하기 이

전에 자신의 권리를 보장받는 것이 필요하지만 권리에 대한 보장 없이 의무만을 강조한다면 현재 청년들이 직면한 문제를 해결하기 어렵다. 동시에 청년정책을 추진하는 방향은 취업이나 분가, 결혼을 지원하기 이전에 젊은 시기의 특징인 새롭고 자연스러우며 자유롭고 열려 있는 삶을 살아갈 수 있도록 지원하는 것이어야 한다.

이러한 맥락을 가지고 청년 연령의 정의 문제에 대해서 살펴보자. 앞서 제시하였듯이 우리나라에서 청년에 대한 법적 정의는 「청년고용촉진특별법」 시행령에 15세에서 29세인 사람이다. 그런데 다른 법률이나 각 지자체에서 수립하는 조례, 그리고 국회에 입법 발의된 법안 모두 청년 연령 정의가 제각각이다. 먼저 법률을 살펴보면, 「아동복지법」에서 아동을 18세 미만으로 정의하고 있어 15세에서 18세 미만은 아동이자 청년이다. 「아동복지법」의 연령 규정은 국제법인 「아동의 권리에 관한 협약」에 따른 것으로 외국에서도 중복되는 사례가 있어 예외로 보더라도 중복 문제는 여전히 남는다. 「청소년기본법」에서 청소년은 9세 이상 24세로 15세부터 24세는 청소년이자 청년으로 연령이 중복된다.

이어서 조례와 법안을 중심으로 연령정의 현황을 살펴보자.[16] 지자체에서 수립한 청년기본조례를 살펴보면, 청년 연령은 서울, 울산, 세종, 경기가 상위법 시행령과 같이 15세에서 29세로 정의하고 있다. 다른 9개 지자체는 하한 연령을 18세나 19세로 정의하고 있고 상한 연령을 34세나 39세로 정의하고 있다. 이처럼 지자체 청년기본조례의 연령정의가 제각각인 것은 현행법률상 청년 정의가 한시적인 특별법에 따른 것이고 정의 그 자체도 대통령령에 위임하고 있어 법적 근거가 명확하지 않기 때문에 발생한 것으로 보인다. 게다가 「청년고용촉진 특별법」은 고용정책에 초점을 맞추고 있어 청년 연령에 "취업을 원하는 사람으로서"라는 단서가 붙어 있다. 곧 이 법률 시행령의 청년 정의는 청년을 정의하고 있다기보다는 청년고용정책 지원 대상을 정의하고 있다고 보아야 한다.

이어서 청년기본법안에서 청년 연령정의는 19세에서 34세인데, 하한연령을 15세가 아닌 19세인 사람으로 정한 것은 「민법」상의 성년 기준을 따른 것으로 보인다. 그런데 해당 법안들 모두 19세로 청년 연령을 명시하고 있어 「민법」상의 성년 기준을 따른다고 보기도 어렵다. 이 기준은 혼인한 경우 성년으로 보는 규정을 포함하고 있지 않아 「민법」상으로 성년이지만 법적으로 청년이 아닌 상황이 벌어진다. 동시에 선거 연령이 낮아지면서 성년 기준도 20세에서 19세로 낮추어졌는데[17] 선거연령이 18세로 낮아져도 청년 연령 규정은 법률 개정을 하지 않는 한 19세 나이로 남게 된다.

34세까지로 상한연령을 정한 것은 취업시기가 늦어지고 있는 데다 30대에도 공공기관을 지원하는 젊은이들이 많은 상황에서 청년의무고용제의 혜택을 받지 못하는 상황을 방지하기 위한 것으로 보인다. 이에 대해 일반적인 정서상 20대를 청년으로 보는 시각과 차이가 있고 청년에 대한 법적 정의를 하고 정책 사업에 따라 별도 적용이 가능하도록 법률에 명시하면 해결될 수 있는 문제를 너무 폭넓게 연령을 정의하고 있는 것은 아닌지 의구심이 든다.

청년 연령을 어떻게 정의할지와 관련하여 전 세계 현황을 살펴보면 부분적으로 해법을 찾을 수 있다.[18] 전 세계 180개 국가 혹은 사회에서 청소년 혹은 청년을 포괄하여 젊은이의 연령 정의는 10대 후반에서 출발해 20대 후반까지를 포함하는 경우가 다수를 차지한다. 이 결과는 현행 「청년고용촉진특별법」 시행령의 연령정의가 일반적으로 사용되고 있음을 보여 준다.

180개 국가 및 사회 중에서 경제협력개발기구(OECD) 국가들로 범위를 좁히고 법률에 연령 규정을 담고 있는 경우로 한정해 결과를 살펴보자.[19] 13개 국가들에서 젊은이 관련 기본 법률에 연령 규정을 담고 있는데 대체로 유아기나 아동기에서 출발해 20대 후반까지로 정의하고 있다. 여기에서 흥미로운 것은 선진국들 대다수가 아동이나 청소년, 청년 등을 구분하지 않고 통합적으로 젊은 시기의 연령을 정의하고 있다는 점이다. 독일이나 네덜란드, 스위스는 아동과 청소년, 청년의 연령 규정을 중복되지 않게 정의한 후 세 집단을 하나의 법률로 통합해 제시한다. 스웨덴, 핀란드, 오스트리아, 아이슬란드 등은 용어(youth, jugend, jeunesse, nuorilla, ungomar) 자체가 우리말의 젊은이처럼 10대와 20대를 포괄하고 있어 연령 구분 자체가 불필요한 경우도 있다.

아시아 국가들 중에서 일본, 싱가포르, 인도네시아, 태국 등도 이러한 흐름을 보여 준다.[20] 일본은 2010년에 청소년(青少年)정책을 아동(子ども)·젊은이(若者)정책으로 확대한 후 젊은 시기를 포괄하는 방식으로 연령 규정을 명확히 하였다. 청소년(青少年)은 10대가 아니라 소년과 청년을 합친 개념으로 0세에서 30세로 정의하였고 아동(子ども)은 18세 미만, 청년(青年)은 19세에서 30세로 정의하였다. 태국은 국가아동·젊은이발달증진법에 아동을 18세 미만으로, 젊은이를 18세에서 25세로 정의하고 있다.

이러한 결과는 젊은 시기를 개념적으로 통합하거나 하나의 법률에 공통의 정책 대상으로 명시하고 있음을 보여 준다. 이러한 현상은 오래전부터 이루어졌다기보다는 2000년대 이후 젊은이들에게 대해서 상반된 입장인 권리(right)와 투자(investment)라는 두 가지 관점에서 접근한 결과이며 청년을 특성으로 접근하는 시각과도 연결된다.

먼저 권리 보장으로 접근한다면 젊은이에 대한 정책 추진을 이행기인 20대에 집중하기보다 유아, 아동, 청소년, 청년으로 이어지는 생애주기 전반을 아우르는 것이 필요하다. 이러한 특징을 제대로 보여 주고 있는 연령정의는 국제연합(UN)의 「아동의 권리에 관한 협약」이다. 이 협약의 정책대상은 18세 미만인 사람이다.[21] 대체로 생애 초기 연령집단을 정의할 때 몇 세부터 몇 세까지로 정하는 것이 일반적이다. 그런데 이 협약에서는 하한연령을 정의하지 않고 상한연령만 정의하고 있다. 0세부터 18세 미만을 포괄하는 용어로 "차일드(child)"라는 표현을 쓴 것은 여러 국가들에서 사용하는 젊은 시기의 용어가 다양하기 때문에 이 시기에 포함되는 용어 중 대표적인 것을 선택한 것으로 보인다. 이 협약의 연령정의 규정에서 부속 설명을 고려해 볼 때 이 협약의 정책대상은 성년에 도달하지 않은 연령에 해당하는 사람을 의미한다. 이처럼 생애주기를 고려해 정책대상을 정의한 것은 권리라는 맥락에서 접근한 결과이다. 태어난 이후 성년이 되기 전까지의 모든 사람은 인간으로서의 권리를 보장받을 필요가 있기 때문이다.

이어서 투자 관점을 살펴보자. 투자 관점의 생애주기 접근은 세계은행(World Bank)의 차세대(next generation)에 대한 정책방안에서 구체적으로 살펴볼 수 있다(World Bank, 2006).[22] 세계은행(World Bank)은 젊은 시기가 정책적으로 중요한 투자대상이라고 설명하고 있다. 첫 번째 이유는 인구 감소에 따라 젊은이들이 줄어들고 있어 이들의 역량을 키우지 않는다면 국가 경쟁력을 상실할 수 있다는 점이다. 두 번째 이유는 경제적으로 볼 때 정부재정 투자의 효과가 가장 큰 집단이 아동기에서 청년기에 이르는 젊은 층이라는 점이다. 세 번째 이유는 정치적인 요청으로 젊은 세대에 대한 지원을 요구하는 목소리가 커지고 있다는 점이다.

세계은행(World Bank)은 이처럼 중요한 투자대상인 젊은이들에 대한 정책에 대해서 생애주기적인 접근(life-cycle approach)이 필요하다고 강조한다. 이렇게 접근해야 하는 이유는 명백하다. 먼저 젊은이에 대한 정책적 투자는 산발적으로 이루어져서는 안 되고 누적적으로 이루어져야 한다는 점이다. 이것은 아동기에만 투자가 이루어지고 청소년이나 청년기에 투자가 이루어지지 않는다면 투자 성과를 거두기가 어렵다는 것을 말해 준다. 두 번째로 단계별 연령집단의 투자수익은 그보다 앞선 연령집단에 대한 개입이 이루어졌을 때 최고치를 보여 줄 수 있기 때문이다. 이것은 청년 문제가 불거진 이후 대상자에게 투자하는 것보다 아동이나 청소년 시기에 청년 문제를 예방하기 위해 투자하는 것이 훨씬 더 경제적이라는 것이다.

권리와 투자는 대체로 대립적인 입장을 보이는 인권적 논리와 경제적 논리를 대변하는 데 생애주기를 고리로 삼고 있다는 점에서 연결된다. 여기에서는 이 두 가지 시각을 접목하여 사회적 연령(social age)이라는 개념을 제안한다. 사회적 연령은 정책 대상이 가지는 특성에 주목하고 특정한 생물학적 연령으로 접근하는 것이 아니라 법률이든, 정책이든 젊은 시기를 생애주기적으로 접근하는 것을 말한다.

국가 전체가 아닌 개인으로 시선을 낮추어 보아도 이러한 접근이 왜 중요한지를 알 수 있다. 18세에 고등학교를 졸업하고 취업을 앞둔 청소년과 29세에 대학원을 졸업하고 취업을 앞둔 청년은 나이는 10살 이상 차이가 나지만 취업이라는 공통의 목적을 갖고 있다. 그런데 특정 시기로 연령을 제한해 정의하거나 젊은 시기를 통합적으로 다루지 않는다면 정책 대상에서 배제되는 문제가 발생할 수밖에 없다.

그렇다면 사회적 연령을 어떻게 법률이나 제도 속에 반영할 수 있을까? 우선 법률을 제정하고 개정할 때 아동과 청소년, 청년을 나누지 말고 하나의 법률로 통합하는 것이 필요하다. 그런데 이를 실현하기 위해서는 기존 정책담당 행정부처 간의 대립을 해소하고 사회적 합의를 이루는 것이 필요하다. 게다가 각 정책대상별로 이해관계를 달리하는 집단들이 존재하고 이들의 요구를 효과적으로 조정하지 않고서는 한 걸음도 앞으로 나갈 수 없는 상황에 직면할 수 있다. 그래서 이미 법률과 제도가 오랫동안 존재해 온 상황에서 하나의 법률안을 만드는 것은 장기적인 과제일 수밖에 없다.

단기적으로 필요한 것은 법률을 아동복지법과 청소년기본법, 청년기본법 등 독립적으로 다루더라도 법률을 주관하는 정부조직을 일원화하는 것이다. 예를 들어 하나의 중앙부처나 행정위원회에서 대상중심 정책을 추진한다면 생애주기적 접근이 가능할 수 있다. 이와 관련해 현재 아동정책은 보건복지부에서 맡고 있으며 청소년정책은 여성가족부가 담당하고 있고, 청년정책은 국무조정실과 기획재정부, 고용노동부가 주로 맡아 정책을 추진 중에 있다. 정책 대상 사업들을 총괄하고 조정하는 행정위원회도 아동정책조정회의와 청소년정책위원회가 독립적으로 구성되어 있고 청년법안에 따르면 청년정책위원회가 별도로 구성된다.

또 다른 부분은 연령 정의를 아동권리협약이나 국제노동기구(ILO)의 협약 등 국제법이 적용되는 경우를 제외하고 중복 적용이 되지 않도록 개정하는 것이 필요하다. 이와 관련해 당사자들인 젊은이들과 전문가들이 생각하는 연령 정의를 살펴보자.[23] 15세에서 39세 젊은이 2,500명에게 아동과 청소년, 청년의 연령 정의를 물어본 결과, 아동은 5세에서 12세, 청소년은 13세에서 18세, 청년은 19세에서 29세로 나타났다. 전문가들도 청년 당사자들의 의견과 큰 차이가 없었다. 하나의 법률이든 개별 법률에 대한 연령 정의이든 시민들이 상식적으로 생각하는 연령 정의를 법률에 담는 것이 청년 연령을 정의하는 가장 적절한 접근법이라고 할 수 있다.

일본에서 일상적인 용어를 사용해 생애주기적인 접근을 실현한 사례도 검토해 볼 필요가 있다. 일본에서 청년 관련 법률 제정과 정책기본계획 수립에 있어서 공식문서에 주로 등장한 세이넨(靑年) 대신 일반인들이 오래전부터 사용해 온 와카모노(若者)를 사용하였다.[24] 우리 역시 젊은 시기를 통칭하는 말로 '젊은이'와 같은 용어를 사용한다면 10대 청소년과 20대 청년을 포괄하는 법률의 연령 정의와 정책 대상을 규정하는 데 있어서 발생할 수 있는 혼란을 줄일 수 있을 것이다.

생애주기 접근은 우리가 부러워하던 젊은 시기의 삶을 당사자에게 돌려주는 출발점이자 청년이 성인으로서의 의무를 다할 수 있도록 권리를 보장하고 중요한 투자 대상으로 접근하는 해법이라고 볼 수 있다. 그렇다면 어떻게 청년정책추진체계를 구축하는 것이 필요할까? 이 질문에 대한 해답은 다음 단락에서 살펴보자.

대상과 기능, 그리고 우산정책

"청년정책을 독립적으로 다룰 필요가 있는가?" 이는 청년정책을 다루는 포럼 행사에 참여할 때마다 제기되는 문제 중 하나였다. 한국노동연구원에서 2017년에 주최한 제1차 「청년이 미래다」 연구포럼에서 청년고용문제를 고용정책이라는 큰 틀에서 접근하는 것이 좋은지, 세대 특성이나 인적 특성에 따라 분리해 다루는 것이 좋은지를 두고 논의가 이루어졌다.[25] 예를 들어 고용정책에서 정규직과 비정규직, 대기업과 중소기업의 격차 문제인 노동시장 이중구조를 해소하는 것은 우리 사회에서 매우 중요한 과제이다. 이것은 동시에 청년들 중 다수가 비정규직인 상황에서 청년 문제를 푸는 해법이기도 하다. 그런데 이 문제를 청년고용문제로 좁혀 접근하게 되면 정작 큰 틀에서 노동시장 이중구조를 해소하지 못하는 결과를 초래할 수 있다. 극단적으로 말해 청년에 집중하다 보면, 청년 비정규직은 줄어들지만 전체 비정규직은 줄지 않는 결과를 가져올 수 있다. 청년에게 초점을 두지 않으면 반대의 결과도 발생할 수 있다. 현재의 비정규직을 정규직으로 전환하면 취업을 준비 중인 청년들에게 취업 기회가 줄어드는 문제가 발생할 수 있다.

이 문제는 청년구직촉진수당이나 청년의무고용제와 같은 구체적인 정책 사업들을 풀어놓고 검토하기 이전에 반드시 짚고 넘어가야 할 사안이다. 한국조세재정연구원에서 2017년에 주최한 재정전문가 네트워크 월례회의에서 김영미 교수(동서대 사회복지학부)가 발표한 청년정책 추진방안에 대해서 토론을 한 적이 있다.[26] 이날 청년과 청년정책에 대한 관점을 어떻게 정할 것인가를 두고 논의가 이루어졌다. 발표문 중 헌법재판소의 위헌확인 심판을 소개한 내용[27]이 있었는데 이 부분은 독립적으로 청년정책을 추진하는 것이 필요한가에 대한 근본적인 문제 제기로 청년정책을 연구하는 입장에서 큰 고민거리가 되었다.

공공기관의 청년고용의무제에 대한 헌법재판소의 위헌확인 심판은 세

차례 이루어졌는데 2017년에 이루어진 위헌 청구나 재심 청구는 법령 시행 1년 이내에 헌법소원을 청구해야 하는 규정을 지키지 않아 각하 결정[28]이 내려졌다. 이러한 요건을 갖춘 위헌 심판에 대한 청구는 2013년[29]에 이루어졌다. 헌법재판소의 위헌 심판은 2014년도에 최종적으로 이루어졌는데 이에 대해서 구체적으로 살펴보았다. 위헌 심판 청구인들이 제기한 의견은 34세로 청년고용의무제의 연령을 제한한 것에 대해 취업 여부를 좌우하는 업무수행능력과 상관없이 특정 연령층에 특혜를 줘 35세 이상 연령층의 평등권과 직업선택의 자유를 침해했다는 것이다. 이에 대해 헌법재판소는 청구인들의 심판청구를 기각하였다.

헌법재판관들의 합헌 의견은 청년고용의무제가 4가지의 법적 요건을 충족하고 있다는 것이다. 첫 번째는 목적의 정당성으로 청년층이 상대적으로 힘든 상황이기 때문에 국가가 적정한 소득의 분배를 유지하기 위해 규제와 조정을 할 수 있다는 헌법 제32조 제1항과 제119조 제2항을 들어 적법하다는 것이다. 두 번째는 수단의 적합성으로 이 제도가 청년실업 문제를 해소하는 데 기여할 것이기 때문에 입법목적을 달성하기 위한 적합한 수단이라고 판단하였다. 세 번째로 피해의 최소성과 관련하여 청년실업문제 해소를 위해 정부가 상당기간 노력하였고 그래도 실업 문제가 해소되지 않자 기간을 한정해 추진한 것으로 청년이 아닌 성인의 피해를 최소화해야 한다는 원칙에 위배되지 않는다고 판단하였다. 마지막으로 법익균형성은 35세 이상의 지원자들이 받을 취업기회에 있어서 불이익보다 청년할당제로 청년실업률이 호전되는 공익적 효과가 상대적으로 크기 때문에 법익의 균형성을 갖추었다고 판단하였다.

그런데 위헌 의견을 제시한 헌법재판관들이 5명으로 4명의 합법 의견보다 많았다. 1명만 더 위헌 의견을 제시했다면 이 정책은 위헌 판결을 받을 수도 있었다. 그만큼 헌재 결정 과정에서도 논란이 되었음을 알 수 있다. 위헌 의견을 낸 헌법재판관들은 청구인들의 위헌 청구의견에 대해 전반적으로 동의하였다. 동시에 불가피하게 이 정책을 추진해야 한다고 하더라도 정원 외 선발이나 재정지원, 조세감면으로 접근하는 것이 직업선택의 자유를 과도하게 침해하지 않는 것이라고 지적하였다. 이것은 청년을 독립된 정책 대상으로 삼지 않았다면 발생하지 않았을 문제이다.

그렇다면 청년을 독립적인 정책 대상으로 접근하는 것이 정말로 필요한가? 이 문제에 대한 해답을 찾기 위해서는 기존의 대상중심 정책을 살펴볼 필요가 있다. 기능중심 정책은 국가가 탄생한 이후 존재해 왔지만 대상중심 정책은 근대 이후의 산물이다. 이는 인권이 강조되기 시작한 시점과 일치한다. 대상중심 정책의 출발점은 여성정책으로 19세기에 참정권을 얻기 위한 여성운동에서 시작되었고 여성들의 권리를 보장하고 양성평등을 실현하기 위한 정책으로 구체화되었다. 우리나라의 정부조직에서 행정부처의 사무로 정책대상을 명시한 시초도 여성이다.[30] 대한민국 정부 수립 후 1호 법안인 「정부조직법」(1948)에서 사회부가 맡은 사무는 노동과 보건, 후생과 같은 기능과 더불어 부녀 문제였다.[31] 그런데 이는 여성의 권리를 보장하기 위한 정책이라기보다는 자녀가 있는 여성으로 대상을 제한하고 자녀 돌봄, 아동 보육과 함께 위험에 처한 부녀자에 대한 보호를 위한 정책이라는 점에서 제한적이다. 권리와 참여라는 맥락에서 여성정책이 본격적으로 시행된 것은 많은 시간이 경과된 후로 이를 담당하는 정무장관 제2실이 1988년에 신설되었고 1995년 여성정책을 담고 있는 법률인 「여성발전기본법(현행 양성평등기본법)」이 제정되었다. 특히 여성정책에서 가장 큰 변화는 김대중 정부 시기인 2001년에 여성부가 중앙부처로 신설된 것이다.

여성정책에 이어서 정부의 중앙조직 사무에 본격적으로 등장한 대상중심 정책은 아동정책으로 1961년 「아동복리법」이 제정되었고 1963년 법률에 보건사회부 사무 중 하나로 아동정책이 처음으로 포함되었다.[32] 이어서 대상중심 정책으로 등장한 것은 청소년정책이다. 청소년정책은 여성부 신설 이전에 처음으로 중앙부처로 다루어졌다.[33] 체육청소년부가 등장한 것은 1990년이며 1993년 청소년정책의 법적 근거로 「청소년기본법」이 제정되었다. 1994년 이후 청소년이라는 명칭은 부처명에서 사라졌지만, 문화관광부, 보건복지가족부, 여성가족부 등 여러 부처를 옮겨 다니며 부처 사무에 지속적으로 포함되었다. 한편, 노인과 장애인은 가장 늦은 1998년에 중앙부처의 사무로 법률 조항에 포함되었다.[34]

청년정책이 독자적으로 다루어질 필요가 있는지는 여성이나 아동, 청소년, 노인 및 장애인과 같은 대상중심 정책의 필요성을 통해 판단해 볼 수 있다. 대체로 세 가지 요인이 기능중심 정책이 아닌 별도의 대상중심 정책이 추진된 근거로 제시된다. 첫 번째는 권리의 취약성이며, 두 번째는 정책 대상의 실태가 심각한지 여부이고, 세 번째는 정책 추진의 보편성이다. 이는 병원의 진료과목 중에 내과, 외과, 신경정신과와는 달리 소아청소년과나 산부인과와 같이 대상중심 과목이 있는 것과 같은 이치이다. 특히 2007년 「의료법」 개정으로 소아과가 소아청소년과로 명칭을 변경한 것은 이러한 근거가 주된 이유로 작용했다.[35] 청소년기도 아동기처럼 성장기이므로 질병에 취약하며 청소년 건강 상태가 점차 악화되고 있고 진료 대상을 청소년기로 넓히는 것은 보편적인 현상이라는 점이다.

그렇다면 세 가지 측면에서 청년을 독자적인 대상중심 정책으로 다룰 필요가 있는지 살펴보자. 첫 번째는 동등한 인간으로서 부여받아야 하는 권리의 취약성이다. 우리나라의 「헌법」 조문에도 포함되어 있듯이 국민이면 누구나 인간으로서의 존엄과 가치를 가지며 행복을 추구할 권리가 있고 국가는 이를 보장할 의무를 지닌다. 이는 여성정책이 근대 이후 참정권을 얻기 위한 투쟁에서, 아동정책이 산업화 초기 강제노역에 의한 노동착취에서 벗어나기 위해 출발한 이유를 설명해 준다.

우리나라에서 청년정책이 본격적으로 시작된 시점을 보면 청년들이 일할 권리를 제대로 보장받지 못한 1997년 외환위기 이후였다. 노동정책에서 청년이 본격적으로 다루어진 시점도 이때였다. 우리나라 노동정책의 현황과 실적을 담고 있는 『노동백서』에서 1997년 이전에는 '청년'이라는 단어를 찾아볼 수 없다. 이 백서에서 다루고 있는 정책 대상은 청년이 아니라 일을 하는 10대 청소년들이었다. 그런데 청년은 현재 이 백서에서 가장 빈번하게 등장하는 용어가 되었다. 청년들은 일할 권리만이 아니라 주거를 마련해 살아갈 권리, 자신의 목소리를 전달하고 의사결정에 참여할 수 있는 권리, 소득 수준과 상관없이 교육받을 권리 등 다양한 측면에서 어려움을 겪고 있다. 만약 청년들도 인간으로서의 기본적인 권리를 침해받고 여성이나 아동, 청소년과 마찬가지로 이를 보장받는 데 있어서 취약한 위치에 있다면 독자적인 정책 추진 대상으로 다루어져야 할 것이다.

두 번째 이유인 현실의 심각성을 살펴보자. 청년들의 고용 현황은 가장 힘든 상황을 보여 주고 있으며 독립해서 살아갈 주거를 마련하지 못하거나 높은 임대료에 어려움을 겪고 있는 청년들이 늘어나고 있다. 청년 창업이 어려운 취업에 대한 대안으로 제시되고 있지만 젊은 기업가들은 줄어들고 있으며 기업들은 평균 연령이 40세에 이를 정도로 늙어 가고 있다. 청년 가구의 소득 수준은 물가상승에도 전년보다 낮아지는 기현상을 보여 준 바 있으며 학자금 대출 등으로 인해 빚을 떠안고 출발하는 젊은이들이 늘어나고 있다. 과거보다 훨씬 더 적극적으로 청년들이 투표에 참여하고 있지만 청년 정치인은 찾아보기 어렵고 청년 문제의 심각성에도 불구하고 청년들을 위한 정책추진체계가 뚜렷하지 않으며 청년정책의 법적 근거도 아직 완비되지 않은 게 현실이다.

세 번째 이유인 정책 추진의 보편성은 전 세계 청년정책 현황을 통해 살펴볼 수 있다. 국제연합(UN)에서 개최한 젊은이정책포럼(First Global Forum on Youth Policies)에서는 전 세계 청소년 및 청년정책 현황을 발표한 바 있다(youthpolicy.org, 2014).[36] 전 세계 198개 국가 혹은 사회 중에서 독자적으로 젊은이(youth)에 대한 정책을 추진 중인 곳은 122개로 나타나고 있다. 특히 큰 변화는 2013년에서 2014년까지 1년 사이에 23곳에서 새롭게 젊은이를 대상으로 하는 정책을 추진했다는 점이다. 이는 젊은이에 대한 정책이 절반 이상 이루어지는 보편단계로 진입했음을 보여 주며 최근 들어 급격하게 증가하고 있음을 말해 준다. 우리나라는 청소년정책을 추진 중이지만 중앙부처(여성가족부)의 명칭에 '청소년'이 빠져 있고 '청년'을 담당하는 부처가 어디인지 명시적으로 드러나지 않는다. 그렇다면 전 세계 행정 부처들에서 젊은이(youth)라는 명칭을 얼마나 사용하고 있을까?[37] 행정위원회에서 젊은이에 대한 업무를 담당하는 곳을 제외한 149개 국가 및 사회 중에서 젊은이를 부처 명칭에 포함한 곳은 107개로 70%를 넘고 있다.

지금까지 살펴본 세 가지 요인들은 청년정책을 독립적으로 추진해야 할 이유를 말해 주고 있다. 그런데 대상중심 정책 추진은 필연적으로 기능의 분산이라는 비효율성을 가져온다는 비판에서 자유로울 수 없다. 고용서비스가 제공되는 기관을 예로 들어 어느 것이 비효율적인지 살펴보자. 어떤 동네에 하나의 고용센터가 있고 이 센터에는 여성이나 노인, 청소년, 청년 모두를 대상으로 고용서비스를 제공한다. 반면, 다른 동네에는 여성고용센터, 노인고용센터, 청년고용센터가 별도로 있고 해당 대상을 위한 고용서비스를 제공한다. 재정투자 측면에서 볼 때 센터에 투입되는 인력이 동일하다고 하더라도 3개의 센터를 짓거나 임대하는 비용은 1개의 센터에 들어가는 비용보다 클 수밖에 없다. 만약 여러분이 정부 재정투자를 정하는 위치에 있다면 어떤 결정을 할 것인가? 대다수는 1개의 센터를 짓는 결정을 내릴 것이다. 정책 대상인 수요자 입장에서도 자기가 살고 있는 곳에서 가까운 센터를 방문하기를 원할 것이다. 만약 정책결정자가 같은 예산으로 대상별 센터 3개가 아니라 대상을 포괄하는 센터 3개를 설치한다면 수요자가 근거리에서 방문할 수 있는 센터를 보다 많이 확보할 수 있다.

청년정책을 반드시 독자적인 정책으로 추진할 필요가 있다면 이에 따른 비효율성을 없애거나 최소화할 수 있는 방안을 고민할 필요가 있다. 우선 대상을 구분하는 데 따른 비효율성은 해당 대상에 대한 다양한 기능을 통합적으로 제공해서 상쇄시킬 수 있다. 앞선 정책서비스기관을 예로 들어보자. 한 동네에 청년을 위한 서비스기관들이 청년고용센터, 청년주거센터, 청년복지센터, 청년건강센터 등 기능별로 나누어져 있는 것보다 다양한 서비스가 한 곳의 센터에서 제공된다면 훨씬 더 효율적이다. 청년 당사자 입장에서도 한 청년센터에 방문했을 때 취업 고민도 해결하고 주거 문제도 상담을 받고 문화 및 예술 활동에 대한 지원도 받는 것이 좋다. 우리나라에서 이러한 복합적인 서비스 제공이 생소하지만 이미 여러 국가들에서는 정책 대상에 대한 복합적인 서비스가 제공 중에 있다.

프랑스의 젊은이정보문서센터 CIDJ(Centre d'information et de documentation pour la jeunesse)는 복합서비스를 제공하는 대표적인 사례이다.[38] 파리시의 CIDJ를 실제로 방문해 담당자 인터뷰를 진행하였는데[39] 센터 문을 연 뒤 콘서트홀처럼 젊은이들이 길게 늘어서서 입장을 기다리는 풍경이 인상적이었다. 파리의 젊은이들은 이곳에서 다양한 정책서비스 지원을 받을 수 있다. 우선 제일 입구에 문화와 예술 활동에 관한 정보와 활동지원 정보를 안내하는 창구와 만나게 된다. 이곳 옆에는 파리시의 주거에 대한 정보와 주거수당을 지원받는 절차를 소개받고 가입서류를 작성하는 창구가 있다. 주거 창구 옆에는 실제 변호사가 상주하면서 청년들을 위한 법률상담을 제공하는 창구가 있다. 법률 창구 옆에는 유럽연합 지역 간의 교류와 유학, 자원봉사, 워킹홀리데이 등을 다루는 창구를 만나게 된다. 가장 큰 규모의 창구는 1층에 위치한 창업부스와 2층에 위치한 취업 부스이다. 이곳은 취업이나 창업에 대한 상담은 물론 청년수당과 같은 지원 내용을 안내받으며 신청서류를 작성하는 곳이다. 이 부스에는 CIDJ의 상담원들과 더불어 노동청의 직원과 저소득층이나 이민 청년을 지원하는 미시옹 로까레(Mission Locale) 직원이 파견 나와 같이 업무를 수행 중이다. 한편, 이곳을 방문했을 때 인상적인 대목은 10대와 20대 젊은이가 정책대상이지만 50대가 이곳을 방문해도 똑같은 서비스가 제공된다는 점이었다. 이처럼 정책대상의 경계를 분명하게 정하되 찾아오는 사람이면 누구나 제한하지 않고 지원하는 방식도 참고할 필요가 있다.

대상중심 정책 추진에 따른 비효율성을 줄일 수 있는 두 번째 방안은 정책 대상을 폭넓게 가져가는 것이다. 아동과 청소년, 청년을 위한 정책을 별도로 추진하는 것보다는 29세 이하의 젊은이들을 포괄적으로 접근하는 방식을 취한다면 중복투자의 문제를 최소화할 수 있다. 이를 위해 법률과 제도를 일원화하기 어렵다고 하더라도 정책추진체계는 하나의 조직으로 통합하는 것이 필요하다. 이는 병원 진료과목에서 소아과와 별도로 청소년과를 두지 않고 소아청소년과로 두는 것과 같은 이치이다.

그리고 이미 아동과 청소년의 경우 동일 사업을 중복적으로 추진하는 사례가 많은 상황에서 유사한 연령대를 포함하는 청년까지 독자적으로 정책이 추진된다면 더 큰 비효율성이 발생할 가능성이 높다. 젊은이들의 참여를 활성화하기 위한 정책사업만 예로 들어보자. 여성가족부는 9세에서 24세를 대상으로 청소년참여위원회를 운영 중이고 보건복지부는 18세 미만 아동을 대상으로 아동참여위원회 혹은 아동의회를 진행 중이며 광역지자체에서는 15세에서 29세 혹은 35세를 대상으로 청년참여위원회를 구성해 운영 중이다. 젊은이들이 좋은 정책을 선정해 제안하는 기구도 여성가족부 주관 청소년특별회의가 있고 보건복지부가 주관하는 대한민국 아동총회가 있다. 이는 정책을 추진하는 중앙부처가 나누어져 있어 유사 사업을 별도로 추진하는 사례라고 할 수 있다. 만약 우리나라에서 청년을 다루는 중앙행정기관이 별도로 구성된다면 한국은 아동과 청소년, 청년을 나누어 별도의 중앙조직에서 추진하는 전 세계에서 유일한 사례가 될지 모른다.

여기에서는 생애 초기의 젊은 시기를 포괄하고 젊은이들의 요구를 종합적으로 담아내는 청년정책을 '우산정책(umbrella policy)'이라고 부르고

자 한다. 우산이라는 표현을 사용한 것은 유럽연합 집행위원회(European Commission)를 방문했을 때[40] 청년 업무 책임자인 파비엔 므타이예(Metayer, F.) 부서장이 청년보장제(youth guarantee)를 우산에 빗대어 설명한 것에 착안한 것이다.[41] 청년보장제는 2013년부터 유럽연합에서 추진 중인 대표적인 청년정책으로 25세 미만 청년들이 실직을 하거나 학교 졸업 후 4개월 이내에 취업이나 교육훈련을 제공하는 고용 프로그램이다.[42]

여기에서 청년정책을 우산으로 표현한 것은 우산의 기능과 모양이 가지는 상징성을 고려한 것이다. 우산은 과거에 부를 상징하거나 멋을 표현하는 도구였지만 본질적인 기능은 비를 피하는 데 있다. 청년들의 권리가 보장받지 못하는 상황을 비가 오는 날씨로 묘사해 본다면 청년정책은 청년들의 권리를 보장하는 방향으로 비 올 때 우산과 같은 역할을 할 필요가 있다.

청년정책은 대상중심 정책으로 수요자의 다양한 요구를 포괄해야 하며 이 문제를 풀기 위해서 다양한 분야의 관련자들이 서로 협력하고 일을 추진하는 시스템을 구축할 필요가 있다. 이는 우산을 펼쳤을 때 중심부로부터 8개의 우산 살(rib)들이 팽팽하게 연결되어 있는 모습을 연상시킨다. 청년정책은 여러 분야에 걸쳐 있으므로 이를 총괄하고 조정하는 역할을 해야 한다. 이는 바람이 불어 빗줄기가 요동칠 때 우산 대(shank)로 전체를 지지하는 모습을 떠올리게 한다. 우산대의 상층부에 위치한 고리는 우산살들과 뼈대(spreader)들을 연결하는데 이 모습은 각각의 영역(고용, 교육, 복지, 주거, 문화, 정치 등)들을 총괄적으로 연계하고 협력해야 하는 대상중심 정책의 특성을 잘 보여 준다.

우산의 모습을 통해 기존의 청년정책추진체계가 가지는 한계와 개선방향에 대해서 논의해 보자. 우리나라의 청년정책은 노무현 정부에서 처음으로 구체화되었다. 이때 청년정책추진체계는 「청년실업대책특별위원회」가 맡았다. 우산으로 묘사하면 8개가 필요한 우산살이 고용이라는 한 가지만 있었던 셈이다. 이를 법적으로 뒷받침한 것은 2004년에 제정된 「청년실업해소특별법」이었다. 이 법은 2008년까지만 적용되는 한시법이었다. 그런데 이 법률을 개정한 현행 「청년고용촉진특별법」은 적용시한을 무려 17년째 연장 중이다. 당연히 적용시한을 정하지 않는 일반 법률로 전환해야 하지만 이 법률은 여전히 한시법으로 유지되고 있다. 이는 우산의 뼈대가 금속이나 튼튼한 대나무가 아니라 수명이 짧고 잘 휘어지는 재료로 만들어진 것과 같은 이치이다.

이명박 정부에서는 해당 법률과 총괄기구의 명칭을 바꾸어 새 단장을 했으나 실질적으로 바뀐 부분은 법률의 시한을 연장하고 고용 이외에 다른 기능을 일부 추가한 것이 전부이다.[43] 오히려 정부조직의 위상은 약화되었는데 행정위원회의 위원장이 국무총리에서 고용노동부 장관으로 격하되었고 위원도 장관급에서 차관급으로 낮추어졌다. 청년정책에서 추가된 부분은 교육이나 학습과 관련된 부분으로 기업이나 대학 등이 청년에 대한 직장체험과 직업지도 프로그램을 제공할 때 이를 지원하겠다는 것이다. 이는 청년들의 교육이나 학습 전반이 아니라 취업에 국한하여 지원 내용을 일부 확대한 것이어서 제한적이다.

박근혜 정부에서는 대통령 직속 청년위원회를 두어 정책의 외연을 고용만이 아니라 참여, 주거, 교육, 문화 및 예술 등으로 확대하였으나 청년위원회는 행정위원회가 아닌 단순 자문기구에 불과해 총괄 및 조정의 역할을 담당했다고 보기 어렵다. 기존의 청년고용촉진특별위원회는 고용노동부에서 그대로 운영하였고 청년고용대책 수립은 옥상옥(屋上屋)으로 기획재정부에서 주관하는 경제관계장관회의에서 이루어졌다. 이에 따라 청년정책에 대한 컨트롤타워가 어떤 곳인지 모호해지는 상황에 이르렀다. 이는 우산의 뼈대가 튼튼해졌다기보다는 세 갈래로 나뉘어 제각각 역할을 하지 못하면서 휘어지는 형국과 비슷해 보인다.

청년정책추진체계에 있어서 보다 진일보한 형태는 중앙정부가 아닌 지방정부에서 구체화되었다. 서울시에서 제정한 「서울특별시 청년 기본조례」[44]와 정책추진체계는 이후 다른 시도에서 청년정책을 수립하는 데 영향을 미쳤으며 여러 가지 측면에서 우산정책의 특징을 보여 준다. 우선 이 조례에서는 청년정책을 대상중심 정책의 특성에 맞게 고용만이 아니라 청년들의 정치와 경제, 사회와 문화 영역을 모두 포괄하여 제시하고 있다. 청년정책추진체계와 관련하여 서울시에 청년담당 행정부서(청년정책담당관 및 3개 팀)를, 총괄조정기구로 청년정책위원회를 신설하였다. 정책 추진을 위한 실무기구로 서울청년활동지원센터와 청년허브를 두고 있으며 청년들의 정책참여를 위한 서울시 청년의회와 청년정책네트워크를 구성해 운영 중이다. 서울시의 청년정책을 우산으로 묘사해 본다면 뼈대를 세우고 우산을 펼칠 수 있는 살들을 마련하고 고리로 이를 뼈대와 연결해 우산 하면 연상되는 기본적인 골격을 갖추고 있다고 말할 수 있다.

그런데 서울시를 비롯하여 각 지자체에서 추진 중인 청년정책은 몇 가지 점에서 수정과 보완이 필요해 보인다. 우선 생애주기적인 접근에서 벗어나 있다. 현실적으로 아동과 청소년을 배제한 채 청년만의 독자적인 정책 추진은 권리나 투자의 관점에서 바람직하지 않다. 아동과 청소년, 청년을 아우르는 방향으로 정책추진체계가 구성된다면 고용이 아닌 삶의 전반을 다루는 정책방향과 함께 젊은이들을 위한 정책의 뼈대와 골격을 완성할 수 있다. 이는 옷이나 그물을 짤 때 가로방향의 씨줄(정책영역)과 더불어 세로방향의 날줄(정책대상)이 필요한 것과 같은 이치이다.

두 번째로 청년정책 전달체계가 읍면동과 같은 지역사회 단위에서 구축되고 종합적인 서비스가 제공될 필요가 있지만 지역단위의 청년 관련 기관이나 시설은 기능별로 나누어져 있고 읍면동은 물론 시군구까지 미치지 못하고 있다. 이 문제는 지자체 차원에서 해결할 수 있는 것이 아니라 중앙정부와 지방정부가 함께 고민해야 할 사안이다. 이와 관련해 해외 선진국들은 삶의 질 전반을 다루는 정책추진체계와 더불어 청년 고용 문제를 별도로 다루는 전달체계를 지역사회 단위에서 구축해 운영 중이다.[45] 독일은 아동과 청소년, 청년을 아울러 다양한 정책 사업들을 전달하는 관청(Jugendamt)이 지역사회의 행정조직으로 구축되어 있다. 동시에 청년 고용 문제를 해결하기 위한 전달체계로 주정부의 연방고용공단(Bundesagentur für Arbeit)과 지자체와 공동으로 운영하는 직업센터(Job-center)를 비롯해 대학과 공동으로 대학생들을 지원하는 대학커리어센터의 대학지원팀(Hochschulteam)을 두고 있다. 프랑스는 앞서 소개한 CIDJ와 더불어 청년들의 고용 문제를 해결하기 위해 지역사회에 미시옹 로까레(Mission Locale)라는 청년고용지원센터를 운영 중이다. 이곳은 중앙정부나 지자체가 단독으로 예산을 지원해 운영하는 기관이 아니라 유럽연합을 비롯하여 중앙정부와 광역지자체, 그리고 기초지자체가 공동으로 운영해 지역사회 곳곳에 실질적으로 정책이 전달될 수 있는 토대를 갖추고 있다.

결론적으로 청년정책추진체계는 중앙 단위에 아동과 청소년을 비롯하여 청년을 포괄하고 고용 문제와 더불어 정치, 경제, 사회, 문화 영역을 동시에 다루는 행정조직으로 구성될 필요가 있다. 행정조직을 행정부처에 둘지, 아니면 행정위원회에 둘지는 충분한 검토가 필요하다. 이상적인 방향은 독일처럼 한 부처에서 대상중심 정책을 포괄하거나 덴마크처럼 사회통합이라는 맥락에서 아동, 청소년, 청년 정책을 포괄하여 행정부처에 두는 방식일 것이다.[46] 단기적으로는 참여정부에서 청년 고용 문제만을 대상으로 삼았던 행정위원회를 지자체처럼 청년의 삶 전반을 포괄해 구성한 총괄조정기구로 개편하되 권한과 인력 및 예산을 충분히 확보해 운영하는 것이다. 또 다른 단기적인 처방은 현재 행정부처 중에서 청년의 삶 전반을 다루는 청년정책에 대한 주관부처를 두고 정부조직법상 해당 부처의 사무로 명확히 제시하고 대통령령인 부처 직제에 이를 반영하는 것이다.

청년을 다루는 법률의 제정과 개정도 필요하다. 장기적으로 현행 「아동복지법」, 「청소년기본법」과 하위법률(「청소년활동진흥법」, 「청소년복지지원법」, 「청소년보호법」)과 더불어 청년정책을 포괄하는 법률을 제정하는 노력이 필요하다.[47] 가칭으로 「아동 · 청소년 · 청년기본법」이나 젊은 세대를 포괄적으로 정의해 「젊은이 지원에 관한 법률」을 제정하는 것이다. 아동과 청소년, 청년에 대한 법적인 정의는 각각의 연령이 중복되지 않도록 하되 「아동 권리에 관한 협약」과 같이 국제적인 기준에 따라 연령을 달리 정의할 수 있도록 단서를 법률에 포함하는 것이 필요하다. 예를 들어 아동은 0세에서 12세로, 청소년은 13세에서 18세로, 청년은 19세에서 29세로 정의해 볼 수 있다. 단기적으로 아동은 국제법상 구분하되 청소년과 청년을 포괄하여 기존의 「청소년기본법」을 「청소년 · 청년기본법」으로 개정할 수도 있다. 다른 한편, 「청년기본법」과 같이 청년 관련 기본 법률을 별도로 제정할 수 있지만 아동과 청소년, 청년정책을 주관하는 중앙행정조직(행정부처 혹은 행정위원회)은 일원화하는 것이 필요하다.

이어서 지방 단위에 동일한 형태의 행정조직이 구축되고 읍면동 수준까지 정책이 전달될 수 있는 정책추진체계를 구축할 필요가 있다. 장기적인 관점에서 지자체 행정조직의 운영은 국립이나 시립, 혹은 구립 등으로 나누어 관리하기보다는 마을사업과 같은 민간의 참여로 편의점처럼 지역사회까지 손발이 미칠 수 있도록 플랫폼을 만들고 국고부터 지방재정이 모두 투입되는 방향으로 이루어질 필요가 있다. 이것은 아동과 청소년, 청년별로 혹은 일반계층, 위기계층, 취약계층 등으로 나뉘고 정치, 사회, 경제, 문화 등 분야별로 세분화된 전달체계들을 단계적으로 종합적인 복합센터(complex center)로 개편할 때 가능하다. 단기적으로 복합 서비스 제공에 대한 법적 근거를 마련하되 공간만이라도 동일한 장소에서 각종 센터나 기관들이 서비스를 제공할 수 있도록 노력할 필요가 있다.

참여와 권리보장

청년정책 방안을 다루기 전에 아동과 청소년을 비롯해 대상중심 정책을 구체적으로 추진할 때 직면하는 문제부터 살펴보자. 이는 "청년정책을 어떻게 추진할 것인가?"라는 방법의 문제로 4가지로 구분해 볼 수 있다. 첫 번째로 직면하는 문제는 청년정책을 기능중심으로 접근할지, 대상중심으로 접근할지에 관한 것이다. 대상중심 정책이 고용이나 복지,

교육과 같은 기능중심으로 이루어진다면 정책성과를 거두기 어렵다. 그 이유는 정책 대상을 중심으로 정책 추진을 점검하고 평가하며 개선을 위한 노력이 어렵기 때문이다. 예를 들어 복지정책에 있어서 청년은 중요한 정책대상이라고 하더라도 여러 대상 중 하나에 불과하며 부처 입장에서 보면 내부에 청년만을 위한 별도의 정책추진체계를 갖추기도 어려운 일이다.

청년정책을 대상중심으로 접근하기 위해서는 법적 근거와 더불어서 추진조직과 함께 평가와 점검을 담당하는 주체가 반드시 있어야 한다. 이는 기능중심으로 이루어지는 정책대상 사업들을 총괄하고 조정하는 것이 필요하기 때문이다. 예를 들어 청소년정책의 경우 청소년정책위원회가 총괄조정기구로 각 행정부처와 지자체에서 추진하는 정책의 방향과 과제를 수립(청소년정책기본계획)하고 이를 제대로 시행하고 있는지 평가하고 심의하는 역할을 맡게 된다.

두 번째로 직면하는 문제는 공급자중심으로 접근할지, 수요자중심으로 접근할지에 관한 것이다. 청년정책이 기능중심이 아닌 대상중심으로 이루어진다고 해도 수요자중심으로 정책을 추진할 것이라는 보장은 없다. 법과 제도, 정책 추진 및 평가·심의기구를 갖추어 대상중심으로 정책이 이루어지고 있는 아동이나 청소년정책만 보더라도 이를 확인할 수 있다. 이를 보여 주는 많은 사례들이 존재하는데 청소년정책의 전달체계를 한 가지 사례로 들어보자. 수요자 입장에서 보면, 청소년이면 누구나 찾아가 도움을 받을 수 있는 곳이 있으면 좋다. 청소년을 돕는 곳이 근거리에 있어 찾아가기 편하고 온라인으로 접근이 가능하며 자신이 원하는 다양한 요구를 해결해 줄 수 있으면 더 좋다. 한 걸음 더 나아가 당사자가 찾아가는 것이 아니라 도움을 줄 수 있는 분들이 직접 찾아와 준다면 더더욱 좋을 것이다.

그런데 실제로 청소년정책 전달체계는 대상별로, 기능별로 쪼개져서 제공되고 있으며 찾아가는 서비스는 기대하기 어렵다. 대상별로 보면 일반 학생인지, 일하는 청소년인지, 위기 청소년인지, 장애가 있는 청소년인지, 다문화나 이주배경 청소년인지, 탈북청소년인지, 학교 밖 청소년인지에 따라서 방문해야 할 곳이 다르다. 기능별로 보면, 청소년 자원봉사활동이냐, 청소년 문화·예술 활동이냐, 청소년 상담이냐, 청소년 진로냐, 청소년 보호냐에 따라 방문해야 할 곳이 나누어져 있다. 이는 공급자중심으로 정책이 이루어진 데 따른 결과로 수요자 입장에서 보면, 아무런 실익이 없다. 이 문제는 당연히 개선되어야 하겠지만 기능별·대상별로 이해집단들이 존재하고 이용시설 및 기관들의 통폐합 과정에서 가장 크게 저항이 발생할 여지가 있다. 그렇기 때문에 이 문제를 단기적으로 풀기보다 장기적인 관점에서 반드시 해결해야 할 과제로 추진하는 것이 필요하다.

수요자보다 공급자중심으로 이루어지는 또 다른 사례는 정책 참여 부분이다. 청년정책을 기획하고 수행한 후 진단하고 평가하는 과정에서 청년들의 목소리가 얼마나 반영되고 있는가? 고용에 한정해 유일한 청년정책의 총괄기구인 「청년고용촉진특별위원회」는 명칭을 바꾸어 가며 10년 이상 운영 중이지만 청년들의 목소리를 직접 반영하기 시작한 지 얼마 되지 않았다.[48] 20, 30대 청년들은 위원회의 정식 위원으로 참여하지 못하고 단지 참관 자격(panel)으로 참석하였다. 청년들의 목소리를 담기 위해 만든 청년정책모니터링단도 2016년도에야 구성되었다. 청년고용정책을 논의하는 자리에 정작 청년들이 빠져 있었던 셈이다. 아르바이트를 주로 젊은 청년들이 하고 있다는 점에서 최저임금을 결정하는 「최저임금위원회」

의 위원 현황도 살펴보았다.[49] 28명의 전체 위원 중에서 40세 미만의 위원은 1명에 불과했다. 최근 구성된 대통령 직속 일자리위원회도 상황은 다르지 않다.[50] 일자리위원회는 총 30명으로 구성되어 있는데 40세 미만 청년위원은 청년단체 대표 1명뿐이다. 이것은 정부의 일자리정책 추진에 있어서 청년고용정책이 차지하는 위상을 단적으로 보여 준다.

세 번째로 직면하는 문제는 보편적으로 접근할 것인지, 선별적으로 접근할 것인지에 관한 것이다. 앞선 두 가지 문제와는 달리 여기에는 정답이 없다. 어떤 방식이 옳다고 말하는 것은 세금을 거둘 때 간접세와 직접세를 두고 어느 것이 정답인지 고르는 것과 같이 무의미하다. 이와 관련 정작 중요한 문제는 선별적인 접근 쪽으로 너무나 치우쳐 있다는 점이다. 이는 소득이나 재산수준에 따라 차등적으로 내는 직접세보다 모두가 동일하게 세금을 내는 간접세의 비중이 너무 높은 것과 비슷한 문제이다. 이는 향후 젊은 층을 대상으로 이루어지는 정책에서 보편적 접근을 확대할 필요가 있음을 말해 준다.

마지막 딜레마는 직접적인 지원이냐, 간접적인 지원이냐의 문제이다. 이 역시 정답이 없는 문제인데 앞선 세 번째와 마찬가지로 우리나라는 직접적인 지원이 거의 이루어지지 않아 이를 개선할 필요가 있다. 직접적인 지원의 대표적인 사례인 아동수당을 예로 들어보자.[51] 우리나라는 이제야 아동수당이 제한적으로 도입되었지만 미국과 터키를 제외한 경제협력개발기구(OECD) 국가들은 오래전부터 아동수당을 도입해 지급하고 있다. 영국은 1945년부터, 스웨덴과 핀란드가 1948년부터 아동수당을 지급해 도입시점이 우리나라보다 반세기나 빨랐다. 독일이나 벨기에, 스위스, 슬로베니아, 포르투갈, 룩셈부르크 등은 지급 연령을 20대 중반까지 확대해 아동수당은 사실상 청소년은 물론 청년수당이라고 불러도 무방한 상황으로 바뀌어 왔다.

보편적 혹은 선별적 접근과는 달리 이 문제는 비용 부담에서 자유롭기 때문에 정책적인 선택의 문제로 보인다. 현재 청년정책 사업들을 보면 대부분 정책 대상에 대해서 간접적으로 지원하는 방식을 취한다. 예를 들어 청년에 대한 정부의 재정지원 일자리사업의 절반은 직업훈련으로 청년들이 훈련을 받는 혜택이 돌아가지만 실제로 정부 재정지원을 받는 곳은 청년들이 아닌 직업훈련기관들이다. 이 사업의 10% 이상을 차지하는 고용장려금도 청년들이 취업을 하는 혜택으로 이어지겠지만 실제로 정부 재정지원을 받는 곳은 중소기업들이다. 청년들을 위한 고용서비스 역시 고용센터와 민간위탁기관, 그리고 대학에 예산이 투입된다. 취업 경험이 없는 청년 취업준비자들은 유일한 직접지원 방식인 고용보험의 실업급여 혜택을 받을 수 없기 때문에 사회안전망 밖에 위치해 있다. 그나마 중앙정부와 지자체에서 청년구직촉진수당을 지급해 이 문제를 해결하기 위해 나서고 있어 다행스럽다. 다만, 이 경우에도 청년 취업준비자 중 일부만이 혜택을 보고 있어 제한적이다.

또 다른 문제는 간접지원 방식의 정책 효과가 크지 않다는 점이다. 고용장려금의 경우 정부로부터 지원을 받든 안 받든 결과가 똑같다는 비판이 감사원(2016)에서 제기되었다.[52] 곧, 중소기업청년인턴제로 입사해 정규직으로 채용된 청년들과 아무런 정부 지원 없이 중소기업에 정규직으로 입사한 청년들이 2년이 흐른 뒤에도 계속 근무하는지를 비교해 본 결과, 두 청년집단 간에 차이가 없는 것으로 나타났다. 이는 정부의 재정 지출만 축낼 뿐 정책 추진을 통한 성과를 가져오지 못했다는 비판에서 자유롭지 못하다.

이러한 네 가지 문제를 염두에 두면서 구체적인 정책 과제들을 살펴보자. 우선 대상중심정책은 그 자체로 고유한 정책영역이 있고 대상의 수요와 요구를 포괄한다는 측면에서 다양한 기능중심 정책과제들을 총괄하고 조정해야 하는 정책영역으로 나누어 볼 수 있다. 전자는 한마디로 "참여와 권리보장"을 말한다. 후자는 청년들이 겪는 취업 문제나 주거 문제, 교육 문제, 빈곤 문제, 세대 간 갈등 문제 등을 해결하는 것으로 기능중심 정책들을 통해 청년들이 직면하고 있는 일과 삶의 문제를 해결할 수 있도록 세부적인 정책들이 제대로 추진 중인지를 점검하고 평가하며 개선하는 것을 말한다.

참여와 권리보장은 대상중심 정책의 고유한 영역이자 가장 핵심적인 추진과제이다. 그런데 실제로 이 문제는 중요하게 다루어지지 않았다. 앞서 살펴보았듯이 청년 문제를 다루는 각종 행정위원회들에서 정책 대상자인 청년들은 배제되어 왔다. 이는 큰 틀에서 젊은이들의 목소리가 정치적·사회적으로 배제되어 온 현실과 맞닿아 있다. 정치 영역에서 국회의원이나 지방의회 의원 중 청년들을 찾아볼 수 없고 젊은 당원들도 점차 사라지고 있다. 경제 영역에서 젊은 기업인들이 사라지고 기업에 종사하는 젊은 노동자들도 갈수록 줄어들고 있다. 이것은 양성평등과 관련하여 여성의 사회경제적 지위가 동등하게 보장받고 있지 못한 현실과 비슷해 보인다.

청년들의 참여와 권리보장을 위한 해법을 양성평등을 위한 정책과제들에서 찾아보자. 「양성평등기본법」에서는 양성평등정책 추진을 위한 기본 방향으로 국가와 지방자치단체가 법률의 제정과 개정을 비롯해 예산 편성과 집행, 그리고 정책의 추진과정(수립, 집행, 평가, 피드백) 등 전 영역에서 필요한 조치를 반드시 수행하도록 하고 있다.[53] 이러한 방식은 젊은 이들의 참여권을 보장하기 위한 제도를 도입할 때 참고할 수 있을 것이다. 예를 들어 정책결정과정 참여에서 이 법률은 국가와 지방자치단체가 각종 행정위원회의 위촉직 위원 중에서 특정 성별이 10분의 6을 초과하지 못한다. 이와 유사하게 젊은이들과 관련된 각종 행정위원회를 구성할 때 정부와 지방자치단체에서 위촉직 위원의 일정 비율 이상을 청년들로 구성하게 만들 수 있다.

청년들의 참여와 권리보장을 위한 또 다른 해법은 해외 사례에서 찾아볼 수 있다. 청년들의 목소리를 전달하고 반영할 때 중요한 부분은 제안하는 청년들이 대표성과 함께 보편성을 갖고 있는가의 여부이며 전달된 의견들이 실질적으로 반영되는가의 여부이다. 첫 번째는 특정한 이익을 대변하는 소수만이 의견을 개진한다면 전체 청년들에게 혜택이 돌아가지 못하는 문제를 야기할 수 있기 때문에 중요하다. 외국에서는 전체 학생들의 의견을 반영하기 위해서 학교 학생회 조직이 청년정책 참여기구에 결합하거나 다양한 청년단체들이 참여해 문제를 해결하는 한편, 온라인을 활용해 많은 청년들이 의견을 개진하는 사례들이 있다. 유럽연합 차원에서 이루어지고 있는 구조화된 대화(Structured Dialogue)나 핀란드 헬싱키시의 루티(Ruuti), 스페인 마드리드시의 디사이드마드리드(decide. madrid.es)가 대표적인 사례이다.[54]

두 번째는 청년들의 참여가 단지 청년들의 의견을 수렴했다는 구색갖추기식으로만 머물러서는 안 된다는 문제의식과 맞닿아 있다. 이를 해결하기 위해서 청년들에게 발언권만이 아니라 의결권이 주어져야 하고 예산의 편성과 배분에 있어서도 젊은이들의 목소리가 반영되어야 한다. 외국에서는 주민참여예산제와 유사하게 젊은이들이 직접 정책을 제안하고 행정부에서 이를 심의한 후 의회에서 이를 채택해 실질적으로 정책으로 추진하는 사례들이 있다. 앞선 핀란드의 헬싱키시에서 진행하는 루티를 비롯해 미국 보스턴시에서 추진 중인 변화를 이끄는 젊은이 프로젝트(Youth Lead the Change Project) 역시 이러한 방식으로 청년들의 목소리를 실질적으로 반영하고 있다.[55]

이어서 청년들의 일과 삶의 영역에 관한 정책을 총괄하고 조정하는 문제를 다루어 보자. 청년들의 일과 삶의 영역은 경제, 사회, 교육, 정치, 문화 등 매우 넓은 범위를 포괄한다. 당연히 이를 추진하는 행정부처와 행정청, 행정위원회도 다양할 수밖에 없다. 실제로 청소년정책을 추진 중인 중앙행정기관들은 27개에 이르고 있다.[56] 청년의 경우 청소년처럼 관련 법령에 의해 청년정책추진에 대한 시행계획을 제출한다면 비슷한 규모를 보여 줄 것으로 예상된다.

만약 청년들을 대상으로 하는 법령과 제도, 정책총괄조정기구 그리고 정책추진체계가 갖추어진다면 많은 중앙행정기관들에서 수행 중인 청년정책을 총괄하고 조정할 수 있는 토대가 마련될 것이다. 물론 형식이 존재한다고 내용이 채워지는 것은 아니다. 예를 들어 공정거래위원회가 있다고 해서 시장에서 공정한 거래만 이루어지지 않는 것과 같은 이치다. 다양한 이해관계로 얽혀 있는 정책들을 총괄하고 조정해 청년들을 위한 방향으로 정책을 이끌어 가는 것은 매우 어려운 일이다. 그렇지만 중앙정부와 지방정부의 기능중심 정책들을 총괄하고 조정할 수 있는 제도적 장치가 아예 존재하지 않는다면 문제를 바로잡기 위한 시도조차 할 수 없다. 그렇기 때문에 하루빨리 청년들에 관한 법률과 제도, 총괄조정기구와 정책추진체계가 갖추어지는 것이 필요하다.

각 기능중심 행정부처에서 수행 중인 청년정책 중 현재 가장 시급하게 해결해야 할 분야는 고용 문제이다. 그나마 청년고용정책은 기간을 한정하고 있어 제한적이지만 「청년고용촉진특별법」이라는 법률이 존재하고 이 법률에 근거해 총괄조정기구인 「청년고용촉진특별위원회」가 구성되어 운영 중이다. 그런데 1997년 외환위기 이후 정부와 지자체에서 집중적으로 청년 고용 위기와 실업 문제를 해결하기 위해 노력해 왔으나 큰 성과를 거두지 못하였다. 청년 고용 여건은 노동공급과 노동수요로 나누어 살펴볼 때 단기적으로 호재를 찾기 어렵다. 이 문제를 풀기 위해서 우선 단기적인 대응과 장기적인 처방을 구분해 볼 필요가 있다. 단기적으로 청년들의 고용 여건을 개선하기 위해 필요한 모든 조치를 동원하는 것이 필요하다. 다만, 이를 실행하는 과정은 기능중심 접근이 아닌 대상중심 접근으로, 공급자중심이 아닌 수요자중심으로, 선별적 접근이 아닌 보편적 접근으로, 간접적인 지원이 아닌 직접적인 지원으로 이루어질 필요가 있다. 현재의 20대와 30대는 '잃어버린 세대'로 불릴 수 있을 만큼 경제적 · 사회적으로 어려움에 직면해 있다. 정책적으로 볼 때 직접적이고 보편적인 현금 지급은 외국의 사례에서도 알 수 있듯이 0세에서 출발하는 것이 필요하다. 다만, 아동수당을 단기간에 선진국들처럼 20대 중반까지 확대할 여건이 되지 않는 상황에서 청년수당을 도입하거나 미취업 청년을 실업부조제도 도입의 출발점으로 삼을 수 있다. 현재 간접지원 방식으로 직업훈련기관이나 고용서비스 민간위탁기관, 대학교와 중소기업에 지원하는 청년일자리사업을 직접지원 방식의 수당으로 돌린다면 재정적인 부담도 크지 않을 것으로 보인다. 동시에 노동시간 단축을 통해 일자리 나누기를 추진할 경우 청년 채용을 우선적으로 고려하고 청년 의무고용 범위와 대상을 일시적으로 확대하는 것도 고민해야 한다.

장기적으로 청년 고용 문제 해소는 양질의 일자리를 늘리고 우리나라의 고질적인 고용 문제인 노동시장 이중구조를 해결하는 데 집중할 필요가 있다. 이는 대상중심 접근이 아니라 반드시 기능중심 접근으로 이루어져야 하며 단기적인 처방이 아닌 장기적인 로드맵을 가지고 이루어져야한다. 만약 구조적인 문제를 단기적으로 접근하거나 대상중심으로 접근한다면 여러 가지 문제가 발생할 수 있다.

이 문제를 비정규직의 정규직 전환 사례로 살펴보자. 현재 공공기관의 모든 비정규직을 정규직으로 전환하는 방안은 단기적이고 대상중심으로 접근하는 대표적인 사례이다. 비정규직은 정규직의 절반이 좀 넘는 수준의 임금과 복지혜택을 받고 있으므로 증세를 통해 예산을 확보하지 않고는 비정규직의 정규직 전환은 불가능하다. 만약 비정규직을 현행 임금과 복지혜택을 그대로 둔 채 고용만 보장하는 무기계약직으로 전환한다면 예산 부담 없이 고용 안정을 개선할 수 있다. 그런데 이러한 전환은 새로운 형태의 비정규직을 양산하는 것이며 비정규직과 정규직의 격차를 해소하지 못할뿐더러 동일 직무를 수행하는 노동자들 간에 새로운 갈등을 초래할 수 있다. 이는 단기적으로도, 장기적으로도 근본적인 문제를 풀 수없게 만든다. 동시에 현행 정규직이라는 대상을 중심으로 접근해서는 문제를 더 어렵게 만들 수 있다. 노동시장 이중구조 해소는 현행 경제활동상태가 취업자이든, 미취업자이든 상관없이 적용되어야 하며 특정 대상에게 유리한 방식으로 이루어져 공정성에 문제가 생기게 되면 많은 갈등을 유발하게 된다.

그렇다면 이 문제에 대한 장기적이고 기능중심의 해법은 무엇일까? 우선 공공기관의 경우 예산의 증액 없이 전원이 아닌 일부에 그치더라도 상시적이고 지속적인 업무를 동일 노동과 복지를 제공하는 정규직으로 전환하고 향후 추가적인 인력증원 시에 비정규직이 아닌 정규직 인건비를 반영해 장기적으로 늘려 가는 것이 더 바람직한 방향일 것이다. 이렇게 된다면 기존의 비정규직뿐만 아니라 신규채용으로 입사하는 미취업자의 경우에도 혜택이 돌아가므로 다수가 지지하는 정책이 될 수 있다. 민간 기업은 강력한 인센티브를 제공해 비정규직을 정규직으로 전환하거나 신규채용 시 정규직을 채용하는 것이 유리하도록 유도하는 것이 바람직해 보인다. 이는 단기적으로 청년층을 채용하는 것에 대한 규제 정책(청년고용의 무제 민간기업 확대 적용)과는 달리 장기적으로 기업들에 혜택을 주는 정책이 이루어지는 것이므로 기업들의 반발을 완화하는 방안이 될 수 있다.

청년들의 교육과 사회통합, 주거나 학자금과 같은 복지지원문제 등도 접근법에 있어서 고용 문제에 대한 해법과 크게 다르지 않다. 대상중심의 총괄 및 조정 기구를 두고 청년에 대한 기능중심 정책이 제대로 이루어지고 있는지를 진단하고 평가하며 개선방향을 제시하는 것이 기본적으로 이루어져야 한다. 반면, 구조적으로 해결해야 하는 문제는 특정 대상이 아니라 장기적인 로드맵을 가지고 보편적이고 포괄적으로 접근해야 한다.

여기에서 제안한 방안만이 해법은 아닐 것이다. 청년 문제의 심각성을 깨닫고 머리를 맞대고 복잡하게 얽힌 실타래를 풀어 나기가 위해 노력해야 한다. 청년들에게 강요된 이름인 늙은 아담은 고대 그리스의 노동의 신이 겪은 운명과 닮아 있다. 고대 그리스에서 노동의 신에 해당되는 헤파이스토스(불카누스)는 신화에서 아름답고 잘생긴 여러 신들과는 달리 못생겼을 뿐만 아니라 태어나면서부터 다리병신으로 묘사되어 있다. 그는 제우스(주피터)와 정실부인인 헤라(유노) 사이에서 태어난 적자인데도 말이다. 그의 불행은 물론 여기에서 멈추지 않는다. 아름다운 아내인 아프로디테(비너스)를 불량기가 있지만 잘생긴 동생 아레스(마르스)에게 뺏기고 어머니인 헤라에 의해서 올림포스에서 쫓겨나 지상으로 추락하는 신세가 되고 만다. 이러한 운명을 그대로 받아들여야 할까. 현실의 문제를 비판하고 해답을 구하는 모습에서 우리는 해결책을 찾아야 한다. 마치 헤파이스토스가 제우스의 두개골을 내리쳐 지혜의 여신인 아테나(미네르바)를 탄생시켰듯이.

주석

이 책은 학술논문에서 출처를 밝히고 해당 문헌들을 소개하는 일반적인 양식을 따르지 않고 가독성을 고려하여 인용부호, 각주 등을 사용하지 않았다. 대신 주석에서 인용한 내용들의 출처를 제시하였다. 인용한 내용과 관련된 학술적인 논의들과 통계 자료들은 홈페이지(www.works.pe.kr)에 별도로 제시하였다. 이는 글을 읽는 과정에서 학술적으로 궁금해하는 내용을 확인하고자 하는 독자들을 위한 것이다. 홈페이지에 제시된 내용들은 이론적으로 새로운 주장이나 결과가 나올 수 있고 통계 결과와 관련하여 시간이 지나면서 새로운 수치들을 추가할 필요가 있기 때문에 주기적으로 수정해 보완하고자 한다.

| 제1장 늙은 아담 |

1   Keynes, J. M.(1930). Economic Possibilities for our Grandchildren Ⅱ. *The Nation and Athenaeum* 48(3): 96-98. 부가적인 설명은 홈페이지(www.works.pe.kr) 참조.

2   Russell, B.(1935). *In Praise of Idleness and Other Essays*. London: George Allen and Unwin. 버트런드 러셀.(2005). 『게으름에 대한 찬양』. 송은경 옮김. 사회평론.

3   Piketty, T.(2013). *Le Capital Au XXI SIÈCLE*. Paris: Eductions du Seuil. 토마 피케

티.(2014).『21세기 자본』. 장경덕 외 옮김. 이강국 감수. 이정우 해제. 글항아리.

4   Elias, P.(1997). Occupational Classification(ISCO-88): Concepts, Methods, Reliability, Validity and Cross-National Comparability. *Labour Market and Social Policy Occasional Papers*. GD(97)112. Paris: OECD. 부가적인 설명은 홈페이지(www. works.pe.kr) 참조.

5   Mumford, L.(1934). *Technics and Civilization*. New York: Basic Books. 부가적인 설명은 홈페이지(www.works.pe.kr) 참조.

6   OECD(2015). *OECD Employment Outlook 2015*. DOI:10.1787/empl_outlook-2015-en. 구체적인 통계수치는 홈페이지(www.works.pe.kr) 참조.

7   Huberman, M. & Minns, C.(2005). Hours of Work in Old and New Worlds: The Long View, 1870-2000. *The Institute for International Integration Studies Discussion Paper Series*. iiisdp95. 구체적인 통계수치는 홈페이지(www.works.pe.kr) 참조.

8   Inglehart, R.(1997). *Modernization and postmodernization: Cultural, economic, and political change in 43 societies* (Vol. 19). Princeton, NJ: Princeton University Press. 이 저서와 연속선상에 있는 잉글하트와 웰젤(Inglehart & Welzel, 2005)의 저서는 국내에 번역 출간되었다. Inglehart, R. & Welzel, C.(2005). *Modernization, cultural change, and democracy: The human development sequence*. Cambridge University Press. 로널드 잉글하트 · 크리스찬 웰젤(2011).『민주주의는 어떻게 오는가: 근대화 문화적 이동 가치관의 변화로 읽는 민주주의의 발전 지도』. 지은주 옮김. 김영사.

9   http://www.worldvaluessurvey.org. 구체적인 통계수치는 홈페이지(www.works.pe.kr) 참조.

10   Inglehart, R. & Baker, W. E.(2000). Modernization, Cultural Change, and the Persistence of Traditional Values. *American sociological review* 65(1): 19-51.

11   근로라는 용어 사용에 관한 구체적인 논의는 홈페이지(www.works.pe.kr) 참조.

12   Harrison, L. & Huntington, S.(2000). *Culture Matter: How Values Shape Human Progress*. New York: Basic Books.

13   이영미(2015). "개혁의 청년이여, 근대적 기술로 성실히 일하라."『인물과사상』. p.157-170.

14   김영하(2010).『퀴즈쇼』. 문학동네.

15   통계청, 「생활시간조사」 각 연도. 국가통계포털(http://kostat.go.kr/). 구체적인 통계수치는 홈페이지(www.works.pe.kr) 참조.

16   http://www.worldvaluessurvey.org. 구체적인 통계수치는 홈페이지(www.works.pe.kr)
      참조.

17   우리나라의 긴 노동시간 문제에 관한 구체적인 논의는 홈페이지(www.works.pe.kr)
      참조.

18   成均館(1995).『한글논어』. 최근덕 옮김. 서울: 成均館. 관련 논의는 홈페이지(www.
      works.pe.kr) 참조.

19   Aristotle(1916). *Aristotle's Politics*. translated by Jowett, B. Oxford: The Clarendon
      Press.

20   Arendt, H.(1958). *The human condition*. Chicago: University of Chicago Press. 한나
      아렌트(1996).『인간의 조건』. 이진우 · 태정호 옮김. 한길사.

21   국가통계포털(http://kostat.go.kr/). 구체적인 통계수치는 홈페이지(www.works.
      pe.kr) 참조.

22   http://www.worldvaluessurvey.org. 구체적인 통계수치는 홈페이지(www.works.pe.kr)
      참조.

23   小熊英二(2011).『社会を変えるには』. 講談社現代新書. 오구마 에이지.(2014).『사회
      를 바꾸려면』. 전형배 옮김. 동아시아.

24   2005년에 실시한 심층면접은 일본학술진흥회(日本學術振興會)로부터 과학연구비를
      지원받아 이루어졌다(本調査は平成17年度科学研究費補助金(若手研究B)のよる助成
      を受けた, 研究代表者: 金琪憲, 課題番号: 17730295). 2011년도에 실시한 집단초점
      면접은 한국노동연구원의 연구보고서의 연구 일환으로 진행되었으며 조사 결과는 제
      4장(직업선호와 직업선택)에 게재되었다. 강영배 · 김기헌(2007).「대학생의 직업미
      결정성향에 관한 연구: 한 · 일 대학생 비교 연구」.『아시아교육연구』8(4): 161-181.
      강영배 · 김기헌(2008).「일본 대학생의 직업의식에 관한 연구: 직업에 대한 이미지,
      직업선택의 기준을 중심으로」.『미래청소년학회지』5(3): 55-75. 방하남 · 김기헌 ·
      신인철(2011).『한국의 직업구조 변화와 직업이동 연구』. 서울: 한국노동연구원.

25   국가통계포털(http://kostat.go.kr/). 통계청의「사회조사」의 구체적인 통계수치는
      홈페이지(www.works.pe.kr) 참조.

26   네이버 뉴스 라이브러리(http://newslibrary.naver.com). 구체적인 검색결과는 홈페이
      지(www.works.pe.kr) 참조.

27   이병희 · 장지연 · 윤자영 · 성재민 · 안선영(2010).『청소년기에서 성인기로의 이행
      과정 연구I: 우리나라의 청년기에서 성인기로의 이행 실태』. 서울: 한국청소년정책연
      구원. 구체적인 통계수치는 홈페이지(www.works.pe.kr) 참조.

28 최형아 · 이화영(2013). 「우리나라 '캥거류族' 규모 및 현황」. 『고용이슈』 제6권 제2호(3월호). 서울: 한국고용정보원. 구체적인 통계수치는 홈페이지(www.works.pe.kr) 참조.

29 국가통계포털(http://kostat.go.kr/). 통계청의 「사회조사」의 구체적인 통계수치는 홈페이지(www.works.pe.kr) 참조.

30 http://www.worldvaluessurvey.org. 구체적인 통계수치는 홈페이지(www.works.pe.kr) 참조.

31 국가통계포털(http://kostat.go.kr/). 통계청의 「사회조사」의 구체적인 통계수치는 홈페이지(www.works.pe.kr) 참조.

32 대통령직속 청년위원회 · 대통령소속 국민대통합위원회(2016). 「청년일자리 문제에 대한 청년 · 부모세대 인식조사」. 서울: 대통령직속 청년위원회. 이 조사는 만 21~31세 미혼 청년 503명과 미혼자녀를 둔 부모 523명을 대상으로 하고 있으며 모바일조사로 표본오차는 95% 신뢰수준에 ±4.5%p였다.

33 Keynes, J. M.(1930). Economic Possibilities for our Grandchildren Ⅱ. *The Nation and Athenaeum* 48(3): 96-98.

| 제2장 1997년 체계 |

1 International Labour Office(2013). *Global Employment Trends for Youth 2013: A Generation at Risk*. Geneva: International Labour Office. 구체적인 설명은 홈페이지(www.works.pe.kr) 참조.

2 Tocqueville, A. D.(1958). *Journeys to England and Ireland*. Translated by Lawrence, G. & Mayer, K. P. New Haven: Yale University Press.

3 Ziegler, J.(2005). *Lèmpire De La Honte*. Paris: Fayard. 장 지글러(2008). 『탐욕의 시대: 누가 세계를 더 가난하게 만드는가?』. 양영란 옮김. 갈라파고스.

4 Credit Suisse.(2013). *Global Wealth Report 2013*. Research Institute. p.22. Credit Suisse.(2015). Global Wealth Report 2015. Research Institute. p.24. 구체적인 통계수치는 홈페이지(www.works.pe.kr) 참조.

5 http://data.worldbank.org/indicator/NY.GDP.MKTP.KD.ZG/countries/1W?display

=default. 구체적인 통계수치는 홈페이지(www.works.pe.kr) 참조.

6 International Labour Office(2013). *Global Employment Trends for Youth 2013:A Generation at Risk*. Geneva: International Labour Office.

7 http://data.worldbank.org/indicator/NY.GDP.MKTP.KD.ZG/countries/1W?display =default. 구체적인 통계수치는 홈페이지(www.works.pe.kr) 참조.

8 김기헌 · 김형주 · 박성재 · 민주홍 · 김종성(2015). 『2025 청년 전망 및 향후 정책 추진과제 연구』. 서울: 대통령직속 청년위원회. 국가통계포털(http://kostat.go.kr/). 통계청의 「경제활동인구조사」의 구체적인 통계수치는 홈페이지(www.works.pe.kr) 참조.

9 김기헌(2015). 한국의 청년 고용 현황과 니트(NEET) 국제비교. 『제2회 동북아청소년정책포럼 자료집-청소년의 성인기로의 이행: 한국과 일본에서의 취업, 교육, NEET』. 세종: 한국청소년정책연구원. pp.67-80. OECD(2014). *OECD Employment Outlook 2014*. OECD Publishing. OECD(2015). *OECD Employment Outlook 2015*. OECD Publishing. 구체적인 통계수치는 홈페이지(www.works.pe.kr) 참조.

10 韓國の少子高齡化と格差社會:日韓比較の視座から(공저, 慶應義塾大, 2011) 한국고용정보원(2004). 체적인 통계수치는 홈페이지(www.works.pe.kr) 참조.

11 한국은행(2014). 『2010년 산업연관표-해설편』. 서울: 한국은행. 한국은행(2014). 『2010년 산업연관표-통계편』. 서울: 한국은행.

12 김기헌(2007). 학교에서 노동시장으로의 이행 실태 분석. 『청년패널종합분석보고서: 2001-2006년도 조사 결과』. 서울: 한국고용정보원. pp.79-136. 구체적인 통계수치는 홈페이지(www.works.pe.kr) 참조.

13 고용노동부 보도자료(2014. 10. 8.). "일자리를 가장 많이 만든 기업은 어디?"

14 안전행정부. 「국가공무원인사통계」. 각 연도. 구체적인 통계수치는 홈페이지(www.works.pe.kr) 참조.

15 국가통계포털(http://kostat.go.kr/). 통계청의 「경제활동인구조사 청년층 부가조사」의 구체적인 통계수치는 홈페이지(www.works.pe.kr) 참조.

16 특임장관실(2011). 「2030 청년백서」. 구체적인 통계수치는 홈페이지(www.works.pe.kr) 참조.

17 홍민기(2013). 노동소득분배의 추이와 영향. 이병희 · 홍민기 · 이현주 · 강신욱 · 장지연. 『경제적 불평등과 노동시장 연구』. 서울: 한국노동연구원. pp.42-67.

18 OECD(2014). *OECD Employment Outlook 2014*. OECD Publishing. OECD(2015). *OECD Employment Outlook 2015*. OECD Publishing. 구체적인 통계수치는 홈페이지(www.works.pe.kr) 참조.

19   World Top Income Database(http://topincomes.parisschoolofeconomics.eu). 구체적인 통계수치는 홈페이지(www.works.pe.kr) 참조.

20   박소현 · 안영민 · 정규승(2013). 『중산층 측정 및 추이분석: 소득 중심으로』. 대전: 통계개발원. 구체적인 통계수치는 홈페이지(www.works.pe.kr) 참조.

21   박소현 · 안영민 · 정규승(2013). 『중산층 측정 및 추이분석: 소득 중심으로』. 대전: 통계개발원. 구체적인 통계수치는 홈페이지(www.works.pe.kr) 참조.

22   Piketty, T.(2013). *Le Capital Au XXI* SIÈCLE. Paris: Edutions du Seuil. 토마 피케티.(2014). 『21세기 자본』. 장경덕 외 옮김. 이강국 감수. 이정우 해제. 글항아리.

23   OECD(2015). *OECD Employment Outlook 2015*. OECD Publishing.

24   OECD의 고용보호입법지수(EPL: Employment Protection Legislation)에 대한 통계 및 상세한 사항은 홈페이지(www.works.pe.kr) 참조.

25   OECD Database(https://data.oecd.org/). 구체적인 통계수치는 홈페이지(www.works.pe.kr) 참조.

26   국가통계포털(http://kostat.go.kr/). 통계청의 「경제활동인구조사」의 구체적인 통계수치는 홈페이지(www.works.pe.kr) 참조.

27   국가통계포털(http://kostat.go.kr/). 통계청의 「경제활동인구조사 근로형태별 부가조사」의 구체적인 통계수치는 홈페이지(www.works.pe.kr) 참조.

28   김유선(2014). 비정규직 규모와 실태-통계청, '경제활동인구조사 부가조사'(2014. 3.) 결과. 『KLSI 이슈페이퍼』 2014-17. 서울: 한국노동사회연구소. 이에 대한 논의는 홈페이지(www.works.pe.kr) 참조.

29   김유선(2014). 300인 이상 대기업 비정규직 규모-고용형태 공시제 결과(2014년 3월 현재). 『KLSI 이슈페이퍼』 2014-19. 서울: 한국노동사회연구소.

30   국가통계포털(http://kostat.go.kr/). 통계청의 「경제활동인구조사 근로형태별 부가조사」의 구체적인 통계수치는 홈페이지(www.works.pe.kr) 참조.

31   Standing, G.(2011). *The Precariat:The New Dangerous Class*. London: Bloomsbury. 가이 스탠딩.(2014). 『프레카리아트: 새로운 위험한 계급』. 김태호 옮김. 박종철출판사.

32   이시균 · 권혜자 · 권우현 · 이진면 · 전병유 · 홍성민 · 김기헌 · 강민정 · 홍현균 · 방글 · 공정승. 『중장기 인력수급 수정전망 2014-2024』. 진천: 한국고용정보원. pp.40-83. 구체적인 통계수치는 홈페이지(www.works.pe.kr) 참조.

33   국가통계포털(http://kostat.go.kr/). 통계청의 「장래인구추계」의 구체적인 통계수치는 홈페이지(www.works.pe.kr) 참조.

34   국가통계포털(http://kostat.go.kr/)과 OECD 데이터베이스(https://data.oecd.org).

한국과 OECD 국가의 청년층과 고령층 고용률 비교 결과는 홈페이지(www.works. pe.kr) 참조.

35   교육통계서비스(http://kess.kedi.re.kr/index). 교육부 · 한국교육개발원의 「교육통계연보」의 구체적인 통계수치는 홈페이지(www.works.pe.kr) 참조.

36   각 기관별 경제성장률 예측치에 대해서는 홈페이지(www.works.pe.kr) 참조.

37   김기헌 · 김형주 · 박성재 · 민주홍 · 김종성(2015).『2025 청년 전망 및 향후 정책 추진과제 연구』. 서울: 대통령직속 청년위원회. 세부적인 경제 동향에 대해서는 홈페이지(www.works.pe.kr) 참조.

38   한국은행(2016. 6.).『금융안정보고서』. 서울: 한국은행. 구체적인 내용은 홈페이지(www.works.pe.kr) 참조.

39   김기헌(2014).「청년층 창업 및 기업가정신 실태와 시사점」.『고용이슈』. 2014년 11월호. 서울: 한국고용정보원. pp.60-89. 구체적인 내용은 홈페이지(www.works.pe.kr) 참조.

| 제3장 연령 분절적 사회 |

1   Von Bismarck, O.(2012). *Gedanken und Erinnerungen*. BoD – Books on Demand.

2   Fitzgerald, Francis Scott.(1922). The Curious Case of Benjamin Button. F. Feedbooks(http://www.feedbooks.com). 스콧 피츠제럴드(2015).『벤자민 버튼의 시간은 거꾸로 간다』. 김선형 옮김. 서울: 문학동네.

3   박종훈(2013).『지상 최대의 경제사기극, 세대전쟁』. 서울: 21세기북스.

4   유홍준 · 김기헌 · 오병돈(2014).「고용의 질: 연령계층화와 구조적 지체에 대한 탐색 (1983-2012)」.『노동정책연구』 14(3): 1-36. 연령계층화에 대한 세부적인 내용은 홈페이지(www.works.pe.kr) 참조.

5   이에 대한 최근 대표적인 논의로는 연령통합지표에 대한 것이 있다. 정경희 · 황남희 · 이선희 · 김주현 · 정순둘(2015).『연령통합지표 개발과 적용』. 세종: 한국보건사회연구원.

6   Ciulla, J. B.(2000). The Working Life: The Promise and Betrayal of Modern Work. New York: Three Rivers Press. 조안 B. 시울라(2005).『일의 발견』. 안재진 옮김. 다우.

7 통계청, 「생활시간조사」 각 연도. 국가통계포털(http://kostat.go.kr/). 구체적인 통계
수치는 홈페이지(www.works.pe.kr) 참조.

8 교육부·한국교육개발원, 「평생학습 개인실태조사」 각 연도. 교육통계서비스(http://
kess.kedi.re.kr/)에서 자료 추출. 구체적인 통계수치는 홈페이지(www.works.pe.kr) 참
조.

9 OECD(2015). *OECD Education at a Glance 2015*. OECD Publishing. 구체적인 통계
수치는 홈페이지(www.works.pe.kr) 참조.

10 통계청, 「경제활동인구조사」 각 연도. 국가통계포털(http://kostat.go.kr/). 구체적인
통계수치는 홈페이지(www.works.pe.kr) 참조.

11 OECD(2015). *OECD Employment Outlook 2015*. OECD Publishing. 구체적인 통계
수치는 홈페이지(www.works.pe.kr) 참조.

12 고용노동부의 「임금구조기본통계조사(1980-2007)」, 「고용형태별근로실태조사
(2008-2015)」 각 연도. 노동통계포털(http://laborstat.molab.go.kr/)에서 추출하였
고 2011년 이전 자료는 방하남 외(2012)에서 가져옴. 방하남·어수봉·유규창·
이상민·하갑래(2012). 『기업의 정년실태와 퇴직관리연구』. 서울: 한국노동연구원.
OECD(2015). 구체적인 통계수치는 홈페이지(www.works.pe.kr) 참조.

13 http://www.worldvaluessurvey.org. 구체적인 통계수치는 홈페이지(www.works.pe.kr)
참조.

14 http://www.worldvaluessurvey.org. 국가통계포털(http://kostat.go.kr/). 구체적인 통
계수치는 홈페이지(www.works.pe.kr) 참조.

15 국가통계포털(http://kostat.go.kr/). 통계청의 「사회조사」의 구체적인 통계수치는 홈
페이지(www.works.pe.kr) 참조.

16 정경희 외(2015)는 다양한 지표들 이용해 연령유연성 수준에 대한 진단을 하고 있는
데 연령장벽이 심각하며 특히 경제활동 측면에서 연령 간 편차가 크다고 지적하고 있
다. 정경희·황남희·이선희·김주현·정순둘(2015). 『연령통합지표 개발과 적용』.
세종: 한국보건사회연구원.

17 http://www.worldvaluessurvey.org. 구체적인 통계수치는 홈페이지(www.works.pe.kr)
참조.

18 국가통계포털(http://kostat.go.kr/). 「사회조사」의 구체적인 통계수치는 홈페이
지(www.works.pe.kr) 참조.

19 한국행정연구원, 「사회통합실태조사」 각 연도. 국가통계포털(http://kostat.go.kr/). 구
체적인 통계수치는 홈페이지(www.works.pe.kr) 참조.

20 한국행정연구원, 「사회통합실태조사」각 연도. 국가통계포털(http://kostat.go.kr/). 구
체적인 통계수치는 홈페이지(www.works.pe.kr) 참조.

21 http://www.worldvaluessurvey.org. 구체적인 통계수치는 홈페이지(www.works.pe.kr)
참조.

22 http://www.worldvaluessurvey.org. 구체적인 통계수치는 홈페이지(www.works.pe.kr)
참조.

23 한국행정연구원, 「사회통합실태조사」각 연도. 국가통계포털(http://kostat.go.kr/). 구
체적인 통계수치는 홈페이지(www.works.pe.kr) 참조.

24 국가법령정보센터(http://www.law.go.kr/). 고용상 연령차별금지 및 고령자고용촉
진에 관한 법률(약칭: 고령자고용법)의 개정 사항에 관한 구체적인 내용은 홈페이지
(www.works.pe.kr) 참조.

25 OECD 데이터베이스(https://data.oecd.org). 독일, 스페인, 일본, 영국의 청년층과 고
령층 고용률 비교 결과는 홈페이지(www.works.pe.kr)참조

26 세대 간 고용대체에 관한 연구들은 청년층과 노년층 간에 일자리 대체 관계가 없다는
결과들을 주로 내놓고 있다. 이에 대해서는 금재호(2012)와 한국은행(2015) 참고. 금
재호(2012). 노동시장 환경변화와 정년연장의 필요성. 『정년연장 토론회 자료집-정
년연장, 어떻게 할 것인가?』(2012년 5월 3일 서울중앙우체국 포스트타워 10층 대회
의실). 서울: 한국노동연구원. pp.1-36. 한국은행(2015). 정년 연장이 노동시장에 미
치는 영향과 관련된 주요국 사례.『국제경제리뷰』. 제2015-19호. 서울: 한국은행.

27 안주엽(2011).『세대 간 고용대체 가능성 연구』. 서울: 한국노동연구원. 구체적인 내
용은 홈페이지(www.works.pe.kr) 참조.

28 Bank for International Settlements(2016). Long-term series on nominal residential
property prices. BIS Residential Property Price database(http://www.bis.org/statistics/
pp.htm). 구체적인 내용은 홈페이지(www.works.pe.kr) 참조.

29 Bank for International Settlements(2016). Long-term series on nominal residential
property prices. BIS Residential Property Price database (http://www.bis.org/statistics/
pp.htm). 구체적인 내용은 홈페이지(www.works.pe.kr) 참조.

30 OECD(2014). *Rising inequality:youth and poor fall further behind*. Paris: OECD. 구체
적인 내용은 홈페이지(www.works.pe.kr) 참조.

31 고용노동부, 「근로형태별 근로실태조사」각 연도. 구체적인 내용은 홈페이지(www.
works.pe.kr) 참조.

32 유홍준 · 김기헌 · 오병돈(2014).「고용의 질: 연령계층화와 구조적 지체에 대한 탐색

(1983~2012)」.『노동정책연구』. 14(3): 1-28. 구체적인 내용은 홈페이지(www.works.
pe.kr) 참조.

33   http://www.worldvaluessurvey.org. 구체적인 통계수치는 홈페이지(www.works.pe.kr)
참조.

| 제4장 교육적 모라토리엄 |

1   Toffler, A. & Toffler, H.(1981). *The Third Wave*. New York: Bantam books. 앨빈 토플
러 · 하이디 토플러(2006).『제3의 물결』. 원창엽 옮김. 홍신문화사.

2   Alvin, T. & Toffler, H.(2006). *Revolutionary wealth*. Alfred A Knopf. 앨빈 토플러 · 하
이디 토플러(2006).『앨빈 토플러 부의 미래』. 김중웅 옮김. 청림출판. 청소년용으로
도 발간되었다. 앨빈 토플러 · 하이디 토플러(2007).『앨빈 토플러 청소년 부의 미래』.
김중웅 옮김. 청림출판. 구체적인 내용은 홈페이지(www.works.pe.kr) 참조.

3   당시 국가청소년위원회 초청 청소년 토론회에서 공식적으로 질문했던 내용은 홈페이
지(www.works.pe.kr) 참조.

4   앨빈 토플러(2001).『위기를 넘어서-21세기 한국의 비전』. 서울: 한국정보통신정책
연구원. 구체적인 내용은 홈페이지(www.works.pe.kr) 참조.

5   OECD(2017). Future of education and skills 2030: Progress report on the OECD
2030 learning framework. OECD의 교육 2030 프로젝트에 대한 소개는 아래 보고서
참조. 최수진 · 이재덕 · 김은영 · 김혜진 · 백남진 · 김정민(2017).『OECD 교육 2030
참여 연구: 역량 개념틀 타당성 분석 및 역량 개발을 위한 교육체제 탐색』. 서울: 한국
청소년정책연구원.

6   Rychen, D. S. and Salganik, L. H.(2003). *Key Competencies for a Successful Life and a
Well-Functioning Society*. Cambridge: Hogrefe & Huber Publishers. 이에 대한 자세한
소개는 아래 보고서 참조. 김기헌 · 장근영 · 조광수 · 박현준(2010).『청소년 핵심역
량 개발 및 추진방안 연구 Ⅲ: 총괄보고서』. 서울: 한국청소년정책연구원.

7   Rychen, D. S. and Salganik, L. H.(2001). *Defining and Selecting Key Competencies*.
Cambridge: Hogrefe & Huber Publishers.

8   OECD(2014). *OECD Education at a Glance 2014*. OECD Publishing. OECD(2016).

OECD Education at a Glance 2016. OECD Publishing. 자세한 통계수치는 홈페이지 (www.works.pe.kr) 참조.

9   교육부 · 한국교육개발원, 각 연도, 『교육통계연보』. 교육통계서비스(http://kess.kedi. re.kr)에서 자료 추출. 자세한 통계수치는 홈페이지(www.works.pe.kr) 참조.

10   OECD(2016). *OECD Education at a Glance 2016*. OECD Publishing. 자세한 통계수 치는 홈페이지(www.works.pe.kr) 참조.

11   김기헌 · 방하남(2005). 고등교육 진학에 있어 가족배경의 영향과 성별 격차: 한국과 일본의 경우. 『한국사회학』 39(5): 119-151.

12   교육부 · 한국교육개발원, 각 연도, 『교육통계연보』. 물가지수로 보정하여 연도별로 추정한 사립대 및 국 · 공립대 등록금 변화 추이를 살펴볼 수 있다. 자세한 통계수치 는 홈페이지(www.works.pe.kr) 참조.

13   이것은 IMD가 매년 1월에서 4월까지 60여 개 국가 4,000여 명의 기업 임원들을 대 상으로 설문조사(IMD Executive Opinion Survey)한 결과이다. 교육경쟁력에 관한 정 성지표들은 경쟁사회의 요구에 대한 부합도(교육제도 전반, 대학교육)와 기업 요구에 대한 부합도(언어능력, 경영교육), 학교에서 과학교육을 강조하는 정도 등이 포함되 어 있다. IMD(2017). *IMD World Competitiveness Yearbook 2017*. 자세한 통계수치는 홈페이지(www.works.pe.kr) 참조.

14   QS(Quacquarelli Symonds) *Top Universities Site (http://www.topuniversities.com)*. 자세한 통계수치는 홈페이지(www.works.pe.kr) 참조.

15   OECD(2016). *OECD Education at a Glance 2016*. OECD Publishing. 자세한 통계수 치는 홈페이지(www.works.pe.kr) 참조.

15   OECD(2014). *OECD Education at a Glance 2014*. OECD Publishing.

16   OECD(2016). *OECD Education at a Glance 2016*. OECD Publishing. 자세한 통계수 치는 홈페이지(www.works.pe.kr) 참조.

18   山田昌弘(2004). 「希望格差社会 ─「負け組」の絶望感が日本を引き裂く」. 筑摩書房. 야마다 마사히로. 『희망격차사회』. 최기성 옮김. 아침.

19   한국교육과정평가원 대학수학능력시험 홈페이지(http://www.suneung.re.kr/)에서 수 능통계 추출.

20   통계청, 『경제활동인구조사 청년층부가조사』 각 연도. 국가통계포털(http://kostat. go.kr/)에서 추출. 자세한 통계수치는 홈페이지(www.works.pe.kr) 참조.

21   안민석(2014. 04. 04.). 취업준비생들 두 번 울리는 일선 대학들, 졸업유예 대가로 비용 청구. 국정감사보도자료. 유기홍(2015. 09. 05.). 미취업 불이익 피해 졸업 유예 대학생

2만 5천여 명, 2014년 전국대학 졸업유예 수강비수입 56억 원. 국정감사보도자료.

| 제5장 당신들의 정치 |

1   매헌윤봉길의사기념사업회(1988). 『매헌윤봉길전집 제1권』. p.51. 이 시의 제목은 「신공원에서 踏靑하며」이며 이 시에 대한 해설은 도진순 창원대 사학과 교수가 한겨레신문에 기고한 칼럼(http://www.hani.co.kr/arti/opinion/because/687717.html#csid x5cd44070ac6b3bb9dc9f667be6a646e)을 참고하였다.

2   워마드(womad.me)에서 2016년 광복절인 8월 15일에 안중근과 윤봉길 의사들의 사진을 합성하여 도시락을 좋아한다(벤또 다이스키 べんとう 大好き)는 일본말 제목으로 올린 바 있다. 이는 유관순 열사를 여자깡패나 폭도대장이라고 지칭하거나 성적으로 모욕하는 댓글이 실렸던 일간베스트저장소(www.ilbe.com)의 일베 회원들에 대한 대응으로 그대로 되갚아 준다는 일종의 미러링(mirroring) 행위로 알려져 있다.

3   경찰청, 『경찰통계연보』. 각 연도. 구체적인 통계수치는 홈페이지(www.works.pe.kr) 참조.

4   시사인 제481호(2016년 12월 3일). "꽃벽이 던진 공권력에 대한 질문." pp.66-68. 꽃벽을 제안한 이강훈 작가에 대한 인터뷰 기사를 참고하였다.

5   중앙선거관리위원회, 대통령선거 투표율 분석, 국회의원선거 투표율 분석, 전국동시지방선거 투표율 분석. 각 연도. 구체적인 통계수치는 홈페이지(www.works.pe.kr) 참조.

6   OECD(2016). *Society at a Glance*. Paris: OECD. 구체적인 통계수치는 홈페이지 (www.works.pe.kr) 참조.

7   http://www.worldvaluessurvey.org. 구체적인 통계수치는 홈페이지(www.works.pe.kr) 참조.

8   한겨레21 제1144호(2017년 1월 9일). "절망은 더 깊어졌다." 한겨레신문사. p.43. 이 조사는 만19~34세 1천 명을 대상으로 하고 있으며 온라인 설문으로 실시되었다. 조사기간은 2016년 1월 20일부터 23일간이었으며 조사기관은 마크로밀 엠브레인이다.

9   DC인사이트를 비롯하여 일간베스트저장소, 오늘의 유머, 메갈리아, 워마드 등 커뮤니티 사이트에 대한 정보는 해당 사이트와 나무위키(namu.wiki)의 정보를 참고하였다.

10   위형석(2013)은 사회적 네트워크에 대한 분석방법(매개 중심성과 제약성)을 동원해

2012년 12월 3일간 72시간 동안 올라온 26,125개의 게시글과 댓글과 7,537명의 이용자를 분석한 바 있다. 분석 결과, 일베는 네트워크 내부에서 결속이 이루어지지 않고 있으며 관계를 맺지 않고 개별적인 활동을 수행하는 이용자일수록 더 많은 추천을 받는 독특한 구조를 갖고 있는 것으로 나타났다. 위형석(2013). 「인터넷 괴물(Internet Trolling)의 사회구조: 일베와 아고라의 소셜 네트워크 구조 비교」. 한국과학기술원 (KAIST) 석사학위 논문.

11　Cooper(2012)는 인종차별적인 혐오사이트가 이미 1995년 등장하였다고 밝히고 있다. www.stormfront.org라는 사이트는 온라인상에서 첫 번째 인종차별 혐오사이트로 알려져 있으며 백인우월주의(white supremacist), 신나치즘 등을 표방하는 커뮤니티 게시판들을 운영 중이다. 이 사이트의 등장은 KKK단과 관련이 있으며 명칭은 히틀러의 돌격부대(Sturmabteilung, 영어로 Stormtroopers)와 관련이 있는 것으로 알려져 있다. Cooper, A.(2012). From big lies to the lone wolf: How social networking incubates and multiplies online hate and terrorism. *THE CHANGING FORMS OF INCITEMENT TO TERROR AND VIOLENCE: The Need for*, 21.

12　Citron, D. K. & Norton, H.(2011). Intermediaries and hate speech: Fostering digital citizenship for our information age. *Boston University Review*, 91, 1435.

13　이에 대한 소개는 김민정(2014) 참조. 김민정(2014). 일베식 "욕"의 법적 규제에 대하여. 『언론과법』 13(2). 131-163.

14　한겨레 21 제1114호(2016년 6월 6일). "'여성'이라는 죽을 죄?" 한겨레신문사. pp.18-24.

15　경찰청, 경찰통계연보. 각 연도. 구체적인 통계수치는 홈페이지(www.works.pe.kr) 참조.

16　OECD(2016). Society at a Glance. Paris: OECD. 보건복지부 · 질병관리본부 · 교육부(2015). 『청소년건강행태온라인조사』. 구체적인 통계수치는 홈페이지(www.works.pe.kr) 참조.

17　World Prison Brief, Institute for Criminal Policy Research, World Prison Brief (www.prisonstudies.org). 구체적인 통계수치는 홈페이지(www.works.pe.kr) 참조.

18　중앙선거관리위원회, 선거통계시스템(http://info.nec.go.kr/) 각 연도, 구체적인 통계

19　Inter-Parliamentary Union(2012). Global Parliamentary Report: The changing nature of parliamentary representation. p.108. 구체적인 통계수치는 홈페이지(www.works.pe.kr) 참조.

20　중앙선거관리위원회, 선거통계시스템(http://info.nec.go.kr/) 각 연도. 구체적인 통계

수치는 홈페이지(www.works.pe.kr) 참조.

21   국가법령정보센터 홈페이지(http://www.law.go.kr). 공직선거법(법률 제14556호, 2017. 2. 8.)의 해당 조항은 홈페이지(www.works.pe.kr) 참조.

22   대표적인 인물은 2016년 39세의 나이로 프랑스의 대통령으로 선출된 정당 전진!(En Marche!)의 마크롱(Emmanuel Macron)과 2013년 39세의 나이로 이탈리아 총리에 선출된 민주당의 렌치(Matteo Renzi)가 있다.

23   국가법령정보센터 홈페이지(http://www.law.go.kr). 대한민국헌법(헌법 제10호, 1987. 10. 29.)의 해당조항은 홈페이지(www.works.pe.kr) 참조.

24   연령에 따른 피선거권 제한 문제에 관한 논의는 허완중(2015) 참조. 허완중(2015). 「연령에 따른 국회의원 피선거권 제한의 법적 성격과 그에 따른 위헌심사」. 『헌법학연구』 21(1), 349-388.

25   ACE Electoral Knowledge Network(http://aceproject.org/) 참조. 구체적인 통계수치는 홈페이지(www.works.pe.kr) 참조.

26   국가법령정보센터 홈페이지(http://www.law.go.kr). 정당법(법률 제13757호, 2016. 1. 15.)의 해당 조항은 홈페이지(www.works.pe.kr) 참조.

27   중앙선거관리위원회 홈페이지(http://www.nec.go.kr) 자료실의 분야별 정보 중 정당 정보 참조.

28   중앙선거관리위원회(2016). 2015년 정당의 활동개황 및 회계보고. 서울: 중앙선거관리위원회. 구체적인 통계수치는 홈페이지(www.works.pe.kr) 참조.

29   각 정당 홈페이지 참조. 구체적인 당헌과 당규 내용은 홈페이지(www.works.pe.kr) 참조.

30   김영지 · 유설희(2016). 한국 아동청소년 인권실태 연구 VI: 2016 아동청소년 인권실태조사 통계. 세종: 한국청소년정책연구원.

31   김현수 · 김성철 · 김은경 · 김형욱 · 박선아 · 안동현 · 이정숙(2016). 학교생활에서 학생의 인권보장 실태조사. 서울: 국가인권위원회. 구체적인 연구 내용은 홈페이지(www.works.pe.kr) 참조.

32   경향신문 2015년 5월 5일자. 김지원 기자. '캠퍼스 계엄령' 학칙 – 정당가입 · 집단행동 · 학교운영 관여 '금지'…독소조항 수두룩. (http://news.khan.co.kr/kh_news/khan_art_view.html?artid=2015050 52146445#csidx0c2f9e3c8c07e5b86f9f1447f0e591d)

33   국가통계포털(http://kostat.go.kr/). 통계청의 「사회조사」의 구체적인 통계수치는 홈페이지(www.works.pe.kr) 참조.

1   국가법령정보센터(http://www.law.go.kr/). 「민법」에서 성년은 19세로 되어 있으며 「아동복지법」에서 아동은 18세 미만으로 정의되어 있다. 「청소년기본법」에서 청소년 은 9세에서 24세 이하인 사람을 말한다. 「청년고용촉진특별법」에서 청년은 대통령령 으로 정하도록 하고 있고 해당 법률 시행령에서 청년은 15세 이상 29세 이하인 사람 을 말한다. 각 법률들의 세부적인 연령 규정에 대해서는 홈페이지(www.works.pe.kr) 참조.

2   Wordsworth, W.(1802). *My heart leaps up when I behold.* Poem.

3   Nietzsche, F.(2016). *Thus spoke zarathustra.* Jester House Publishing.

4   Laurence J. Peter(2077). *Quoted in Peter's Quotations: Ideas for Our Time.* New York: Bantam Books. p.25. 피카소 명언의 원문은 다음과 같다. "Every child is an artist. The problem is staying an artist when you grow up."

5   국가법령정보센터(http://www.law.go.kr/). 「청년고용촉진특별법」의 조항을 살펴보 면, "법 제5조 제1항에 따라 「공공기관의 운영에 관한 법률」에 따른 공공기관과 「지 방공기업법」에 따른 지방공기업이 청년 미취업자를 고용하는 경우에는 15세 이상 34 세 이하인 사람을 말한다."로 규정하고 있다.

6   국가법령정보센터(http://www.law.go.kr/). 「민법」의 조항을 살펴보면, 제826조의 2(성년의제)에서 "미성년자가 혼인을 한 때에는 성년자로 본다."로 규정하고 있다. 이 조항은 1977년 개정 시에 포함되었다. 개정 이유는 해당 조문에 "10대에 결혼한 여성의 권리를 보장하고 여권을 신장하기 위해서"라고 제시되어 있다. 해당 법령에 대해서는 홈페이지(www.works.pe.kr) 참조.

7   국사편찬위원회 조선왕조실록 홈페이지(http://sillok.history.go.kr/main/main.do). 조선시대 청년 용어 사용에 대해서는 홈페이지(www.works.pe.kr) 참조.

8   소영현(2008). 『부랑청년 전성시대』. 푸른역사. pp.40-42. 청년 용어의 기원에 관한 설명은 홈페이지(www.works.pe.kr) 참조.

9   Eliade, M.(1958). *Rites and Symbol of Initiation: The Mysteries of Birth and Rebirth.* Dallas: Spring Publications. 엘리아데(Eliade, M.)는 성장이라는 측면을 넘어서서 성 년식에 대해서 고통스러운 시련을 겪어 내면서 완전히 다른 존재로 탄생하는 과정이 며 다른 삶을 살아가는 입문단계로 설명하고 있다.

10   전통사회와 오지에서 현재까지 이어지고 있는 성년식의 사례들은 다음 논문이나 보

고서에서 자세히 제시되고 있다. 양근석(1997). 「성년의례와 신체변공 연구」, 『국민윤리연구』 37(1): 527-544. 유네스코 아시아 · 태평양국제이해교육원(2006). 카이타 푸자와 바르하로 시작해 결혼으로 완성되는 성인식: 네팔. 『국제이해교육』 17: 16-25. 유네스코 아시아 · 태평양국제이해교육원(2006). 돗자리를 바치고 새긴 타타우, 전통과 정체성의 화신: 사모아. 『국제이해교육』 17: 26-30. 유네스코 아시아 · 태평양국제이해교육원(2006). 소녀로 시작해 여자가 되어 끝나는 의식, 카시그: 미크로네시아. 『국제이해교육』 17: pp.31-34.

11   Hall, G. Stanley.(1904). *Adolescence*. New York: Appletion.

12   Parsons, T.(1956). *Family:Socialization and Interaction Process*. London: Routledge and Kegan Paul.

13   Nietzsche, F.(2016). *Thus spoke zarathustra*. Jester House Publishing.

14   Arnett J. J. & J. L. Tanner(2006). *Emerging Adults in America:Coming of Age in the 21st Century*. Washington, DC: American Psychological Association Press.

15   국제연합의 협약 내용은 유니세프(UNICEF)의 CRC 홈페이지(https://www.unicef.org/crc/) 참조.

16   법률과 조례는 국가법령정보센터 홈페이지(http://www.law.go.kr/main.html), 법안은 국회 의안정보시스템(http://likms.assembly.go.kr/bill/main.do) 참조. 세부적인 연령규정 비교는 홈페이지(www.works.pe.kr) 참조.

17   국가법령정보센터(http://www.law.go.kr/). 민법[시행 1960. 1. 1.] [법률 제471호, 1958. 2. 22., 제정]. 세부적인 원문은 홈페이지(www.works.pe.kr) 참조.

18   김기헌 · 하형석 · 신인철(2016). 「청년 사회 · 경제실태 및 정책방안연구 Ⅰ」. 세종: 한국청소년정책연구원. 세부적인 현황은 홈페이지(www.works.pe.kr) 참조.

19   youthpolicy.org(www.youthpolicy.org). 세부적인 현황은 홈페이지(www.works.pe.kr) 참조.

20   youthpolicy.org(www.youthpolicy.org). 세부적인 현황은 홈페이지(www.works.pe.kr) 참조.

21   CRC 홈페이지 일반원칙에 대한 소개 내용(https://www.unicef.org/crc/files/Guiding_Principles.pdf). 세부적인 원문은 홈페이지(www.works.pe.kr) 참조.

22   World Bank(2006). *World Development Report 2007, Development and the Next Generation*. Washington, DC: International Bank for Destruction and Development. 이에 대한 국내 소개는 다음 보고서 참조. 김경준(2008). 아동 · 청소년 투자에 관한 생애주기 접근(life cycle approach). 『미래세대 리포트』 RB 08-01. 서울: 한국청소년

정책연구원.

23 김기헌 · 하형석 · 신인철(2016). 「청년 사회 · 경제실태 및 정책방안연구 I 」. 세종: 한국청소년정책연구원. 청년들과 전문가들이 생각하는 연령 정의는 홈페이지(www. works.pe.kr) 참조.

24 김기헌 · 하형석 · 신인철(2016). 「청년 사회 · 경제실태 및 정책방안연구 I 」. 세종: 한국청소년정책연구원. 일본 2010년에 「아동 · 젊은이육성지원추진법(子ども · 若者育成支援推進法)」(平成21年法律第71号)을 제정하였으며 아동 · 젊은이육성지원추진본부(子ども · 若者育成支援推進本部)를 구성하였다. 이때 청년(靑年) 대신 젊은이(若者)라는 용어를 사용하였다.

25 한국노동연구원에서 개최한 제1차 「청년이 미래다」 연구포럼은 2017년 3월 21일 오후 3시 반에 한국노동연구원 7층 대회의실에서 개최되었다.

26 한국조세재정연구원에서 개최한 「재정전문가 네트워크 성과관리 분과 제3차 월례회의」는 2017년 5월 19일 오전 10시에 한국조세재정연구원 7층 대회의실에서 개최되었다.

27 헌법재판정보(http://search.ccourt.go.kr/ths/hm/index.do). 사건번호 2013헌마553 사건명 청년고용촉진 특별법 제5조 제1항 등 위헌확인(판례집 26권 2집, 429-444, 종국결과 기각, 각하. 2014. 8. 28). 사건번호 2017헌마112 사건명 청년고용촉진 특별법 제5조 제1항 위헌확인(중국결과 각하(2호). 2017. 2. 21.). 사건번호 2017헌마112 사건명 청년고용촉진 특별법 제5조 제1항 위헌확인(재심)(중국결과 각하(4호). 2017. 3. 21.).

28 헌법재판정보(http://search.ccourt.go.kr/ths/hm/index.do). 판결 요지에 대해서는 홈페이지(www.works.pe.kr) 참조.

29 헌법재판정보(http://search.ccourt.go.kr/ths/hm/index.do). 판결 요지에 대해서는 홈페이지(www.works.pe.kr) 참조.

30 국가법령정보센터(http://www.law.go.kr/). 「정부조직법」[시행 1948. 7. 17.] [법률 제1호, 1948. 7. 17., 제정]. 세부적인 원문과 설명은 홈페이지(www.works.pe.kr) 참조.

31 국가법령정보센터(http://www.law.go.kr/). 사회부직제[시행 1948. 11. 4.] [대통령령 제25호, 1948. 11. 4., 제정]. 세부적인 원문과 설명은 홈페이지(www.works.pe.kr) 참조.

32 국가법령정보센터(http://www.law.go.kr/). 정부조직법 [시행 1963. 12. 17.] [법률 제1506호, 1963. 12. 14., 전부개정]. 세부적인 원문과 설명은 홈페이지(www.works. pe.kr) 참조.

33 국가법령정보센터(http://www.law.go.kr/). 정부조직법 [시행 1990. 12. 27.] [법률

제4268호, 1990. 12. 27., 일부개정]. 세부적인 원문과 설명은 홈페이지(www.works. pe.kr) 참조.

34   국가법령정보센터(http://www.law.go.kr/). 정부조직법[시행 1998. 2. 28.] [법률 제 5529호, 1998. 2. 28., 전부개정]. 세부적인 원문과 설명은 홈페이지(www.works. pe.kr) 참조.

35   국가법령정보센터(http://www.law.go.kr/). 정부조직법 [시행 1990. 12. 27.] [법률 제4268호, 1990. 12. 27., 일부개정]. 세부적인 원문과 설명은 홈페이지(www.works. pe.kr) 참조.

36   Youthpolicy.org(2014). The State of Youth Policy in 2014. Berlin: Youth Policy Press. 이 보고서는 홈페이지를 통해 원문을 볼 수 있음. http://www.youthpolicy.org/ library/wp-content/uploads/ library/2014_State_Youth_Policy_2014_En.pdf.

37   김기헌 · 하형석 · 신인철(2016). 「청년 사회 · 경제실태 및 정책방안연구 I 」. 세종: 한 국청소년정책연구원. 세부적인 현황은 홈페이지(www.works.pe.kr) 참조.

38   Centre d'information et de documentation pour la jeunesse(2015). *Rapport d'activité 2015*. Paris: CIDJ. CIDJ는 프랑스의 68혁명의 결과로 파리1대학, 파리2대학 등으로 대학을 통합한 것과 더불어 청년들의 요구를 바탕으로 탄생한 대표적인 산물로 알려 져 있다.

39   대통령직속 청년위원회에서 의뢰한 『청년정책 추진체계 발전방안 연구』 일환으로 2017년 3월 26일부터 4월 2일까지 독일과 프랑스를 방문하였다. 이윤주 · 김기헌 · 하형석(2017). 『청년정책 추진체계 발전방안 연구』. 서울: 대통령직속 청년위원회.

40   여성가족부에서 추진한 공무 국외출장으로 여성가족부 및 기획재정부 공무원들과 2016년 10월 2일부터 10월 8일까지 벨기에와 네덜란드, 핀란드를 방문하였다. 벨기 에에서는 유럽연합집행위원회를 비롯하여 벨기에 네덜란드어권 문화 · 젊은이 · 스포 츠 및 미디어부를 방문하였다.

41   OECD(2016). *Investing in Youth: Sweden*. OECD Publishing, Paris. http://dx.doi. org/10.1787/9789267701-en. p.171. OECD(2016)에서 스웨덴의 청년 고용 및 니트 (NEET) 대책을 소개할 때 우산정책 프로그램(Umbrella Programmes)이라는 표 현을 사용하고 있다. 이에 대한 스웨덴의 정책 사업들로 청년보장제(JGY: Job Guarantee for Youth, 2007년에 도입), 직무발달프로그램(JDP: Job and Development Programme, *Jobb-ochutvecklingsgaratin*), 직무 탐색 및 직업 상담을 다루는 젊은이의 미래 프로젝트(Youth Future, *Ung Framtid*)와 젊은이활동센터(Activity Centre for Youth, *Aktivitetscentrum För Unga*) 등이 사례로 소개되고 있다.

42   European Commission(2012). Commission staff working document accompanying the document proposal for a council recommendation on establishing a youth guarantee. COM(2012) 729 final. Brussels: European Commission. 세부적인 내용은 홈페이지(www.works.pe.kr) 참조.

43   국가법령정보센터(http://www.law.go.kr/). 청년고용촉진 특별법[시행 2010. 1. 10] [법률 제9795호, 2009. 10. 9., 타법개정]. 세부적인 원문과 설명은 홈페이지(www.works.pe.kr) 참조.

44   국가법령정보센터(http://www.law.go.kr/). 서울특별시 청년 기본조례[시행 2017. 5. 18.] [서울특별시조례 제6474호, 2017. 5. 18., 일부개정]. 해당 조례의 구체적인 내용은 홈페이지(www.works.pe.kr) 참조.

45   이윤주·김기헌·하형석(2017).『청년정책 추진체계 발전방안 연구』. 서울: 대통령직속 청년위원회. 세부적인 원문과 설명은 홈페이지(www.works.pe.kr) 참조.

46   김기헌(2017). 청년정책의 현황 진단과 개선 방향.『보건복지포럼』. 2017년 2월호. 세종: 한국보건사회연구원. p.65.

47   김기헌(2017). 청년정책의 현황 진단과 개선 방향.『보건복지포럼』. 2017년 2월호. 세종: 한국보건사회연구원. p.67.

48   고용노동부 보도자료(2016. 12. 23.). 세부적인 내용은 홈페이지(www.works.pe.kr) 참조.

49   최저임금위원회 홈페이지(http://www.minimumwage.go.kr). 세부적인 내용은 홈페이지(www.works.pe.kr) 참조.

50   대통령직속 일자리위원회 보도자료(2017. 8. 8.). 세부적인 내용은 홈페이지(www.works.pe.kr) 참조.

51   OECD(2016). *Investing in Youth: Sweden*. OECD Publishing, Paris. http://dx.doi.org/10.1787/9789267701-en. p.88.

52   감사원(2016).『청년고용 대책 성과분석』. 서울: 감사원.

53   국가법령정보센터(http://www.law.go.kr/). 양성평등기본법 [시행 2015. 7. 1.] [법률 제12844호, 2014. 11. 19., 타법개정]. 세부적인 원문과 설명은 홈페이지(www.works.pe.kr) 참조.

54   유럽연합의 구조화된 대화에 대한 내용은 김기헌·하형석·신인철(2016) 참조. 김기헌·하형석·신인철(2016).『청년 사회·경제실태 및 정책방안연구 I 』. 세종: 한국청소년정책연구원. 핀란드 사례는 윤민종·정은진·정건희(2016) 참조. 윤민종·정은진·정건희(2016).『청소년 참여예산제 실태 및 발전 방안 연구』. 세종: 한국청소년정

책연구원.

55   윤민종 · 정은진 · 정건희(2016). 『청소년 참여예산제 실태 및 발전 방안 연구』. 세종:
      한국청소년정책연구원.

56   여성가족부(2017). 『제5차 청소년정책기본계획(2013-2017) 2017년도 시행계획-중
      앙행정기관-』. 서울: 여성가족부. 「청소년기본법」에 따라 청소년정책 시행계획을 수
      립해 여성가족부 장관에게 제출하는 중앙행정기관들은 청소년정책주관부처인 여성
      가족부를 비롯해 교육부, 미래창조과학부, 외교부, 통일부, 법무부, 국방부, 행정자치
      부, 문화체육관광부, 농림축산식품부, 산업통상자원부, 보건복지부, 환경부, 고용노동
      부, 국토교통부, 해양수산부, 국가보훈처, 식품의약품안전처, 인사혁신처, 법제처, 경찰
      청, 문화재청, 농촌진흥청, 산림청, 중소기업청, 특허청, 방송통신위원회 등 27개이다.